說文解字注

六

（清）段玉裁　撰

國家圖書館出版社

說文解字第十四篇下

金壇段玉裁注

𨸏大陸也也字今補釋地毛傳皆曰大陸曰阜李巡曰高平曰陸謂土地豐正名爲陸陸土地獨高大名曰阜阜取大名爲陵引申之爲凡厚凡大凡多之稱秦風傳曰阜大也鄭風傳曰阜盛也國語注曰阜厚也皆由土山高厚演之山無石者象形山下曰有石而高象形此言無石以別於有石者也詩曰如山如阜山與𨸏同而異也釋名曰土山曰阜象形者象土山高大而上平可層絫而上首象其高下象其三成也房九切三部凡𨸏之屬皆从𨸏𨸐古文上象絫高下象可拾級而上

陵大𨸏也釋地毛傳皆曰大阜曰陵釋名曰陵隆也體隆高也按引申之爲乘也上也躐也侵陵也陵夷也皆夌字之叚借也夂部曰夌越也一曰夌徲也夌遲卽陵夷也从𨸏夌聲力膺切六部

䧢大𨸏

也以其昆干綿遠爲言从𨸏䜌聲胡本切十三部阞地理也攷工記曰凡溝逆地防謂
之不行注云溝謂造溝防謂脈理按力者筋也筋有脈絡可尋故凡有理之字皆从力阞者地理也朸者木理也泐
者水理也手部有扐亦同意从𨸏力聲盧則切一部陰闇也闇者閉門也閉門則爲幽
暗故以爲高明之反水之南山之北也从𨸏穀梁傳曰水北爲陽山南爲陽注云日之所照
曰陽然則水之南山之北爲陰可知矣水經注引伏虔曰水南曰陰公羊桓十六年傳注曰山北曰陰按山北爲陰
故陰字从𨸏自漢以後通用此爲黔字黔古文作侌夫造化侌昜之气本不可象故黔與陰昜與陽皆叚雲日山𨸏
以見其意而已侌聲於今切七部陽高明也闇之反也从𨸏不言山南曰昜者陰之解
可錯見也山南曰陽故从𨸏毛傳曰山東曰朝陽山西曰夕陽昜聲與章切十部陸高平地
釋地毛傳皆曰高平曰陸从𨸏坴聲土部坴下曰土塊坴坴也然則陸从坴者謂其有土無石也大徐作

阞　案阞初字从𠠲象形兼借其聲而本取於力之義泐則从阞會意兼聲

陰　案闇从音同音相借故隷陰讀爲闇之鹿死不擇音讀爲之蔭

从𠂤从坴坴亦聲力竹切三部𨺅籒文陸从古文𠂤省从籒文光不从土者从𠂤而土見矣

阿大陵曰阿釋地毛傳皆曰大陵曰阿从𠂤可聲烏何切十七部一曰阿曲𠂤也毛詩菁菁者莪在彼中阿傳云大陵曰阿考槃在阿傳曰曲陵曰阿各隨其宜解之也大雅有卷者阿傳曰卷曲也然則此阿謂曲𠂤也引申之凡曲處皆得偁阿是以緜蠻傳曰丘阿丘之曲阿室之當棟處曰阿考工記四阿若今四注屋左傳椁有四阿毛傳偏高曰阿丘許書言谷口上阿也皆是也曲則易爲美故隰桑傳曰阿然美皃凡以阿言私曲言昵近者皆引申叚借也

陂阪也陂與坡音義皆同凡陂必邪立故引申之義爲傾邪子虛賦罷池陂陀言旁穨也易無平不陂洪範無偏無陂从𠂤皮聲彼爲切古音在十七部一曰池也池各本作沱誤今依韵會正說詳水部池與沱形義皆別此云陂者池也故水部有池篆云陂也正考老轉注之例詩惟召南言沱餘多言池不可淆溷許書沼池也洼深池也潢積水池也湖大陂也汥水都也漥一

曰窊也洿一曰窊下也義皆同物豈可改爲池乎陂得訓池者陂言其外之障池言其中所蓄之水故曰劉媼嘗息大澤之陂謂大澤之旁也曰叔度汪汪若千頃陂卽謂千頃池也湖訓大陂卽大池也陳風彼澤之陂傳曰陂澤障也月令注曰畜水曰陂凡經傳云陂池者兼言其內外或分析言之或舉一以互見許池與陂互訓渾言之也陂有叚波爲之者如漢諸侯王表曰波漢之陽西域傳曰傍南山北波河

阪 坡者曰阪 釋地毛傳皆曰陂者曰阪許云坡者曰阪然則坡陂異部同字也說卦傳其於稼也爲反生叚借反爲阪也 从𨸏反聲 府遠切十四部 一曰澤障也 陂爲澤障故阪亦同 一曰山脅也 山脅山胛也呂覽阪險原隰高注阪險傾危也小雅阪田箋曰崎嶇墝埆之處也

陬 阪隅也 謂阪之角也正月爲陬亦謂寅方在東北隅也引申爲凡隅之偁陬與隅疊韵爲訓 从𨸏取聲 子侯切四部

隅 陬也 隅與陬爲轉注廣雅曰陬角也小雅箋曰丘隅丘角也上言阪此不言阪者不主謂阪之隅也考工記宮隅城隅謂角浮

思也大雅惟德之隅傳曰隅廉也今人謂邊爲廉角爲隅古不別其字亦作嵎作湡从𨸏禺聲噳俱切古音在四部偶平聲

險　阻難也从𨸏僉聲虛檢切七部

限　阻也廣韵度也齊也眕也皆其引申之義从𨸏艮聲乎簡切古音在十三部一曰門榍也此別一義而前義可包之木部曰榍門限也是爲轉注其字俗作㮣作㡰

阻　險也从𨸏且聲大射儀且左還毋周注曰古文且爲阻堯典古文黎民俎飢鄭注云俎讀曰阻是皆古文叚借字也側呂切五部

陮　陮隗逗高也陮隗猶崔巍亦猶絫嶵疊韵字也从𨸏隹聲都辠切十五部

隗　陮隗也从𨸏鬼聲五辠切十五部

阭　高也从𨸏允聲余準切玉篇余剸切十三十四部一曰石也

𨻐　磊隊也各本奪隊字今補磊隊猶磊𥗼也疊韵字从𨸏絫聲洛猥切古音在十六十七部之閒垂上聲

陗　陖也凡斗直者曰陗李斯列傳曰樓季也而難五丈之限

跛牂也而易百仞之高陗塹之勢異也塹當爲漸陂陀者曰漸斗直者曰陗凡閒出者曰厜陗斗俗作陡古書皆作斗

从𨸏肖聲 七笑切二部

陖 陗高也 謂斗直而高也卑者雖直不得云陖矣山部陖或作峻高也此陖陗高也是峻陖之別也專言高者或必陗矣陖古叚借洒字爲之邶風曰新臺有洒傳曰洒高峻也峻即陖之同音通用傳意謂經之洒即陖之叚借也西聲夋聲古音同在十三部釋丘曰望厓洒而高岸夷上洒下漘洒而高謂體斗直而頂高出也夷上洒下謂頂平不高出而體亦斗直也李巡注甚明了而郭樸說誤

从𨸏夋聲 私閏切十三部

隥 仰也 仰者舉也登陟之道曰隥亦作墱西都賦陵墱道而超西墉西京賦墱道邐倚以正東薛曰墱閣道也按閣道謂淩空如棧道者

从𨸏登聲 都鄧切六部此以形聲包會意

陋 阸陝也 阸者塞也陝者隘也𨺅部曰隘者陋也然則陋與隘爲轉注阸陝者如邊塞狹隘也故从𨸏引申爲凡鄙小之偁賈子曰反雅爲陋淮南注曰陋鄙小也

从𨸏㔷聲 盧候切四部

陜

隘也从𨸏夾聲侯夾切八部俗作陜峽狹

陟登也釋詁曰陟陞也毛傳曰陟升也陞者升之俗字升者登之叚借禮喪服注曰今文禮皆登爲升俗誤已行久矣據鄭說則古文禮皆作登也許此作登不作升者許書說解不用叚借字也漢人用同音字代本字旣乃不知有本字所謂本有其字依聲託事者然也从𨸏步謂緣𨸏而步也𨸏有層次可尋是謂會意竹力切一部

𨺓古文陟

陷高下也高下者高與下有懸絕之勢也高下之形曰陷故自高入於下亦曰陷義之引申也易曰坎陷也謂陽陷陰中也凡深沒其中曰陷从𨸏臽聲大徐作从𨸏从臽臽亦聲戶猪切八部一曰陊也

隰阪下溼也釋丘曰下溼曰隰又曰陂者曰阪下者曰隰蓋上隰指平地言之下隰指阪言之阪形固高而其四旁窊溼處亦謂之隰也許用後說者以其字从𨸏也从𨸏㬎聲似入切七部

⿰阝區敧⿰阝區也各本奪⿰阝區字今補危部敧篆下曰敧⿰阝區也此亦曰敧⿰阝區也敧⿰阝區以雙聲成文謂傾側不安不能久立也不容刪

一字矣廄隔他書作崎嶇漢碑亦作嶇从𨸏區聲豈俱切古音在四部隤下隊也繫辭曰夫乾確然示人易矣夫坤隤然示人簡矣許冂部曰隺高至也引易夫乾隺然然則正與下隊作反對語按隤與積音同而義異如李陵傳隤其家聲斷不可作積矣从𨸏貴聲杜回切十五部隊從高隊也隊墬正俗字古書多作隊今則墬行而隊廢矣大徐以墬附土部非許意釋詁隊落也釋文从墬而以隊附見傎矣左傳曰以成一隊杜注百人爲隊蓋古語一隊猶言一堆物墮於地則聚因之名隊爲行列之偁後人以墬入至韵以隊入隊韵而莫測其原委矣从𨸏㒸聲徒對切十五部按當云直類切降下也此下爲自上而下故廁於隊隕之閒釋詁曰降落也古多叚降爲夅夊部曰夅服也此今人讀下江切之正字詩召南我心則降毛傳曰降下也春秋經郕降于齊師何注曰降者自伏之文又齊人降鄣穀梁傳曰降猶下也皆夅之叚借字也分爲平去韵而昧其原委矣以地言曰降故从𨸏以人言曰夅故从夊㐄相承从𨸏夅聲此亦形聲

包會意古巷切九部隕從高下也釋詁曰隕下落也毛傳曰隕隋也隋卽陊字从𨸏員聲于敏切十三部易曰有隕自天姤九五爻辭

隉危也危者在高而懼也秦誓曰邦之杌隉易作臲卼許出部之槷䵘不安也皆字異而音義同从𨸏从毀省會意徐巡以爲隉凶也後漢書杜林傳曰泲南徐巡始師事衞宏後更受林學林於西州得桼書古文尚書一卷以傳衞宏徐巡於是古文遂行隉凶也此巡之說秦誓也賈侍中說隉灋度也此蓋亦賈侍中說古文秦誓也侍中受古文尚書於塗惲撰歐陽大小夏侯尚書古文尚書同異集爲三卷隉與臬雙聲臬者射埻的也有法度之意尚書立政篇臬訓法左傳陳之藝極藝亦臬之叚借賈謂隉爲臬之叚借故云法度也此條可以證六書叚借依賈說則杌隉連文杌當同扤訓搖動班固說不安也班固字孟堅右扶風安陵人楚令尹鬬班之後按漢書子文生於䔢中而虎乳之楚人謂乳穀謂虎於檡故名穀於檡字子文楚人謂虎文班其子以爲號秦

之滅楚遷晉代之閒因氏焉云謂虎文班班卽許書辬字之叚借今之斑字也今本漢書奪去文字則文義不貫矣班爲白虎通義又爲離騷章句見於劉逵張載所引此說陧不安也恐亦說尚書語許本之曰危也周書曰邦之阢陧秦誓文上偁三家說而後偁經者明此書爲說字之書特偁經爲證也阢當是轉寫之誤當是本作抈或作兀未可定也今尙書作杌陧周易作劓刖作臲卼鄭注字作倪仉許出部作槷𡴘其文不同如此阢者石戴土也非此之用讀若虹蜺之蜺蜺雨部作霓虫部蜺寒蜩也於此知漢人已叚借蜺爲霓矣霓平韻讀五兮翻入韻讀五的翻又五結翻陧當切五結十五部

阤小崩也大曰崩小曰陁吳都賦曰崩巒陁岑此其義也子虛賦曰登降陁靡上林賦曰巖陁甗錡皆謂欹傾也後人多用陊爲之古書或用褫爲之从𨸏也聲丈爾切又弋爾切古音在十七部

隓敗城𨸏曰隓从𨸏𡍮聲許書無𡍮字葢或古有此文或絫左爲聲皆未可知墮爲篆文則隓爲古籀可知也山部隓曰隓聲肉部隋曰隓省

聲皆用此爲聲也小篆隓作𡐦隸變作墮俗作隳用墮爲嶞落之義用隳爲傾壞之義習非成是積習難反也虞書曰萬事墮哉墮本敗城𨸏之偁故其字从𨸏引申爲凡阤壞之偁許規切古音在十七部

𡐦 **篆文**小篆則从土隋聲也先古籀後小篆者是亦先二後上之例也昜爲不入𡐦於土部而隓爲重文也其字本从𨸏以壞𨸏爲義而壞城次之故入𨸏部而𡐦爲重文也

⿰阝頃 **仄也**仄下曰側傾也頃者頭不正也故从頁傾者人之仄也故从人⿰阝頃者山𨸏之仄也故从𨸏禹貢西頃蓋可作此字**从𨸏頃聲**大徐作从𨸏从頃頃亦聲形聲兼會意也去營切十一部

陊 **落也**艸部曰艸曰苓木曰落引申之凡自上而下皆曰落石部硩下曰上擿山巖空青珊瑚陊之吳都賦曰硩陊山谷按今字叚墮爲陊而叚陊爲阤義雖略相近而實本不同召南毛傳盛極則隋落者梅也又叚隋爲陊**从𨸏多聲**徒果切十七部

阬 **閬也**閬者門高大之皃也引申之凡孔穴深大皆曰閬阬釋詁云虛也地之孔穴虛處與門同故曰閬也以疊韵爲訓詩曰皋門有伉然則門

亦得解阬也○今按闓訓迂遠疑本作阸俗作閬又譌闓耳阬塹亦阸阻也土部曰塹者阬也然則阬者塹也爲轉注

从𨸏亢聲客庚切古音在十部讀如康俗字作坑

隫通溝句西都賦曰通溝大漕潰渭洞河

以防水者也小徐及廣韵本如此隫與瀆不同瀆从水主謂水故解曰溝也隫从𨸏主謂地故曰通溝以防水防水猶禦水也通洞之溝水去迅速無滯不爲災通之言洞也洞者疾流也故其字讀若洞四瀆字當作此亦作四竇

从𨸏賣聲徒谷切三部

讀若洞大徐洞作瀆非也此許所聞舊音急就篇乘風縣鍾華洞樂皇象碑本洞作隫衣部襱或从賣聲作𧝓

⿰谷賣古文隫从谷釋山曰山瀆無所通谿

防隄也周禮稻人曰以防止水注云偃豬者畜流水之陂也防者豬旁隄也引申爲凡備禦之偁禮記鄭目録云名曰坊記者以其記六藝之義所以坊人之失者也防之俗作坊

从𨸏方聲符方切十部

埅防或从土俗字所由作坊也俗又以坊爲邑里之名

隄唐也唐塘正俗

字唐者大言也叚借爲陂唐乃又益之土旁作塘矣隄與唐得互爲訓者猶陂與池得互爲訓也其實窊者爲池爲唐障其外者爲陂爲隄 **从𨸏是聲** 都兮切十六部按或作陒此猶麟之定即麟之題也

阯 基也 止下曰下基也阯與止音義皆同止者艸木之基也阯者城阜之基也 **从𨸏止聲** 諸市切一部

址 阯或从土 左傳曰略基址

陘 山絕坎也 釋山曰山絕陘按今爾雅奪坎字郭注云連山中斷絕非是陘者領也孟子作徑云山徑之蹊趙注山徑山領也楊子法言作山𡶼之蹊皆即陘字凡巠聲之字皆訓直而長者河北八陘一曰軹關陘二曰太行陘三曰白陘四曰滏口陘五曰井陘六曰飛狐陘七曰蒲陰陘八曰軍都陘戴先生水地記曰此皆兩山中隔以成隘道也軹關之山與太行中隔沁水其山脈來自大岳白陘之山與大行中隔丹水其山脈自發鳩別而東井陘滏口之山與白陘中隔漳水其山脈自清漳之源沾領別而東飛狐蒲陰之山與井陘中隔滹沱其山脈來自北岳軍都之山與蒲陰中隔桑乾水其山脈自大同府之外陰山

別而東大行之名尤顯著故傳大行八陘元和郡縣圖志引述征記曰大行山首始於河內北至幽州凡有八陘後代史志地記多本其說於軹關巳北軍都巳南諸山槩曰以大行其亦不達於理矣先生所論八陘冣爲明析而山絕坎之訓亦明凡天下之地勢兩山之閒必有川焉則兩川之閒必有山焉是爲坎象坎者陷也陷者高下也高在下閒爲陷陘者一山在兩川之閒故曰山絕坎絕猶如絕流而渡之絕其莖理亙於陷中也 从𨸏巠聲 戶經切十一部

附 附婁 逗疊韵字 小土山也 左傳襄二十四年子大叔曰部婁無松柏杜注部婁小阜服虔曰喻小國風俗通義引左傳釋之曰言其卑小部者阜之類今齊魯之閒田中少高卬名之爲部矣按或作培塿依許則傳文本作附婁字从𨸏其本義也上蒲口反下路口反玉篇曰說文以坿爲坿益字从土此附作步口切小土山也玉裁謂土部坿益也增益之義宜用坿相近之義亦宜用之今則盡用附而附之本義廢矣 从𨸏付聲 符又切按此音非也當云蒲口切四部 春秋傳曰附婁無松柏 左氏

傳多古文許所見未誤

阺 秦謂陵阪曰阺 大𨸏曰陵坡曰阪秦人方言皆曰阺也漢書楊雄解嘲曰響若坻隤應劭云天水有大坂名曰隴坻其山堆旁箸崛落作聲聞數百里故曰坻隤按仲遠誤也依說文則巴蜀名山岸脅之旁箸欲落墮者曰氐氐崩聞數百里秦謂陵阪曰阺其字則氐與阺不同其語言則秦與巴蜀不同且氐主謂石故崩聲聞遠阺主謂土陵阪皆土阜也氐或譌作坻韋昭音若是理之是不誤阺字或作坻音丁兮丁禮二反高唐賦臨大阺之稸水是其正字也自仲遠合而一之古音十六十五部之別亦淆矣凡氐聲在十六部凡氐聲在十五部

从𨸏氐聲 丁禮切十五部

阢 石山戴土也 戴小徐作載釋山曰石戴土謂之崔嵬然則崔嵬一名阢也

从𨸏兀聲 五忽切十五部玉篇午回切

隒 崖也 崖者高邊也按今俗語謂邊曰隒當作此字王風傳曰涘者厓也漘者水隒也蓋平者曰厓高起者曰隒釋山云重甗隒

从𨸏兼聲讀若儼 魚檢切七部八部

阸 塞也 塞先代切與窒穽字別塞

者隔也阸之言扼也从𨸏戹聲於革切古音在十六部

隔塞也塞先代切各本作障今依西京賦注所引作塞也與土部塞隔也爲轉注廣韵亦曰塞也西京賦曰隴坻之隘隔閡華戎从𨸏鬲聲古覈切十六部

障隔也从𨸏章聲之亮切十部

隱蔽也艸部曰蔽茀小皃也小則不可見故隱之訓曰蔽若孟子隱几字則當爲𢍶𠬪部曰𢍶有所據也从𨸏㥯聲於謹切十三部

隩水隈厓也厓山邊也引申之爲水邊隈厓謂曲邊也釋丘曰厓內爲隩外爲鞫毛詩瞻彼淇奧傳曰奧隈也奧者隩之叚借字也又芮鞫之卽毛曰芮水厓也鞫究也鄭曰芮之言內也水之內曰隩水之外曰鞫漢書作阸字林作坃从𨸏奧聲烏到切按當於六切三部

隈水曲也各本作水曲隩也今依西都海賦二注訂从𨸏畏聲烏恢切十五部

𨺅小塊也逗此蓋古語塊俗由字从𨸏从臾臾古文蕢字見艸部艸器也謂一蕢之土而已去衍切十四部

解

𨺅 臣鉉等曰臾古文蕢五字是鉉語非許之文段誤入于說解誤
家

水衡官谷也未詳水衡官見漢書百官公卿表又天文志解谷晉灼曰谷名葢非此从𨸏解聲胡買切十六部一曰小谿此別一義兩𨸏閒小谿曰𨹐如小山別大山曰嶰也谿者山瀆之無所通者也

隴天水大阪也地理志天水郡有隴縣郡國志漢陽郡永平十七年天水郡更名也隴縣有大阪名隴坻按坻卽上文阺字也从𨸏龍聲力鍾切九部

䧇酒泉天䧇阪也地理志酒泉郡天䧇縣師古曰此地有天䧇阪故以名从𨸏衣聲於希切十五部

陝宏農陝也地理志宏農郡陝縣後志同今河南直隸陝州有廢陝縣古虢國王季之子所封也左傳曰虢仲虢叔王季之穆也國語稱文王敬友二虢杜預以爲皆文王母弟馬融云虢叔同母弟虢仲異母弟今按同母異母不可知據許祇云王季之子可也地理志曰陝故虢國東虢在滎陽賈逵曰虢仲封東虢制是也虢叔封西虢虢公是也鄭語西有虞虢韋曰虢虢叔之後西虢也又濟雒河潁之閒虢鄶爲大韋曰虢東虢也虢仲

十四篇下 九

之後按地理志及說文皆但云陝故虢國不目爲西虢者葢東周時東虢已滅於鄭不煩分別也春秋晉滅虢謂在陝之西虢王季之子虢叔之後从𨸏夾聲十篇亦部下曰宖農陝字从此失冄切八部

⿰阝無宖農陝東陬也陬者隅也从𨸏橆聲武扶切五部

⿰阝卷河東安邑陬也从𨸏卷聲居遠切十四部

陭上黨陭氏阪也地理志上黨郡有陭氏縣葢因有陭氏阪以名也今本郡國志作猗氏猗氏因河東猗氏而誤从𨸏奇聲於离切按當依漢書於義切古音在十七部

隃北陵西隃鴈門是也此八字用爾雅釋地郭注曰鴈門山是也史記趙世家作先俞古西先同音也地理志鴈門郡秦置句注山在陰館按句注山一名西陘山一名鴈門山今在山西代州西北二十五里有鴈門關从𨸏俞聲傷遇切古音在四部

阮代郡五阮關也地理志代郡有五原關阮者正字原者叚借字也成帝紀作五阮關如淳曰近捲反从𨸏元聲虞遠切十四部

⿰阝告　大𨸏也前云大𨸏曰陵矣此云大𨸏曰陪未聞一曰右扶風郿有陪𨸏陪又爲𨸏名从𨸏告聲苦沃切三部⿰阝武　丘名从𨸏武聲方遇切五部⿰阝貞　丘名从𨸏貞聲陟盈切十一部⿰阝丁　丘名从𨸏丁聲讀若丁當經切十一部⿰阝爲　鄭地阪从𨸏爲聲許爲切釋文于詭切古音在十七部春秋傳曰將會鄭伯於⿰阝爲於當作于⿰阝爲今經傳皆作鄬襄七年十有二月公會晉侯宋公陳侯衛侯曹伯莒子邾子于鄬三經同左氏傳曰及將會于鄬子駟相又不禮焉何本無鄭伯字許以此敘鄭事故增此二字凡引古書不無異同者例此陼　如渚者陼丘水中高者也釋水曰水中可居者曰州小州曰渚釋丘曰如渚者陼丘謂在水中高而平如水中小州然也許本之爲說今爾雅作小洲曰陼如陼者陼丘溷淆通用从𨸏者聲當古切五部陳　宛丘也韵會有也舜後嬀滿之所

封者爲周武王陶正武王賴其利器用與其神明之後封其子嬀滿於陳都於宛丘之側是曰陳胡公按今河南陳州府治是其地許必言宛丘者爲其字从𨸏也毛傳曰四方高中央下曰宛丘即釋丘之宛中曰宛丘也陳本大皞之虛正字俗叚爲敶列之敶陳行而敶廢矣 从𨸏从木 大皞以木德王故字从木 申聲 直珍切十二部 ⿰𨸏申 古文陳 按古文从申不从木

陶 再成丘也在濟陰 釋丘曰一成爲敦丘再成爲陶丘禹貢曰道沇水東流爲濟入于河泆爲滎東出于陶丘北地理志曰濟陰郡定陶縣禹貢陶丘在西南按定陶故城在今山東曹州府定陶縣西南古陶丘在焉 从𨸏匋聲 徒刀切古音在三部 夏書曰東至于陶丘 禹貢文 陶丘有堯城堯嘗所凥故堯號陶唐氏 謂堯始居於陶丘後爲唐侯故曰陶唐氏也

⿰𨸏⿱召土 耕以臿浚出下壚土也 耕謂耕者也臿當依十二篇甾部作疀古田器斗部引爾

雅斛謂之疀是也郭樸曰斛疀古鍫鍤字浚者抒也抒者挹也壚者黑剛土也耕者用鍫抒取地下黑剛土謂之陧釋名曰鍤插地起土也或曰銷或曰鏵其板曰葉鏵郎木部之苿苿者兩刃臿也一曰耕休田也謂爰田易耕者从𨸏从土召聲之少切二部

阽壁危也引申爲凡物之危漢文帝詔曰或阽於死亡如淳曰阽近邊欲墮之意从𨸏壁高故从𨸏占聲余廉切古音在七部服虔音反坫之坫孟康音屋檐之檐

除殿陛也殿謂宮殿殿陛謂之除因之凡去舊更新皆曰除取拾級更易之義也天保何福不除傳曰除開也从𨸏取以漸而高之意余聲直魚切五部

階陛也因之凡以漸而升皆曰階木部曰梯木階也从𨸏皆聲古諧切十五部

阼主階也階之在東者古者天子踐阼臨祭祀故國運曰阼从𨸏乍聲昨誤切五部

陛升高階也升登古今字古叚升爲登也自卑而可以登高者謂之陛賈誼曰陛九級上廉遠地則堂高陛無級廉近地則堂卑

獨斷曰羣臣與至尊言不敢指斥故呼在陛下者而告之从𨸏坒聲旁禮切十五部陔階次

也近階之處也小雅有南陔序曰南陔孝子相戒以養也東晳詩曰循彼南陔言采其蘭是用階次之說矣而禮

經賓出奏陔夏注曰以爲行節序以戒釋陔皆取引申段借之義从𨸏亥聲古哀切一部際

壁會也兩牆相合之縫也引申之凡兩合皆曰際際取壁之兩合猶閒取門之兩合也詩菀柳鄭箋瘵接也

此謂段瘵爲際从𨸏祭聲子例切十五部隙壁際也今本際下有孔字依文選沈約詠月

詩注正左傳曰牆之隙壞誰之咎也際自分而合言之隙自合而分言之引申之凡坼裂皆曰隙又引申之凡閒空

皆曰隙段借以郤爲之从𨸏𡭴會意也𡭴者際見之白𡭴亦聲綺戟切古音在五部陪

重土也左傳曰分之土田陪敦注曰陪增也敦厚也諸侯之臣於天子曰陪臣取重土之義之引申也一

曰滿也从𨸏咅聲薄回切古音在一部四部之閒一曰陪臣陪備也小徐本有

此七字

隊　道邊庳垣也 未聞 从𨸏彖聲 徒玩切十四部按篇韵皆丈轉切

陾　築牆聲也 从𨸏耎聲 如乘切六部 詩曰捄之陾陾 大雅緜文毛傳曰捄虆也陾陾衆也度居也言百姓之勸勉也登登用力也箋云捄捊也度猶投也築牆者捊聚壤土盛之以虆而投諸版中按箋與傳不異箋之投卽傳之居詩之捄謂捊土度謂投版中然後乃築之登登然則毛傳謂陾陾衆也為長許謂築牆聲似非是又其篆从耎聲則與如乘切相去甚遠依玉篇手部作捄之陑陑則之韵而聲可轉入蒸韵如耳孫之卽仍孫也蓋其字从自故許必云築牆以傳合之而聲則或譌為耎聲

陴　城上女牆俾倪也 土部曰堞城上女垣也凡小者謂之女女牆卽女垣也俾倪疊韵字或作睥睨或作埤堄皆俗字城上為小牆作孔穴可以窺外謂之俾倪左傳宣十二年守陴者皆哭杜注陴城上俾倪釋名云城上垣曰俾倪言於其孔中俾倪非常亦曰陴陴禆也言禆助城之高也亦曰女牆 从𨸏卑聲 符支切十六部

𩫖　籒

亦𨸏从𩫖。隍城池也。池之在城外者也。有水曰池，無水曰隍矣。矣字依水經注補。周易泰上六：城復于隍。虞注曰：隍，城下溝。無水稱隍，有水稱池。从𨸏皇聲。乎光切。十部。易曰：城復于隍。

阹依山谷爲牛馬圈也。司馬相如上林賦、揚雄傳，左思吳都賦皆有此字。郭樸、李奇、劉淵林注皆略同許。从𨸏去聲。去魚切。五部。

陲危也。許義𡍮訓遠邊，陲訓危，以𡍮从土、陲从𨸏之故。今義訓垂爲懸，則訓陲爲邊，邊陲行而邊垂廢矣。从𨸏𡍮聲。是爲切。古音在十七部。

隖小障也。障，隔也。埤蒼云：小障曰隖。通俗文：營居爲隖。一曰庳城也。庳猶卑也。从𨸏烏聲。安古切。五部。

院堅也。从𨸏完聲。王眷切。十四部。按：宀部爲寏之或體。

陯山𨸏陷也。今則淪行而陯廢矣。从𨸏侖聲。盧昆切。十三部。廣韵力迍切。

陙水𨸏也。水，集韵作小。从𨸏辰聲。食倫切。十三部。

⿰阝戔水𨸏

也从𨸏㕣聲慈衍切十四部

文九十二　重九

𨺅 兩𨸏之閒也从二𨸏似醉切按此字不得其音大徐依隊讀也廣韵玉篇扶救切又依𨸏音讀也　凡𨺅之屬皆从𨺅

𨽌 𨸏突也𨸏突者穿也謂兩𨸏閒空闕處也　从𨺅夬聲於決切十五部

𨺚 陋也𨸏部曰陋者阸陝也阸者塞也陝者隘也然則四字相爲轉注　从𨺅𦥑聲烏懈切十六部按此舉形聲包會意如人之咽喉也　𦥑籀文嗌字此見口部嗌下各本譌作隘今正

𨺙 篆文𨺚从𨸏益篆各本作籀今正𨺚籀文也隘小篆也先籀而後篆者爲其字之从兩𨸏也

𨻐 塞上亭守𤇾火者也注見火部𤇾下彼云𤇾隊候表也總釋此二篆此云塞上亭守𤇾火者謂邊塞之上守望𤇾火之亭故其字从𨺅在阸隘之閒也　从𨺅从火

遂聲徐醉切十五部隧篆文䧘省此爲小篆則知上爲籀文矣

文四　重二

厽絫坺土爲牆壁絫者今之累字土部曰一臿土謂之坺臿者今之鍫以鍫取田閒土塊令方整不散今里俗云坺頭是也亦謂之版光累之爲牆壁野外軍壁多如是民家亦如是矣軍壁則謂之壘象形像坺土積疊之形其音力詭切在十六部大徐力軌切非也凡古厽聲之字在古十六部畾聲之字在十五部此必當辨者也玉篇云厽尚書以爲參字按此謂西伯戡黎乃罪多參在上或作厽也凡厽之屬皆从厽

絫增也增者益也凡增益謂之積絫絫之隸變作累累行而絫廢古書時見絫字乃不識爲今之累字良僞切亦如是从厽糸會意糸細絲也積細絲成縎積坺土成牆其理一也不入糸部入厽部重厽也玉篇乃以入糸部矣厽亦聲力軌切按當云力詭切在十六部一曰二字今增玉篇作又絫

十黍之重也十黍爲絫而五權從此起十絫爲一銖二十四銖爲兩十六兩爲斤三十斤爲鈞匹鈞爲石石許作秘

垒絫墼也墼者令適未燒者也巳燒者爲令適今俗謂之塼古作專未燒者謂之墼今俗謂之土墼坺土則又未成墼者積坺土爲牆曰厽積墼爲牆曰垒此音同義異之字也土部曰軍壁曰壘此又音義皆異之字也玉篇之注甚誤故辨之禮喪服翦屏柱楣注曰於中門之外垒墼爲之今本垒皆譌壘急就篇墼壘亦當作垒蓋俗字厽畾之不分者多矣从厽土會意不入土部者重厽也厽亦聲各本無此三字今依上篆補力軌切古在十六部劣委反

文三

四侌數也自一篇列一部三部十三篇列二部二篇列八部三篇列十部數未備也故於此類列之象四分之形謂口像四方八像分也息利切十五部凡四之屬皆从四

𠃢

古文四如此小篆略改之亖籀文四此筭法之二二如四也二字兩畫均長則亖字亦四畫均長今人作篆多誤覲禮四享鄭注曰四當爲三書作三四字或皆積畫字相似由此誤聘禮注朝貢禮純四只鄭志荅趙商問四當爲三周禮內宰職注天子巡守禮制幣丈八尺純四䊵鄭志荅趙商問亦云四當爲三左傳是四國者專足畏也劉炫謂四當爲三皆由古字積畫之故按說文之例先籀文次古文此恐轉寫誤倒

文一　重二

宁辨積物也辨今俗字作辦音蒲莧切古無二字二音也周禮以辨民器辨具也分別而具之故其字从刀積者聚也宁與貯蓋古今字周禮注作偖史記作積著釋宮門屏之閒曰宁郭云人君視朝所宁立處毛詩傳云宁立久立也然則凡云宁立者正積物之義之引申俗字作佇作竚皆非是以其可宁立也故謂之宁齊風作著象形其旁有禦其下有阯其上有顯辨積之形也直呂切五部凡宁之屬皆从宁

⿰甾宁 㡓也所㠯盛米也 今本盛上有載依廣韵刪巾部曰㡓載米⿰甾宁也二篆爲轉注今俗以艸爲之俗語如遁卽㡓字也以竹爲之俗語如巨卽⿰甾宁字也皆所以盛米 从宁甾甾缶也 十二篇曰東楚名缶曰甾此必著爲缶者嫌其與艸部从巛田之甾相似也㡓之宁物猶甾之宁物也故从宁甾會意不入甾部者重宁也 宁亦聲 陟呂切五部

文二

叕 綴聯也 以綴釋叕猶以絫釋厽也聯者連也 象形 陟劣切十五部 凡叕之屬皆

綴 合箸也 元應書作合箸也箸直略切古多叚綴爲贅 从叕糸 聯之以絲也會意 叕亦聲 陟衞切十五部

文二

亞醜也此亞之本義亞與惡音義皆同故詛楚文亞駝禮記作惡池史記盧綰孫他之封惡谷漢書作亞谷宋時玉印曰周惡夫印劉原甫以爲卽條侯亞父象人局背之形也像醜惡之狀衣駕切古音在五部賈侍中說以爲次弟也別一義易上繫言天下之至嘖而不可惡也荀爽惡作亞云次也尚書大傳王升舟入水鼓鐘惡觀臺惡將舟惡鄭注惡讀爲亞亞次也皆與賈說合凡亞之屬皆从亞𢀳闕謂形音義之說皆闕也大徐衣駕切按襾字讀如晉則其音傳矣

文二

五五行也古之聖人知有水火木金土五者而後造此字也从二像天地侌昜在天地閒交午也此謂㐅也卽釋古文之意水火木金土相尅相生陰陽交午也疑古切五部凡五之屬皆从五㐅古文五如此小篆益之以二耳古文像陰陽午貫之形毛詩

七月鳴鴂王肅云當爲五月正爲古文五與七相近似

文一　重一

六 易之數侌變於六正於八此謂六爲陰之變八爲陰之正也與下文言七九一例八篆巳見二篇故類言之六爲陰之變九爲陽之變聖人以九六繫爻而不以七八金氏榜曰乾鑿度謂七八爲彖九六爲變故彖占七八爻占九六一爻變者以變爻占是爻占九六也六爻皆不變及變兩爻以上者占之彖辭是彖占七八也公子重耳筮得貞屯悔豫皆八董因筮得泰之八穆姜筮得艮之八凡陰不變者爲八也从入八會意力竹切三部　凡六之屬皆从六

文一

七 易之正也易用九不用七亦用變不用正也然則凡筮陽不變者當爲七但左傳國語未之見

从一微侌從中衺出也謂乚親吉切十二部凡七之屬皆从七

文一

九昜之變也列子春秋緐露白虎通廣雅皆云九究也象其屈曲究盡之形許書多作詰詘此云屈曲恐後人改之舉有切三部凡九之屬皆从九

馗九達道也釋宮曰九達謂之馗韓詩施于中馗佀龜背故謂之馗龜背中高而四下馗之四面無不可通似之龜古音如姬如鳩馗古音如求以疊韵爲訓也大徐本此下有馗高也三字非是从九首會意首猶向也故道字亦从首九亦聲古音在三部今渠追切

逵馗或从辵坴今毛詩作此字馗高也故从坴故字今增徐楚金云坴高土也會意玉裁按坴亦聲

文二　重一

𠃢獸足蹂地也足著地謂之厹以蹂釋厹以小篆釋古文也先古文後小篆者上部先二之例
也象形謂乚九聲人九切三部尒疋曰小徐作爾雅曰是也此葢後人所改耳狐貍
貛貉醜其足蹞其迹厹釋獸文狐貍貛今作貍狐貒郭注厹指頭處也葢渾言之凡迹皆曰
厹分析言之則各有名如爾雅所說凡厹之屬皆从厹蹂篆文厹爾雅音義云古
文爲蹂由不知說文之例而改之从足柔聲禽走獸總名釋鳥曰二足而羽謂之禽
四足而毛謂之獸許不同者其字从厹厹爲獸迹鳥迹不云厹也然則倉頡造字之本意謂四足而走者明矣以名
毛屬者名羽屬此乃偁謂之轉移段借及其久也遂爲羽屬之定名矣爾雅自其轉移者言之許指造字之本言之
凡經典禽字有謂毛屬者有謂羽屬者有兼舉者故白虎通曰禽者何鳥獸之總名从厹象形厹以像其
足迹凶以像其首今聲巨今切七部离禽兕頭相佀此猶魚尾同燕尾能足同鹿足之意

也

离山神也也字今補**獸形**形各本作也今正左傳螭魅罔兩杜注螭山神獸形周禮地示物魅正義引服虔左傳注螭山神獸形上林賦蛟龍赤螭如淳注曰螭山神也獸形按山神之字本不从虫从虫者乃許所謂若龍而黃者也今左傳作螭魅乃俗寫之譌東京賦作魑魑亦是俗字徐鉉於鬼部增魑字誤矣薛綜二京解云魑魅山澤之神也與許服說同本是山神而形如獸故其字从厹若今本作神獸則大誤矣**从禽頭**謂凶也**从厹**獸形則頭足皆獸矣**从屮**从屮若鸖字之首像其冠耳竊謂當从山从山者謂其爲山神也音丑知切古音在十七部大徐呂支切**歐陽喬說离猛獸也**此別一義西都賦拕熊螭李注引歐陽尚書說曰螭猛獸也漢書儒林傳歐陽事伏生世世相傳至曾孫高字子陽傳孫地餘地餘子政由是尚書世有歐陽氏學藝文志歐陽章句三十一卷許云歐陽喬者葢卽高高古喬高通用許作离李善作螭者俗亂之也此葢說今文坶誓史記作如豺如離可證离離古通用周禮正義引服氏左傳注螭山神獸形或曰如虎而噉虎二說

並列正同許氏若俗本說文前說改爲山神獸也則與後說不別矣

萬 蟲也 謂蟲名也叚借爲十千數名而十千無正字遂久叚不歸學者昧其本義矣唐人十千作万故廣韵万與萬別 从厹 蓋其蟲四足像獸 象形 與虫部萬同象形蓋萬亦萬之類也無販切十四部

禹 蟲也 夏王以爲名學者昧其本義 从厹 蓋亦四足 象形 王矩切五部

禹 古文禹 見漢書

𩳁 周成王時州靡國獻𩳁人身反踵 足跟也作踵者誤 自笑笑卽上脣弇其目食人 已上見周書王會篇郭樸云亦見尙書大傳 北方謂之土螻 傳異名西山經說土螻狀如羊而四角不同此 爾雅曰𩳁𩳁如人被髮讀若費一名梟陽 許作梟陽宋本及爾雅音義可證也他書多作梟羊者 从厹象形 囟像其首冃像其手執厶符未切十五部 爾雅釋文引許扶味反

禼 蟲也 殷玄王以爲名見漢書俗改用偰契字 从厹象形讀

與偰同私列切十五部 古文禼

文七　重三

嘼獸牲也爾雅釋文引字林嘼犍也說文嘼牲也今本說文作犍也乃後人以字林改說文耳嘼牲二字連文禮記左傳皆云名子者不以畜牲是也牛部犍字下亦曰嘼牲也圈下曰養嘼之閑鱟下曰讀若嘼牲之嘼今俗語多云畜牲嘼今多用畜者俗書叚借而然爾雅釋獸釋嘼異其名者陸德明曰嘼是嘼養之名獸是毛蟲總號故釋嘼惟論馬牛羊雞犬釋獸通說百獸之名按尚書武成歸嘼今作歸獸二字不分久矣凡畜養古作嘼養

象耳頭足厹地之形象耳謂𠀃象頭謂田象足厹地謂古也許救切三部凡六畜當用此音今專讀丑六切非也

古文嘼下从厹謂古文作𤳳也言此者謂古文本从厹象足蹂地小篆雖易其形特取整齊易書耳故以古文之形釋小篆

凡嘼之屬皆从嘼

獸守備者

甲　東方之孟錯向背者佳字　案丙庚壬三篆說解皆有佳字則此亦當有段未補

也以疊韵爲訓能守能備如虎豹在山是也一曰兩足曰禽四足曰獸十字見爾雅音義與釋鳥云二足而羽謂之禽四足而毛謂之獸合許於鳥字下曰長尾禽總名也與此同與禽字下異从嘼从犬少儀有守犬守禦宅舍者也故从之會意舒救切三部

文二

甲東方之孟昜气萌動史記厤書曰甲者言萬物剖符甲而出也漢書律厤志曰出甲於甲月令注曰日之行春東從青道發生月爲之佐時萬物皆解孚甲月令曰孟春之月天氣下降地氣上騰天地和同艸木萌動今本小篆作中古文作令今正說詳戈部戎字下从木戴孚甲之象孚者卵孚也孚甲猶今言殼也凡艸木初生或戴種於顛或先見其葉故其字像之下像木之有莖上像孚甲下覆也古狎切八部衞風毛傳曰甲狎也言甲爲狎之叚借字也又大雅會朝清明毛傳曰會甲也會讀如檜物之薈也會朝猶言

第一朝此於雙聲取義貨殖傳菑一州漢書作甲一州大一經曰攷藝文志陰陽家有大壹兵法一篇五行家有泰一陰陽二十三卷泰一二十九卷然則許偁大一經者葢此類人頭空爲甲空各本作宜今依集韵作空爲善空腔古今字許言頭空履空顈空脛空皆今之腔也人頭空謂髑髏也凡甲之屬皆从甲

甲古文甲始於一見於十歲成於木之象宋本作始於十見於千或疑當作始於下見於上

文一　重一

乙象春艸木冤曲而出侌气尙彊其出乙乙也冤之言鬱曲之言詘也乙乙難出之皃史記曰乙者言萬物生軋軋也漢書曰奮軋於乙文賦曰思軋軋其若抽軋軋皆乙乙之叚借軋从乙聲故同音相叚月令鄭注云乙之言軋也時萬物皆抽軋而出物之出土艱屯如車之輾地澁滯與

丨同意謂與自下通上之丨同意也乙自下出上礙於陰其書之也宜倒行於筆切十二部按李善乙音軋

乙承甲象人頸以下皆篆大一經曰言之凡乙之屬皆从乙

乾上出也此乾字之本義也自有文字以後乃用爲卦名而孔子釋之曰健也健之義生於上出上出爲乾下注則爲溼故乾與溼相對俗別其音古無是也从乙乙物之達也釋从乙之恉物達則上出矣倝聲倝者日始出光倝倝也然則形聲中有會意焉渠焉切又古寒切十四部

乾籀文乾倝蓋籀文倝故籀文朝籀文乾皆从之

亂不治也从乙𤔔乙治之也各本作治也从乙乙治之也从𤔔文理不可通今更正亂本訓不治不治則欲其治故其字从乙乙以治之謂詘者達之也轉注之法乃訓亂爲治如武王曰予有亂十人是也受部𤔔不治也幺子相亂受治之也文法正同亦爲後人改竄不可讀郎段切十四部

尤異也从乙又聲羽求切古音在一部讀如怡

文四　重一

丙　位南方句萬物成炳然句侌气初起昜气將虧鄭注月令曰丙之言炳也萬物皆炳然箸見律書曰丙者言陽道箸明律厤志曰明炳於丙从一入冂合三字會意陽入冂伏臧將虧之象也兵永切古音在十部一者昜也釋篆體之一丙承乙象人肩冡大一經凡丙之屬皆从丙

文一

丁　夏時萬物皆丁實丁實小徐本作丁壯成實律書曰丁者言萬物之丁壯也律厤志曰大盛於丁鄭注月令曰時萬物皆強大象形當經切十一部丁承丙象人心冡大一經凡丁之屬皆从丁

文一

戊 中宮也 鄭注月令曰戊之言茂也萬物皆枝葉茂盛律厤志曰豐楙於戊 象六甲五龍相拘絞也 六甲者漢書日有六甲是也五龍者五行也水經注引遁甲開山圖曰五龍見教天皇被迹榮氏注云五龍治在五方爲五行神鬼谷子盛神法五龍陶注曰五龍五行之龍也許謂戊字之形像六甲五行相拘絞也莫候切三部俗多誤讀 戊承丁象人脅 家大一經 凡戊之屬皆从戊

成 就也从戊丁聲 氏征切十一部 古文成从午

文二　重一

己 中宮也 戊己皆中宮故中央土其日戊己注曰己之言起也律厤志曰理紀於己釋名曰己皆有定形可紀識也引申之義爲人己言己以别於人者己在中人在外可紀識也論語克己復禮爲仁克己言自勝也

象萬物辟藏詘形也辟藏者盤辟收斂字像其詰詘之形也此與巳止字絕不同宋以前分別自明以來書籍閒大亂如論語莫己知也斯己而巳矣唐石經不譌宋儒乃不能了居擬切一部己承戊象人腹家大一經凡己之屬皆从己古文己己亥譌三豕者己與三形似也

謹身有所承也承者奉也受也按禮記借爲合巹字巹見豆部从己丞會意丞卽承也讀若詩云赤舄几几几几各本作己己非韵皆義釋文作几几今據以正之許讀同几今居隱切十五十三部之轉也

長居也居各本作踞俗字也尸部曰居者蹲也長居謂箕其股而坐許云㠱居者卽他書之箕踞也玉篇云㠱卽跽字長跪也非許意許於足部跽下云長跪也與㠱別从己其聲讀若杞曁巳切一部按集韵㠱古國名衞宏說與杞同蓋衞宏以㠱爲杞宋之杞此出唐人所謂衞宏官書多不可信卽如此條乃因許語而附會之也

文三　重一

巴 蟲也謂蟲名或曰食象它山海經曰巴蛇食象三歲而出其骨象形伯加切古音在五部按不言从己者取其形似而輆之非从己也凡巴之屬皆从巴

𢴃 㧗擊也㧗者反手擊也今之琵琶古當作㧗弝从巴帚闕闕者闕其會意形聲之說也大徐博下切按此字當是从帚巴聲

文二

庚 位西方律書曰庚者言陰氣更萬物律厤志斂更於庚月令注曰庚之言更也萬物皆肅然更改秀實新成象秋時萬物庚庚有實也庚庚成實皃服虔漢書注曰庚庚橫皃也字象形古行切古音在十部讀如岡庚承己象人䯄冡大一經按小徐駁李陽冰說从干𠇍象人兩手把干立

不可從今各本篆皆從陽冰非也中口者象人臍凡庚之屬皆从庚

文一

辛秋時萬物成而孰律書曰辛者言萬物之新生故曰辛律厤志曰悉新於辛釋名曰辛新也物初新者皆收成也金剛味辛謂成孰之味也辛痛卽泣出故以爲艱辛字从一辛一者陽也陽入於辛謂之愆陽息鄰切十三部辛辠也辛痛泣出辠人之象凡辠宰辜辥辭皆从辛者由此辛承庚象人股冡大一經凡辛之屬皆从辛

辠犯灋也从辛自辛自卽酸鼻也徂賄切十五部言辠人戚鼻苦辛之憂戚今之蹙字此釋从辛自之恉秦㠯辠佀皇字改爲罪此志改字之始也古有叚借而無改字罪本訓捕魚竹网从网非聲始皇易形聲爲會意而漢後經典多從之非古也

辜辠也周禮殺王之親者辜之鄭注辜之言

辠　篆从自者辠字乃秦時所謂自作孽不可活也自辠辜孽皆从辛

枯也謂磔之按辜本非常重罪引申之凡有罪皆曰辜从辛古聲古乎切五部辜古文辜从死从古文死也

辥辠也此字古書內罕見从辛𠯑聲𠯑見自部私列切十五部

辤不受也聘禮辭曰非禮也敢注曰辭不受也按經傳凡辤讓皆作辭說字固屬叚借而學者乃罕知有辤讓本字或又用辤爲辭說而愈惑矣禮經一書多言辭曰謂其文辭如是也聘禮之辭曰非禮也敢則於辭爲逗謂辤則其辭如是也故鄭特注之以別於他處之言辭曰者哀六年左傳五辭而後許釋文曰辭本又作辤从受辛會意受辛宜辤之也釋會意之恉世說新語蔡邕題曹娥碑黃絹幼婦外孫齏臼解之曰齏臼所以受辛辤字也按此正當作辭可證漢人辤辭不別耳似茲切一部辤籀文辤和悅以卻之故从台

辭說也今本說譌訟廣韵七之所引不誤今本此說譌爲訟詞字下訟譌爲說其誤正同言部曰說者釋也从𤔔辛會意似茲切一部𤔔辛猶理辜也釋會意之恉依小徐

本訂正 𤔲 籒文辭从司。易毄辭本亦作𤔲

文六　重三

辡 辠人相與訟也。从二辛。會意。方免切。十二部。凡辡之屬皆从辡。

辯 治也。治者理也。俗多與辨不別。辨者判也。从言在辡之間。謂治獄也。會意。符蹇切。十二部。

文二

壬 位北方也。侌極昜生。月令鄭注。壬之言任也。時萬物懷任於下。律書曰。壬之爲言任也。言陽气任養萬物於下也。律厤志曰。懷任於壬。釋名曰。壬。妊也。陰陽交物。懷妊。至子而萌也。故易曰。龍戰于野。坤上六爻辭。戰者接也。釋易之戰字。引易者證陰極陽生也。乾鑿度曰。陽始於亥。乾位

壬　壬亦不像腹大亦不像人脛何不闕疑

戰于野坤上六戰者接也釋易

在亥文言曰爲其兼於陽故稱龍許君以亥壬合德亥壬包孕陽气至子則滋生矣象人裹妊之形如林切七部承亥壬巳子生之敘也故舉坤上六爻辭坤上六在亥壬與巫同意巫像人兩袖舞壬像人腹大也壬承辛象人脛脛任體也象大一經凡壬之屬皆从壬

文一

癸冬時水土平可揆度也揆癸疊韵律書曰癸之爲言揆也言萬物可揆度律厤志曰陳揆於癸象水從四方流入地中之形居誄切十五部癸承壬象人足癸像人足故从癶矢象大一經凡癸之屬皆从癸癸籒文从癶从矢聲癸本古文小篆因之不改故先篆後籒而艸部葵作𦸏手部作揆知古形聲兼取二形也

子　子者人之始也故以為萬物滋生之義

文一　重一

【子】十一月昜气動萬物滋〔律書子者滋也言萬物滋於下也律厤志曰孳萌於子〕人㠯爲偁〔人各本譌入今正此與以朋爲朋黨以韋爲皮韋以烏爲烏呼以來爲行來以西爲東西一例凡言以爲者皆許君發明六書叚借之法子本陽气動萬物滋之偁萬物莫靈於人故因叚借以爲人之偁〕象形〔象物滋生之形亦象人首與手足之形也卽里切一部〕凡子之屬皆从子

【古文子】古文子从巛象髮也〔象髮與𡿺同意〕

【籀文子】籀文子囟有髮〔巛也〕臂〔爪也〕脛〔人也〕在几上也〔木部曰牀者安身之几坐也〕

【孕】裹子也从子乃聲〔乃聲二字各本作从几誤今正艸部艿字人部仍字皆乃聲管子孕作䋸从繩省聲可證也以證切六部〕

【㝃】生子免身也从子免〔按許書無免字據此條則必當有免字偶然逸之正如由字耳免聲當在古音十四

部或音問則在十三部與免聲之在五部者迥不同矣但立乎今日以言六書免由皆不能得其象形會意不得謂古無免由字也挽則會意兼形聲亡辯切十四部

字乳也人及鳥生子曰乳獸曰犍引申之爲撫字亦引申之爲文字敘云字者言孳乳而浸多也从子在宀下會意子亦聲疾置切一部

㝅乳也上文之乳謂生子也此乳者謂既生而乳哺之也左傳曰楚人謂乳穀其音乃苟切今本左傳作縠漢書作㝅或作㲄或作穀皆非也音亦如構从子㱿聲大徐古候切非也當乃苟奴豆切三部一曰㝅瞀也各本刪㝅字今補此三字一句㝅瞀疊韻荀子儒效篇作溝瞀漢書五行志作傋霿楚辭九辯作怐愗廣韻五十候作怐愗又作𣪊瞀又作嗀瞀其字皆上音寇下音茂其義皆謂愚蒙也山海經注㝅瞀㝅亦㝅之譌此別一義也故言一曰

孿一乳兩子也此謂人也孿之言連也从子䜌聲呂患切十四部

孺乳子也以疊韻爲訓凡幼者曰孺子此其義也爾雅曰孺屬也亦以同音爲

訓屬者聯也 **一曰輸孺也輸孺尚小也** 此二孺字各本無廣韵有之文義乃完於此見刪字者之無理亦周燕也黃倉庚也之類也輸孺疊韵字孺讀如儒方言十二曰儒輸愚也郭注儒輸猶愞㥏也輸孺即儒輸也荀子修身篇偷儒憚事偷儒即輸孺 **从子需聲** 而遇切四部

季少偁也 叔季皆謂少者而季又少於叔 **从子稚省稚亦聲** 居悸切十五部

孟長也从子皿聲 莫更切古音在十部讀如芒爾雅孟勉也此借孟爲猛 **孟古文孟如此**

孽庶子也 玉藻公子曰臣孽鄭注孽當作枿聲之誤也玉裁按此記文本作枿注曰枿當作孽後人因注改經又因經改注師古匡謬正俗未之知也凡木萌旁出皆曰孽人之支子曰孽其義略同故古或通用固不必指爲聲誤何注公羊曰庶孽衆賤子猶樹之有孽生得其義矣 **从子辥聲** 魚列切十五部

孳孳孳彶彶生也 孳孳二字各本無今依元應書補攴部孜下曰孜孜彶彶也此云孳孳彶彶生也孜孳二字古

多通用堯典鳥獸孳尾某氏傳曰乳化曰孳然則蕃生之義當用孳故从茲無怠之義當用孜故从攴**从子茲聲**按此篆从艸木多益之茲猶水部之滋也形聲中有會意五經文字云从茲非也茲本在先韵耳子之切亦音字一部凡許書茲滋鶿孳慈鎡各本篆體皆謬今皆更正

籒文孳从絲謂絲聲也茲从艸絲省聲故小篆茲聲籒文絲聲一也

無父也孟子曰幼而無父曰孤引申之凡單獨皆曰孤孤則不相酬應故背恩者曰孤負孤則人輕賤之故鄭注儀禮曰不以己尊孤人也**从子瓜聲**古乎切五部

恤問也恤憂也收也爾雅曰在存也在存省士察也今人於在存字皆不得其本義**从子在省**大徐本作才聲今小徐本作在聲依韵會所引正楚金注曰在亦存也會意徂尊切十三部

放也放各本譌作效今依宋刻及集韵正放仿古通用許曰放逐也仿相似也季訓放者謂隨之依之也今人則專用仿矣教字學字皆以季會意教者與人以可放也學者放而像之也放分兩切**从子爻**

聲古肴切二部按玉篇曰公孝切也說文又音交然則古肴切者出於說文音隱

疑惑也惑亂也

从子止匕矢聲此六字有誤匕矢皆在十五部非聲疑止皆在一部止可爲疑聲匕部有𠤕未定也當作从子𠤕省止聲以子𠤕會意也語其切一部

文十五　重四

了尦也尦行脛相交也牛行腳相交爲尦凡物二股或一股結糾紾縛不直伸者曰了戾方言軫戾也郭注相了戾也淮南原道訓注楊倞荀卿注王砅素問注段成式酉陽雜俎及諸書皆有了戾字而或妄改之方言曰佻縣也郭注了佻縣物皃丁小反按他書引皆作了𠄌亦郎許之了尦也段借爲憭悟字

从子無臂象形象其足了戾之形盧鳥切二部

凡了之屬皆从了

孑無又臂也引申之凡特立爲孑詩曰孑孑干旄又曰靡有孑遺方言曰戟而無刃秦晉之閒謂之釨釨卽孑字左傳正作孑

从

了乚象形居桀切十五部

孓無ナ臂也大荒西經有人名曰吳回奇左是無右臂郭注郎奇肱也又大荒之山有人焉是顓頊之子三面一臂郭注無左臂也廣雅孑孓蜎也郭樸云井中小蛣蟩赤蟲也从了亅象形居月切十五部

文三宋夢英書說文偏旁五百四十字有孑部而無孓部謬也郭忠恕與夢英書曰說文字源惟有五百四十部孑字後校在了部按子字乃了字之譌當云孑在了部

孨謹也大戴禮曰博學而孨守之正謂謹也引申之義爲弱小史記吾王孱王也韋昭曰仁謹皃與許合孟康曰冀州人謂懊弱爲孱此引申之義其字則多叚孱爲孨从三子會意服虔音鉏閑反孟康音如潺湲之潺見十四部凡孨之屬皆从孨讀若翦旨沇切十四部

孱迮也按此迮當爲笮今之窄字也从孨在尸下士連切十四部廣韵又士山切一曰呻吟也呻吟

見口部 孴 盛皃 文選靈光殿賦曰芝栭欑羅以戢孴李注戢孴眾皃 从孨从日讀若
薿薿一曰若存 今魚紀切李善乃立切 孴 籀文孴从二子 句絕 一曰
孴卽奇字孴 俗本曰多譌日

文三　重一

𠫓 不順忽出也 謂凡物之反其常凡事之屰其理突出至前者皆是也不專謂人子 从到
子 到今倒字倒子會意也他骨切十五部 易曰突如其來如不孝子突出不
容於內也 此引易而釋之以明从倒子會意之恉也離九四曰突如其來如焚如死如棄如鄭注曰震爲
長子爻失正突如震之失正不知其所如不孝之罪五刑莫大故有焚如死如棄如之荆如淳注王莽傳亦曰焚如
死如棄如謂不孝子也皆與許合許葢出於孟氏矣子之不順者謂之突如造文者因有𠫓字施諸凡不順者𠫓

卽易突字也倉頡之𠫓卽易之突字非謂倉頡時已見爻辭正謂周易之突卽倉頡之𠫓也此爻辭之用叚借也突之本義謂犬從穴中暫出𠫓之本義謂不順故曰用叚借按小徐本有此六字大徐本刪之由其不知許意也若近惠氏定宇校李鼎祚周易集解改作㐬如其來如則爲紕繆矣凡𠫓之屬皆从𠫓

㐬或从到古文子学古文子也故㐬爲倒古文子大徐於此下安卽易突字四字惠氏之誤本此

育養子使作善也孟子曰中也養不中才也養不才从𠫓不从子而从倒子者正謂不善者可使作善也肉聲余六切三部虞書曰虞書當作唐書說在禾部教育子堯典文今尚書作冑子攷鄭注王制作冑注周官大司樂作育王肅注尚書作冑今文作育古文作冑也釋言曰育稚也故史記作教稚子邠風毛傳亦曰鬻子稚子也稚者當養以正二義實相因

毓育或从每周禮周易蒙卦皆作此字每艸盛也養之則盛矣

疏通也疋部曰延通也疏與延音義皆同皆从疋者疋

所以通也鄭注月令明堂位薛解西京賦張注靈光殿賦皆訓疏爲刻鏤古㢩疏𨈚三字通用矣疏之引申爲疏闊分疏疏記 **从㐬从疋疋亦聲** 所葅切五部

文三　重二

丑 **紐也** 律厤志曰紐牙於丑釋名曰丑紐也寒氣自屈紐也淮南天文訓廣雅釋言皆曰丑紐也系部曰紐系也一曰結而可解十二月陰氣之固結已漸解故曰紐也 **十二月萬物動用事** 後漢書陳寵傳曰十二月陽氣上通雉雊雞乳地以爲正殷以爲春 **象手之形** 人於是舉手有爲又者手也从又而聯綴其三指象欲爲而溧洌氣寒未得爲也敕九切三部 **日加丑亦舉手時也** 上言月此言日每日太陽加丑亦是人舉手思奮之時各本譌作時加丑今改正 **凡丑之屬皆从丑**

䏛 **食肉也** 食肉必用手故从丑肉 **从丑肉** 會意不入肉部者重丑也 **丑亦聲** 女久

切三部

羞　進獻也　宗廟犬名羹獻犬肥者獻之犬羊一也故从羊引申之凡進皆曰羞今文尚書次二曰羞用五事羞進也　从羊丑　會意不入羊部者重丑也　羊所進也　說从羊之意从丑者謂手持以進也　丑亦聲　息流切三部

文三

寅　髕也　髕字之誤也當作濥史記淮南王書作螾律書曰寅言萬物始生螾然也天文訓曰斗指寅則萬物螾高注螾動生皃律厤志曰引達於寅釋名曰寅演也演生物也廣雅曰寅演也晉書樂志曰正月之辰謂之寅寅津也謂物之津塗按漢志廣雅演字皆濥之誤水部曰濥水脈行地中濥濥也演長流也俗人不知二字之別濥多誤爲演以濥釋寅者正月陽氣欲上出如水泉欲上行也螾之爲物詰詘於黃泉而能上出故其字从寅律書天文訓以螾釋寅　正月昜气動　句　去黃泉欲上出侌尚強也　杜注左傳

寅古文鑿　篆从入从人者陳也寅者
物也陳組而物生土正月之時也
辰
籀稆辰从厂象房星之形大辰見於上
農事作於下从匕从乚引之从化者亦者
化也會意也按古从一作辰一指其事也

曰地中之泉故曰黃泉陰上強陽不能徑遂如宀之屋於上故从宀象宀不達髕寅於下也髕寅字之誤也當作濥濥或曰當作螾螾宀象陰尚強頁象陽氣去黃泉欲上出弋眞切十二部凡寅之屬皆从寅

鑿古文寅下从土上象其形

文一　重一

丣冒也二月萬物冒地而出律書曰卯之爲言茂也言萬物茂也律厤志冒茆於卯天文訓曰卯則茂茂然釋名曰卯冒也載冒土而出也蓋陽氣至是始出地象開門之形字象開門也莫飽切古音在三部故二月爲天門卯爲春門萬物巳出凡卯之屬皆从卯

兆古文卯按十干十二支之字皆古文也非後人所能造者而丣爲春門丣爲秋門尤㬎明然則兆酉皆古文而異者也

文一　重一

辰震也三月昜气動靁電振民農時也物皆生震振古通用振奮也律書曰辰者言萬物之蜄也律厤志曰振美於辰釋名曰辰伸也物皆伸舒而出也季春之月生氣方盛陽氣發泄句者畢出萌者盡達二月靁發聲始電至三月而大振動豳風曰四之日舉止故曰民農時从乙匕匕呼跨切變也此合二字會意乙象春艸木寃曲而出陰氣尚強其出乙乙至是月陽氣大盛乙乙難出者始變化矣匕象芒達匕字依韵會補芒達芒者盡達也厂聲鉉等疑厂呼旱切非聲按厂之古音不可攷文寃與元寒音轉亦冣近也今植鄰切古音在十三部辰房星天時也此將言从二先說其故也晶部曟字下曰房星爲民田時者从晶辰聲或省作晨此房星之字也而此云辰辰房星辱下云房星爲辰田候也則字亦作辰爾雅房心尾爲大辰是也韋注周語曰農祥房星也房星晨正爲農事所瞻仰故曰天時引申之凡時皆

曰辰釋訓云不辰不時也房星高高在上故从上　从二二古文上字凡辰之屬皆从辰　𠨸古文辰

㞯恥也心部曰恥辱也此之謂轉注儀禮注曰以白造緇曰辱　从寸在辰下會意寸者法度也而蜀切三部　失耕時故从辰於封畺上戮之也故从寸　辰者農之時也故房星爲辰說从辰之意　田候也

文二　重一

巳巳也律書曰巳者言萬物之巳盡也律厤志曰巳盛於巳淮南天文訓曰巳則生巳定也釋名曰巳畢布巳也辰巳之巳既久用爲巳然巳止之巳故即以巳然之巳釋之序卦傳蒙者蒙也比者比也剝者剝也毛詩傳曰虛虛也自古訓故有此例即用本字不叚異字也小雅斯干箋云似讀爲巳午之巳巳續妣祖者謂巳成其宮廟也此可見漢人巳午與巳然無二音其義則異而同也廣雅釋言巳㠯也乃淺人所改近大興朱氏重刻汲古閣

辱　案失農時則荒飢寒隨之始爲辱來轉轉从辱戒其失時也歟之者[illegible]義未閱

巳　案篆形𢀳運筆當自下而上象昜气上出之形

說文改爲已也殊誤四月昜气巳出陰气巳臧今藏字萬物見句成彣彰故曰巳也故巳爲它象形巳不可像也故以蛇象之蛇長而冤曲垂尾其字像蛇則象陽巳出陰巳藏矣此六字一句讀巳者蛇象也亥者古文豕也此近十二屬之說而與論衡物勢篇義各不同祥里切一部凡巳之屬皆从巳

㠯用也用者可施行也凡㠯字皆此訓从反巳與巳篆形勢畧相反也巳主乎止㠯主乎行故形相反二字古有通用者羊止切一部又按今字皆作以由隸變加人於右也賈侍中說㠯意巳實也象形㠯各本作巳今正㠯者我也意者志也㠯意巳實謂人意巳堅實見諸施行也凡人意不實則不見諸施行吾意巳堅實則或自行之或用人行之是以春秋傳曰能左右之曰以謂或ナ或又惟吾指撝也賈與許無二義云象形者巳篆上實下虛㠯篆上虛下實由虛而實指事亦象形也一說象㠯字之上而實其下

文二

午　啎也　啎者屰也　五月侌气啎屰昜冒地而出也　啎屰各本作午逆今正律書曰午者陰陽交故曰午律厤志曰咢布於午天文訓曰午仵也陰氣從下上與陽相仵逆也廣雅釋言午仵也按仵卽啎字四月純陽五月一陰屰陽冒地而出故製字以象其形古者横直交互謂之午義之引申也儀禮度而午注云一縱一横曰午　象形　各本無此二字今補　此與矢同意　矢之首與午相似皆象貫之而出也　疑古切五部　凡午之屬皆从午

啎　屰也　屰各本作逆今正逆迎也屰不順也今則逆行而屰廢矣相迎者必相屰古亦通用逆爲屰攷儀禮之梧受爾雅釋名之梧丘太史公書之魁梧枝梧漢書之抵梧皆是啎之譌字啎屰也迎也遻也不識啎字乃多妄改管子七臣七主篇事無常而法令申不啎則失國勢戰國策有樓啎呂覽明理篇亂世之民長短頡啎百疾高注啎迎也字皆左吾右午啎之或體也姚宏云字書無

午吾　古書多借梧爲啎戰國策樓啎史記作樓緩誤字

之過矣　从午吾聲　五故切五部

文二

未　味也　口部曰味者滋味也　六月滋味也　韵會引作六月之辰也律書曰未者言萬物皆成有滋味也淮南天文訓曰未者昧也律厤志曰昧薆於未釋名曰未昧也日中則昃向幽昧也廣雅釋言曰未味也許說與史記同　五行木老於未　天文訓曰木生於亥壯於卯死於未此卽昧薆之說也　象木重枝葉也　老則枝葉重疊故其字象之無沸切十五部　凡未之屬皆从未

文一

申　神也　神不可通當是本作申如巳巳也之例謂此申酉之篆卽今引申之義也淺人不得其例妄改爲神攷諸古說無有合者律書曰申者言陰用事申則萬物故曰申律厤志曰申堅於申天文訓曰申者申之也皆

以申釋申爲許所本而今本淮南改申之作呻之其可歎一而巳或曰神當作身下云陰氣成體釋名晉書樂志玉篇廣韵皆云申身也許說身字从申省聲皆其證此說近是然恐尚非許意**七月侌气成體自申束**韵會無體字陰气成謂三陰成爲否卦也古屈伸字作詘申亦叚信其作伸者俗字或以羼入許書人部耳韓子外儲說曰申之束之今本申譌紳申者引長束者約結廣韵曰申伸也重也**从臼自持也**臼叉手也申與晨要同意當是从丨以象其申从臼以象其束疑有奪文丨郎余制切之厂字也失人切十二部**吏臣餔時聽事申旦政也**餔者日加申時食也申旦政者子產所謂朝以聽政夕以修令公父文伯之母所謂卿大夫朝攷其職夕序其業士朝而受業夕而習復也**凡申之屬皆从申**

**古文申**虹陳篆下如此**籒文申**小篆改此作申䏡晨字从此

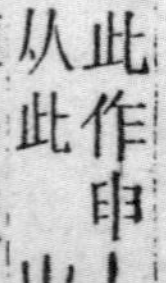**擊小鼓引樂聲也**周禮小師鼓𨊝鄭司農云𨊝小鼓名周頌應田縣鼓箋云田當作𨊝𨊝小鼓在大鼓

旁應鼙之屬也聲轉字誤變而作田从申柬聲羊晉切按依許則古音在十四部

臾束縛捽抴爲臾曳束縛也縛束也捽持頭髮也抴捈也捈臥引也曳字各本無今補束縛而牽引之謂之臾臾凡史傳瘐死獄中皆當作此字臾曳者臾之本義周禮臾弓往體多來體寡往多殆卽牽引之意與凡云須臾者殆方語如是不關本義从申从乙乙象艸木冤曲从申从乙者引之㕥冤曲之也羊朱切古音在四部

曳臾曳也臾曳已見上文故但云臾曳也此許之通例也臾曳雙聲猶牽引也引之則長故衣長曰曳地从申丿聲丿見十二篇余制切抴也象抴引之形此形聲包會意也余制切十五部

文四　重二

酉就也就高也律書曰酉者萬物之老也律厤志曰畱孰於酉天文訓曰酉者飽也釋名曰酉秀也秀者物皆成也八月黍成可爲酎酒此舉一物以言就黍以大暑而種至八月而成猶禾之八

月而孰也不言禾者爲酒多用黍也酎者三重酒也必言酒者古酒可用酉爲之故其義同曰就也凡从酒之字當別酒部解曰从酒省許合之疏矣　**象古文酉之形也**　古文酉謂丣也仿佛丣字之形而製酉篆此與弟从古文弟之形民从古文民之形革从古文革之形爲一例周伯琦乃謂不可解矣與久切三部　**凡酉之屬皆从酉**　丣　**古文酉从丣**　从丣一以閉之　**丣爲春門萬物巳出丣爲秋門萬物巳入一閉門象也**　管子幼官篇春三卯同事秋三卯同事惠氏士奇云春當作三丣秋當作三丣取許書爲說也虞翻別傳曰翻奏鄭元解尙書違失云古大篆丣字讀當爲柳古柳丣同字而以爲昧甚違不知蓋闕之義玉裁按壁中古文尙書作昧谷鄭注尙書依之今文尙書作柳穀鄭注周禮縫人取之今文古文本有齗難合一者也鄭本不誤而仲翔謂其改丣爲昧其他三事亦皆仲翔誤會說詳古文尙書撰異凡畱柳聊劉字从丣

酒　**就也所吕就人性之善惡**　賓主百拜者酒

堯典昧谷昧本丣之誤丣又丣之誤丣昧
毀乎丣丣形近遂成三字今文作柳穀
柳即丣字春穀音同震駁鄭義無異
同歸

也淫酗者亦酒也从水酉以水泉於酉月爲之酉亦聲子酉切三部一曰造也造古讀如就吉凶所造起也古者儀狄作酒醪禹嘗之而美遂疏儀狄見戰國策杜康作秫酒又見巾部曰少康作箕帚秫酒少康者杜康也按許書事物原始皆用世本此皆出世本

⿰酉冡𥹋生衣也方言曰𪍿麴也郭注云音蒙有衣麴从酉麴所以爲酒也故字从酉冡聲包會意莫紅切九部

⿰酉甚孰𥹋也从酉甚聲余箴切七部

釀醖也作酒曰釀周禮酒人掌爲五齊三酒爲猶作也从酉襄聲女亮切十部

醖釀也引申爲醖藉詩小宛箋禮記禮器注漢書匡張孔馬傳贊皆曰醖藉師古云謂如醖釀及薦藉道其寬博重厚也今人多作蘊藉失之遠矣毛詩叚借溫字从酉昷聲於問切十三部

⿰酉弁酒疾孰也廣韵云一宿酒謂一宿而孰也从酉弁聲芳萬切十四部

酴酒母也米部𥹋酒母也

此酴亦訓酒母則今之酵也玉篇曰麥酒不去滓飲也 从酉余聲讀若廬 同都切五部

釃 下酒也 小雅曰釃酒有藇又曰有酒湑我傳曰以筐曰釃以藪曰湑湑莤之也引申爲分疏之義溝洫志云釃二渠以引河是也司馬相如傳借灑 从酉麗聲 所綺切十六部 一曰醇也 不澆酒也按醇蓋誤字當作淳水部曰淳者淥也淥者浚也其義與下酒同耳而分爲二者言淳言淥則不專謂酒也淳見儀禮攷工記內則之純反

䣮 䤁酒也 玉篇曰以孔下酒也按謂涓涓而下也 从酉肙聲 古玄切古音在十四部廣韵去聲

䤁 䣮也 廣韵曰下酒也按謂滴瀝而下也在水部作瀝在酒部作䤁周禮量人作歷古文叚借 从酉鬲聲 郎擊切十六部

醴 酒一宿孰也 周禮酒正注曰醴猶體也成而汁滓相將如今恬酒矣按汁滓相將蓋如今江東人家之白酒滓卽糟也滓多故酎醴者用柶醴甘故曰如今恬酒恬卽甛也許云一宿孰則此酒易成與禮經以醴敬賓曰醴賓注多改爲禮賓 从酉

豊聲盧啟切十五部醪汁滓酒也米部曰糟酒滓也許意此爲汁滓相將之酒醴爲一宿孰之酒與鄭異从酉翏聲魯刀切古音在三部醇不澆酒也澆沃也凡酒沃之以水則薄不襍以水則曰醇故厚薄曰醇澆醇襍亦即此字一色成體謂之醇純其叚借字从酉𦎫聲常倫切十三部醹厚酒也大雅酒醴維醹傳曰醹厚也此以疊韵爲訓从酉需聲而主切古音在四部詩曰酒醴維醹酎三重醇酒也廣韵作三重釀酒當从之謂用酒爲水釀之是再重之酒也次又用再重之酒爲水釀之是三重之酒也杜預注左傳曰酒之新孰重者曰酎鄭注月令曰酎之言醇也謂重釀之酒也醇者其義釀者其事實金壇于氏明季時以此法爲酒从酉肘省聲各本作从時省誤紂疛篆皆曰肘省聲今據正除柳切三部廣韵音冑李仁甫本同除窌切明堂月令曰孟秋天子飲酎秋當作夏天子飲酎月令孟夏文也諸侯嘗酎見左傳醠濁酒也

醠周禮作盎古文叚借也鄭曰盎猶翁也成而翁翁葱白色如今酇白矣釋文云酇白今之白醝酒也宜作醝按鄭曰五齊泛醴尤濁縮酌者盎以下差清此非與許不合也但云差清則固濁也盎清於醴而濁於緹沈郎緹沈亦非全清也淮南說林訓清醠之美高注醠清酒亦與鄭意同**从酉盎聲**烏浪切十部

醲　厚酒也鴻範次三曰農用八政鄭曰農讀爲醲然則凡厚皆得爲醲也**从酉農聲**女容切九部

⿰酉耳　重釀酒也从酉耳聲此篆各本作⿰酉茸解云酒也从酉茸聲而容切廣韵玉篇皆有⿰酉耳無⿰酉茸解云重釀也玉篇列字正與說文次弟相合然則古本說文作⿰酉耳可知矣廣雅亦云⿰酉耳汝吏切今據以更正仍吏切一部○又按艸部之茸亦耳聲也則⿰酉耳可而容切

酤　一宿酒也商頌既載清酤傳曰酤酒也小雅無酒酤我傳曰酤一宿酒也**一曰買酒也**論語鄉黨作沽**从酉古聲**古乎切五部亦上聲

⿰酉虒　酒也玉篇曰酒厚**从酉⿰酉虒省聲**陟離切十六部

⿰酉盈　泛齊行酒也

案玉篇及廣韵引皆同無一曰字行酒疑即泛齊之義謂泛之然上行也若灌之伐行酒則別一義如下酌字解云盛酒行觴是也

泛齊見周禮酒正鄭曰泛者成而滓泛泛然如今宜成醪矣行酒未聞疑是貨物行斂之行謂行用之酒也行酒上疑當有一曰二字 从酉監聲 盧瞰切八部

[illegible] 酒味淫也 淫者浸淫隨理也謂酒味淫液深長 从酉竷省聲 古禫切八部 讀若春秋傳曰美而豔 豔見左傳桓元年文十六年謂讀同豔

酷 酒味厚也 依廣韵訂引申爲已甚之義白虎通曰酷極也教令窮極也 从酉告聲 苦沃切三部

酓 酒味苦也 廣韵玉篇集韵小徐本皆同汲古閣所據宋本奪此篆此解而毛扆補之於部末夏本紀用爲㱃字叚借也 从酉今聲 於剡切古音在七部

醰 酒味長也 廣韵玉篇皆云酒味不長也不是賸字集韵云酒味苦也由宋時說文以酓義系醰篆而奪酓之故耳汲古初刻時正如此或曰古酓醰同部疑無二字然小徐本分列畫然小徐作甛長味也按洞簫賦良醰醰而有味李注引字林醰甛同長味也同是賸字 从酉覃聲 徒紺切古音在七部按文選注大含切

醮　案玉篇作冠娶妻也禮祭也此也禮二字誤倒矣一曰字亦當與經說合醮神之有酌無酬酢故借用醮字後世復作⿰示焦字以別于而今仍用醮

⿰酉朩　酒色也　謂酒之顏色也　廣韵曰酒氣　从酉朩聲　普活切　十五部

配　酒色也　本義如是後人借爲妃字　而本義廢矣　妃者匹也　从酉己聲　己非聲也　當本是妃省聲　故叚爲妃　字又別其音　妃平配去　滂佩切　十五部

⿰酉弋　酒色也　从酉弋聲　與職切　一部

酌　盛酒行觴也　盛酒於觶中以飲人曰行觴　投壺云　命酌曰　請行觴　觶實曰觴　詩曰　我姑酌彼金罍　取行觴之意　曰洞酌彼行潦　取盛酒之意　从酉勺聲　形聲包會意　之若切　二部

醮　冠娶禮祭也　士冠禮　若不醴則醮用酒　三加凡三醮　鄭曰　酌而無酬酢曰醮　士昏禮　父醮子　命之迎婦　嫡婦則酌之以醴　庶婦使人醮之　酌之以酒　鄭曰　酒不酬酢曰醮　依鄭說　非謂祭也　而許云冠娶禮祭　禮祭葢屬可疑　詳經文不言祭也　葢古本作冠娶妻禮也　一曰祭也　轉寫有奪　與祭者別一義　不蒙冠婚　宋玉高唐賦　醮諸神禮太一　此後世醮祀之始見也　从酉焦聲　子肖切　二部

⿰示焦　醮或从示　按依此則有祭義審矣

⿰酉朁　㱃

酒也歃歡也歡歙也歃謂小飲之从酉㬜聲子朕切七部

酳少少飲也士昏禮注酳漱也酳之言演也安也漱所以潔口且演安其所食特牲少牢注意略同曲禮注以酒曰酳按禮禮記皆作酳許書作酌玉篇云酌酳同字是也攷士虞禮注少牢禮注皆云古文酳作酌特牲注云今文酳皆爲酌三酌字必皆酌之字誤其一云今文者則古文之誤許於此字用古文禮故从酌禮記多用今文禮故記作酳酳从允省聲从酉勻聲余刃切十二部

醻獻醻主人進客也楚茨箋曰始主人酌賓爲獻賓既酌主人主人又自飲酌賓曰醻至旅而爵交錯以徧彤弓傳曰醻報也謂報客之酢也瓠葉傳曰醻道飲也謂主人必自飲如今俗之勸酒也从酉𠷎聲市流切三部

酬醻或从州州聲

醋客酌主人也瓠葉傳曰酢報也彤弓箋曰主人獻賓賓酢主人主人又飲而酌賓謂之醻从酉昔聲在各切五部按諸經多以酢爲醋惟禮經尚仍其舊後人醋酢互易如種穜互易

⿰酉盜歠酒

俱盡也从酉盜聲迷必切十二部釂飲酒盡也酒當作爵此形聲包會意字也曲禮注曰盡爵曰釂按欠部𣤶酒盡也與此音義同而本部醮釂則各義水部曰潐盡也謂水也从酉爵聲大徐嚼省聲非也子肖切二部酣酒樂也張晏曰中酒曰酣引申爲凡飽足之偁从酉甘聲胡甘切古音在七部酖樂酒也酒樂者因酒而樂樂酒者所樂在酒其義別也毛詩段耽及湛以爲酖氓傳曰耽樂也鹿鳴傳曰湛樂之久也引申爲凡樂之偁左傳曰宴安酖毒不可懷也從來謂卽鴆字鴆謂非也所樂非其正卽毒也謂之酖毒从酉冘聲丁含切古音在七部醧宴厶飲也厶各本作私今正宴私各本作私宴今正小雅楚茨諸父兄弟備言燕私傳曰宴而盡其私恩也尚書大傳曰旣侍其宗然後得燕私燕私者何也祭已而與族人飲飲而不醉醉是不親醉而不出是不敬湛露傳曰夜飲燕私也宗子有事則族人皆侍不醉而出是不親也醉而不出是渫宗也特牲饋食禮注曰尚書傳曰宗室有事族人皆侍終日

大宗已侍於賓暮然後燕私燕私者何也祭已而與族人飲也皆燕私之證今湛露傳亦譌爲私燕矣宴私之飲謂之醧見韓詩魏都賦愔愔醧燕張載注云韓詩曰賓爾籩豆飲酒之醧能者飲不能者已謂之醧東都賦登降飫宴之禮既畢李善引薛君韓詩章句曰曰飲酒之禮跣而上坐者謂之宴今本衍跣字上徐堅初學記引韓詩說取詳曰夫飲之禮不脫屨而卽序者謂之禮此句當作飫禮跣而上坐者謂之宴能飲者飲不能飲者已謂之醧齊顏色均衆寡謂之沈閉門不出客謂之湎客字依韓詩訂詩君子可以宴可以醧不可以沈不可以湎許云醧宴私之飲也正謂跣而升堂能飲則飲不能則已本韓詩爲說也而毛詩常棣醧作飫釋言曰飫私也毛傳曰飫私也不脫屨升堂謂之飫毛之飫字於韓爲醧毛以不脫屨升堂釋飫韓分別飫醧之名數典獨詳以國語攷之周語彪傒曰夫禮之立成者爲飫昭明大節而已少曲與焉是以爲之日惕其欲教民戒也原公曰禘郊之事則有全烝王公立飫則有房烝親戚燕饗則有殽烝夫王公諸侯之有飫也將以講事成章建大德昭大物也故立成禮烝而已飫以顯物燕以合好歲飫不

倦時宴不淫是則飫之禮大於宴醧故飫主於敬宴醧主於和飫必立成宴醧必坐飫在晝宴在夜飫必屨而升堂宴醧必跣飫以建大德昭大物公之至者不得云私宴醧主飲酒以親親故曰宴私且周語分別其禮曰王公立飫則有房烝親戚饗宴則有殽烝是則王公立飫同異姓皆在焉不專親戚宴醧則惟同姓而已故常棣湛露楚茨之燕私皆同姓也然則常棣當作醧不當作飫了然可見矣故許於醧曰宴私飲也用韓詩說也而非與毛說異也何以言之蓋常棣醧爲正字飫爲音近叚借字以韵言之區聲與豆具孺同部而芺聲不同部毛韓各有所受往往毛多古字韓爲今字此一條韓爲正字毛爲叚借字如斯干如鳥斯革革訓翼韓作翺訓翅亦韓正字毛叚借也毛云飫私也者用爾雅釋言文蓋作爾雅時常棣詩已作飫矣故爾雅云飫私也而毛仍之毛公知詩飫非國語飫也故足之曰脫屨升堂謂之飫卽韓之脫屨升坐謂之宴也宴醧是一事言宴而醧在其中言脫屨升堂而能者飲不能者已在其中矣以詩爾雅之飫別國語之飫以脫屨升堂說爾雅之私毛義也下文又曰九族會曰和孺屬也王與

親戚燕則尙毛是爲燕䤄而非國語之飫可知矣今毛傳作不脫屨升堂謂之飫者由不善讀毛者摭取國語及韓詩說妄增不字自漢巳然鄭君不能辯乃強爲之說曰聽朝爲公於堂爲私非古燕私之義也又云圖非常議大疑爲私非國語說也且兄弟旣具箋云九族從上至高祖下至元孫之親也屬者以昭穆相次序妻子好合箋云王與族人燕則宗婦內宗之屬亦從后於房中是鄭明知詩言燕私不得參之以立成之飫揔由此詩字作飫而義實䤄讀者不據韓詩不攷燕飫之別莫得其解許君食部飫下云燕食也亦依附毛義而失之角弓傳曰䤄飽也䤄即飫此飫之本義也

从酉區聲　依據切古音在四部讀如謳王篇廣韵作䤄於娛切

醵　會飲酒也　禮器注曰合錢飲酒曰醵

从酉豦聲　其虐切古音在五部其庶反

酟　醵或从巨　巨聲也

酺　王悳布大歙酒也　禮器注引王居明堂禮曰仲秋乃命國醵蓋醵酺略同也漢文帝紀酺五日文穎曰音步漢律三人以上無故飲酒罰金四兩今詔橫賜得令會聚飲食五日也伏虔音蒲按

醉　一曰酒潰也　案酒潰者謂溢其量　段謂當作殰　無按
醫　元應引説所以治病者藥非酒不散也

周禮族師祭酺注酺者爲人物烖害之神別一義**从酉甫聲**薄乎切五部

醅醉飽也後人用潑醅字謂酒未泲也與古義絕殊**从酉咅聲讀若僰**匹回切古音在一部四部閒

醉卒也卒其度量不至於亂也以疊韵爲訓**从酉卒**此以會意包形聲卒亦聲也將遂切十五部**一曰酒潰也**此別一義潰當爲殰之誤若今醉蠏醉鰕之類

醺醉也謂酒氣熏蒸**从酉熏聲**聲字當刪許舉會意包形聲耳許云切十三部**詩曰公尸來燕醺醺**大雅鳧鷖文今詩作來止熏熏上四章皆云來燕則作燕宜也醺醺恐淺人所改毛傳熏熏和悅也許以來燕熏熏釋此篆之从酉熏正與釋釁釋麗釋荆釋膚之引易同例此亦引經釋會意之例也學者不悟久矣

醟酌酒也無逸曰酗于酒德**从酉熒省聲**爲命切十一部

酗酒醟也依尚書釋文訂書作酗某氏傳曰以酒爲凶曰酗周禮司救注亦云酗醟**从酉句聲**香遇切古音在

四部

醒　病酒也。小雅憂心如醒，傳曰：病酒曰醒。一曰醉而覺也。節南山正義引說文無一曰二字，蓋有者爲是。許無醒字，醉中有所覺悟卽是醒也，故醒足以兼之。字林始有醒字，云酒解也。見衆經音義。蓋義之岐出，字之日增多類此。从酉，呈聲。直貞切。十一部。

醫　治病工也。周禮有醫師、食醫、疾醫、瘍醫、獸醫。从殹从酉。四字各本無，今補。許書之例，必先舉篆，之从某从某，或从某某聲，而下又釋其从某之故，往往云故从某者是也。蓋人所不慊者則釋之。此从殹从酉，於六書爲會意。於其切。古音在一部。與翳鷖字在十五部不同。此以殹會意，彼以殹形聲也。殹，惡姿也。此說从殹之故。殳部曰：殹，擊中聲也。初不訓惡姿，而疒部㿻，劇聲也。劇聲謂疲極之聲。此从殹者，㿻之省也。如會下云會，益也，會卽增；朢下云王，朝廷也；利下禾卽穌；利下未卽味；又辛卽辠；尸卽屋：皆叚借之法。醫之性然得酒而使，謂醫工之性多如是。故从酉。故字今補。此說从酉之故，以醫者多愛酒也。王育說。以上王說也。一曰殹

病聲亦謂癥之省**酒所㠯治病也**故从酉殹前說殹酉各義後說合酉殹一義**周禮有醫酒**酒人辨四飲之物二曰醫醫非酒也而謂之酒者醫亦酒類也言此者此亦醫字从酉之一說醫本酒名也內則作醷**古者巫彭初作醫**此出世本巫彭始作治病工

莤　禮句**祭束茅加於祼圭而灌鬯酒是爲莤像神歆之也**飲字各本作歆非今依韵會正周禮甸師祭祀共蕭茅鄭大夫云蕭或爲莤莤讀爲縮束茅立之祭前沃酒其上酒滲下去若神飲之故謂之縮縮浚也故齊桓公責楚不貢苞茅不入王祭不共無以縮酒許說本鄭大夫也惟鄭不言是祼儀耳許云加於祼圭者謂加於祼圭之勺也**从酉艸**以酒灌艸會意也所六切三部按周禮禮記內則二鄭所引左傳皆作縮然則縮者古文段借字莤者小篆新造字故毛公伐木傳曰湑莤之也以藪曰湑說者謂藪艸也而周禮蕭茅或作莤皆漢人所用字或疑古文酉作丣則莤即艸部之茆故古文尚書以茆爲縮不知汗簡所載古文尚書皆妄

人所爲好言六書而不知其所以然者也春秋傳曰爾貢苞茅不入王祭不供無以莤酒春秋僖四年左氏傳文偁之以證縮酌用茅也鄭大夫注周禮鄭注郊特牲引傳皆作縮酒傳固二本不同一曰莤榼上塞也寒各本作塞乃邊塞字耳榼酒器也以艸窒其上孔曰莤此別一義

醨薄酒也薄對厚言上文醪醇醹酎皆謂厚酒故謂厚薄爲醇醨今人作漓乃俗字也屈原賦曰何不餔其糟而歠其醨从酉离聲讀若離呂支切古音在十七部

䤈酢也字二雙聲从酉韱聲初減切七部

酸酢也月令春三月其味酸鴻範曲直作酸从酉夋聲素官切十四部關東謂酢曰酸

⿰酉畯籀文酸从畯畯聲也

酨酢漿也水部漿下曰酢漿也酢漿謂酨也酨漿二篆爲轉注鄭注內則曰漿酢酨也許書漿下當是酢酨也後人改之耳鄭注周禮四飲曰漿今之酨漿也絫言之曰酨漿从酉𢦏聲徒奈切一部

醶酢漿

十四篇下

也漿截醶三者同物从酉僉聲魚窆切七部今俗作釅酢醶也酢本截漿之名引申
之凡味酸者皆謂之酢上文釅酢也酸酢也皆用酢引申之義也从酉乍聲倉故切五部今俗皆用醋
以此爲酬酢字酏黍酒也周禮四飲四曰酏注曰今之粥也酏飲粥稀者之淸也禮記內則黍酏注
曰酏粥也或以酏爲醴注曰釀粥爲醴也按飲非酒也故五齊三酒掌於酒人六飲掌於漿人而許酏下曰黍酒醫
下曰醫酒蓋許意與鄭說不同故賈侍中酏爲粥淸爲別一說賈與鄭合也从酉也聲移爾切古音蓋
在十七部釋文以支反一曰甛也謂恬酒賈侍中說酏爲鬻淸鬻健也俗作粥
耳鄭云酏飲粥稀者之淸也本此凡鬻稀者謂之酏用爲六飲之一厚者謂之餰取稻米舉糔溲之小切狼臅膏以
與稻米爲餰用爲醢人羞豆之實周禮謂餰爲酏鄭旣援內則以正之矣醬醢也从肉酉从肉
者醢無不用肉也酒㠯龢醬也此說从酉之故爿聲卽亮切十部今俗作醬醬古

文醬如此　醬　籀文　作之陳之皆必以器故从皿

醢　肉醬也　周禮醢人掌醢醢麋臡鹿臡麇臡蠃醢蜃蚳醢魚醢兔醢鴈醢凡醢皆肉也鄭曰作醢及臡者必先膊乾其肉乃復莝之雜以粱麴及鹽漬以美酒塗置甀中百日則成矣此醬从肉从酉之信也許訓監云血醢訓凡醢曰肉醬就字形別之耳

从酉𥁓聲　大徐作从酉𥂦𥁓者𥂦之或字呼改切一部

醢　籀文　从艸謂芥醬榆醬之屬也从鹵謂鹽也从𥁓猶从𥁓聲也

醔　醔䤙　逗　榆醬也　榆醬用榆人爲之榆人者榆子中人也齊民要術曰作榆子醬法治榆子人一升擣末篩之清酒一升醬五升合和一月可食之景差大招吳酸蒿蔞王逸注曰或云醔䤙醔䤙卽榆醬也

从酉敄聲　莫候切三部

䤙　醔䤙也从酉俞聲　田候切四部按或音茂逗或音牟頭或音模途皆疊韵也

䤚　擣榆醬也　擣築也擣而爲之謂之䤚

从酉畢聲　蒲計切古音在十二部

醓　醬也　廣雅同玉篇曰醓醬也醓醬亦見廣雅

从

⿱漸酉　⿱任酉　疑一字

酉矞聲居律切十五部䣼襍味也周禮漿人六飲鄭司農云涼以水和酒也元謂涼今寒粥若糗飯襍水也內則有濫無涼鄭曰以諸和水也以周禮六飲校之則濫涼也紀莒之閒名諸爲濫按許作䣼郎周官內則之涼字也襍味者郎以諸和水說也乾者爲桃諸梅諸水漬爲桃濫於釋名可得其義也內則正義曰諸者衆襍之辭又按廣雅云䣼牆也疑襍味下本有牆字故廁於此若六飲之涼則已見水部从酉京聲呂釀切十部按當呂張切⿱漸酉闕慈冉切八部⿱任酉闕而剡切七部按依玉篇廣韵上字下當云⿱漸酉⿱任酉也下字下當云⿱漸酉⿱任酉也从酉任聲味薄也从酉漸聲二篆疊韵而今本但注闕字疑許書本無此二篆酹餟祭也食部餟下曰酹祭也與此爲轉注廣韵曰以酒沃地史記其下四方地爲餟食蓋餟酹皆於地餟謂肉故漢書作腏酹謂酒故从酉从酉寽聲郎外切十五部此篆舊在醶醳之閒非其次也故移於此

文六十七　重八

酋繹酒也繹之言昔也昔久也多下曰从重夕夕者相繹也故重夕爲多然則繹酒謂日久之酒對酓爲疾孰酒醴酤爲一宿酒言之繹俗作醳周禮酒人三酒注曰事酒酌有事者之酒其酒則今之醳酒也昔酒今之酋久白酒所謂舊醳者也清酒今中山冬釀接夏而成郊特牲舊澤之酒注曰澤讀爲醳舊醳之酒謂昔酒也玉裁按許云繹酒葢兼事酒昔酒言之事酒謂繹酒昔酒謂舊繹之酒也酋之義引申之凡久皆曰酋久則有終大雅似先公酋矣傳曰酋終也从酉水半見於上謂八也酋上與谷上同皆曰水半見繹酒糟滓下湛水半見於上故像之字秋切三部禮有大酋掌酒官也禮謂明堂月令仲冬乃命大酋注曰酒孰曰酋大酋者酒官之長也凡酋之屬皆从酋

尊酒器也凡酒必實於尊以待酌者鄭注禮曰置酒曰尊凡酌酒者必資於尊故引申以爲尊卑字猶貴賤本謂貨物而引申之也自專用爲尊卑字而別製罇樽爲酒尊字矣从酋廾㠯奉之廾者竦手也奉者承也設尊者必竦手以承之祖昆

切十三部周禮六尊犧尊象尊箸尊壺尊大尊山尊吕待祭祀賓客之禮見周禮司尊彝職犧作獻鄭司農云獻讀爲犧尊箸尊箸略尊也或曰箸尊箸地無足壺者以壺爲尊春秋傳曰尊以魯壺大尊大古之瓦尊山尊山罍也按毛詩閟之犧尊卽獻尊也故許同大鄭作犧以待祭祀司尊彝詳之矣大行人賓客之祼亦必用彝饗禮食禮亦必用尊故約之曰以待祭祀賓客之禮

尊 尊或从寸此與寺从寸意同有法度者也

文二　重一

戌 威也九月昜气微萬物畢成昜下入地也威大徐作滅非火部曰威滅也本毛詩傳火死於戌陽氣至戌而盡故威从火戌此以威釋戌之恉也律書曰戌者萬物盡滅淮南天文訓戌者滅也律厤志畢入於戌釋名戌恤也物當收斂矜恤之也九月於卦爲剝五陰方盛一陽將盡陽下入地故

其字从土卪含一五行土生於戊盛於戌戊午合德天文訓曰土生於午壯於戌死於寅从戊一戌者中宮亦土也一者一陽也戊中含一會意也一亦聲辛聿切十二部凡戌之屬皆从戌

文一

亥荄也十月微昜起接盛侌律厤志曰該閡於亥天文訓曰亥者閡也釋名曰亥核也收藏萬物核取其好惡眞僞也許云荄也者荄根也陽氣根於下也十月於卦爲坤微陽從地中起接盛陰即壬下所云陰極陽生故易曰龍戰於野戰者接也从二二古文上字也謂陰在上也一人男一人女也其下从二人一人男一人女像乾道成男坤道成女从乚象褢子咳咳之形也咳與亥音同胡改切一部春秋傳曰亥有二首六身左傳襄三十年

文孔氏左傳正義曰二畫爲首六畫爲身按今篆法身祇有五畫蓋周時首二畫下作六畫與今篆法不同也凡亥之屬皆从亥古文亥各本篆體譌繆今依宋本舊本更正希豩字皆與豕形略相似亥爲豕猶巳下云巳爲蛇也與豕同謂二篆之古文實一字也豕之古文見九篇豕部與亥古文無二字故吕氏春秋曰子夏之晉過衞有讀史記者曰晉師三豕涉河子夏曰非也是己亥也夫己與三相近豕與亥相似至於晉而問之則曰晉師己亥渡河也亥而生子復從一起此言始一終亥亥終則復始一也一下以韵語起此以韵語終

文一　重一

五十一部　文六百三　重七十四　凡八千七百一十七字

德清許宗彥校字

說文解字第十四篇下

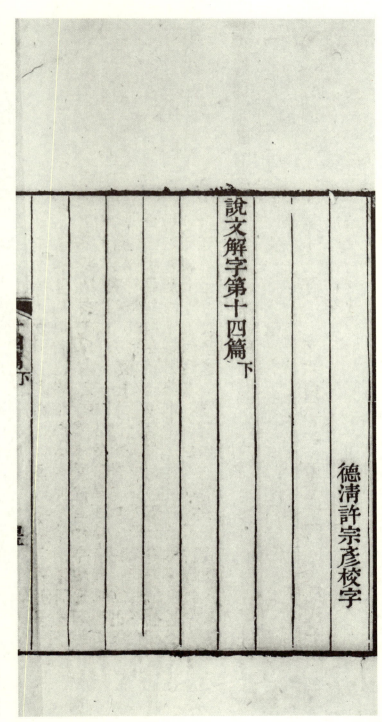

說文解字第十五卷

後漢書儒林傳作說文解字十四篇捨敘而言也許沖及隋志唐志皆云十五卷合敘而言也大史公自序班氏序傳皆別自爲篇

金壇段玉裁注

敘曰 二字舊在下文此十四篇之上今審定移置於此左傳宣十五年正義引說文序云倉頡之初作書可證史記漢書法言大元敘皆殿於末古箸書之例如此許書十四篇既成乃述其箸書之意而爲五百四十部冣目記其文字都數作韵語以終之略放大史公自序云

古者庖犧氏之王天下也仰則觀象於天俯則觀法 法當作灋 **於地視鳥獸之文與地之宜近取諸身遠取諸物於是始作易八卦㠯垂憲象及神農氏結繩爲治而統其事** 謂自庖犧以前及庖犧及神農皆結繩爲治而統其事也毄辭曰易之典

十五卷上　一

也其於中古乎虙曰典易者謂庖犧也庖犧爲中古則庖犧以前爲上古黃帝堯舜爲後世聖人按依虞說則傳云上古結繩而治者神農以前皆是云後世聖人易之以書契者謂黃帝孝經緯援神契云三皇無文是五帝以下始有文字**庶業其緐**其同荀卿書之綦猶極也**飾僞萌生**萌生謂多也以上言庖犧作八卦雖卽文字之肇耑但八卦尚非文字自上古至庖犧神農專恃結繩事緐僞茲漸不可枝爲下黃帝造書契張本**黃帝之史倉頡**倉或作蒼按廣韵云倉姓倉頡之後則作蒼非也帝王世紀云黃帝史官倉頡衛恒四體書勢云昔在黃帝創制造物有沮誦倉頡者始作書契以代結繩蓋二人皆黃帝史也諸書多言倉頡少言沮誦者文略也按史者記事者也倉頡爲記事之官思造記事之法而文生焉**見鳥獸蹏迒之迹知分理之可相別異也**分理猶文理**初造書契**高誘注呂覽曰蒼頡生而知書寫倣鳥跡以造文章**百工㠯乂**乂治也**萬品㠯察蓋取諸夬夬揚于王庭**

言文者宣教明化於王者朝廷文即謂書契也此引易象辭而釋之君子所以施祿及下居德則忌也居德依許字例當作凥悳而不必改正者十四篇皆釋造字之恉其說解必用本義之字而不用叚借有爲後人所亂者則必更正之敘則許所自製之文不妨同彼時通用之字亦使學者知古今字詁不同故知敘字不必同十四篇字也施祿及下謂能文者則祿加之居德則忌謂律己則貴德不貴文也倉頡之初作書蓋依類象形故謂之文依類象形謂指事象形二者也指事亦所以象形也文者逪畫也逪造其畫而物像在是如見迒而知其爲兔見速而知爲鹿也其後形聲相益即謂之字形聲相益謂形聲會意二者也有形則必有聲聲與形相軵爲形聲形與形相軵爲會意其後爲倉頡以後也倉頡有指事象形二者而已其後文與文相合而爲形聲爲會意謂之字如易本祇八卦卦與卦相重而得六十四卦也文者物象之本各本無此六字依左傳宣十五年正

義補**字者言孳乳而𡨋多也**孳者汲汲生也人及鳥生子曰乳𡨋猶漸也字者乳也周禮外
史禮經聘禮論語子路篇皆言名左傳反正爲乏止戈爲
姦皿蟲爲蠱皆言文六經未有言字者秦刻石同書文字
此言字之始也鄭注二禮論語皆云古曰名今曰字按名
者自其有音言之文者自其有形言之字者自其滋生言
之大行人屬瞽史諭書名外史達書名於四方此謂書之
始也中庸曰書同文此字書之始也周之韵書不傳而毛
詩及他經韵語固在周之字書不傳而許君說文可補其
闕○按析言之獨體曰文合體曰字統言之則文字可互
稱左傳止戈皿蟲皆曰文是合體爲文也許君某部言文
若干謂篆文言凡若干字謂說解語是則古篆通謂之文
己語則謙言字也**箸於竹帛謂之書**箸各本作著今正从竹此字古祇作者者者別事詞也別
之則其事昭焯故曰者明而俗改爲著明別之則詞與事
相黏連輒麗故引申爲直略切之附者張略切之衣者而
俗亦皆作附著衣著或云說文無著改爲箸皆未得其原
也者於竹帛附著而著明之於竹帛也古者大事書之於

冊小事簡牘聘禮記曰百名以上書於冊不及百名書於方古用竹木不用帛用帛葢起於秦秦時官獄職務繁初有隸書以趨約易始皇至以衡石量書決事此非以縑素代竹木不可許於此兼言帛者葢槩括秦以後言之**書者如也**謂如其事物之狀也聿部曰書者者也謂昭明其事此云如也謂每一字皆如其物狀**㠯迄五帝三王之世改易殊體**迄當爲訖訖止也迄俗此等葢皆後人所改然漢碑多用迄或許不廢此字黃帝爲五帝之首自黃帝而帝顓頊高陽帝嚳高辛帝堯帝舜爲五帝夏禹商湯周文武爲三王其間文字之體更改非一不可枚舉傳於世者槩謂之倉頡古文不皆倉頡所作也**封于泰山者七十有二代靡有同焉**于當作於泰當作大封大山者七十二家見管子韓詩外傳司馬相如封禪文史記封禪書封禪書曰古者封泰山禪粱父者七十二家而夷吾所記者十有二焉無懷氏虙羲氏神農炎帝黃帝顓頊帝俈堯舜禹湯周成王也援神契曰三皇無文而無懷虙羲在五帝前曷云有文字乎五帝以前亦有記識而

已非必成字黃帝以下乃各著其字故槩括之曰七十二代靡有同焉**周禮八歲入小學**大戴禮保傅篇曰古者年八歲而出就外舍學小藝焉履小節焉束髮而就大學學大藝焉履大節焉盧景宣注曰外舍小學謂虎門師保之學也大學王宮之東者束髮謂成童白虎通曰八歲入小學十五入大學是此大子之禮尚書大傳曰公卿之大子大夫元士嫡子年十三始入小學見小節而踐小義年二十而入大學見大節而踐大義此世子入學之期也又曰十五始入小學十八入大學謂諸子性晚成者至十五入小學其早成者十八入大學內則曰十年出就外傅居宿於外學書計者謂公卿以下教子於家也玉裁按食貨志曰八歲入小學學六甲五方書計之事白虎通曰八歲毀齒始有識知入學學書計許亦曰周禮八歲入小學皆是泛言教法非專指王大子內則六年教之數與方名已識字已知算矣至十歲乃就外傅講求六書之理九數之法故曰十年學書計與他家云八歲入小學異者所傳不同也周禮無八歲入小學之文因保氏併系之周禮**保氏教國子先㠯六**

書周禮保氏教國子六藝五曰六書國子者公卿大夫之子弟師氏敎之保氏養之而世子亦齒焉六書者文字聲音義理之總匯也有指事象形形聲會意而字形盡於此矣字各有音而聲音盡於此矣有轉注叚借而字義盡於此矣異字同義曰轉注異義同字曰叚借有轉注而百字可一義也有叚借而一字可數義也字形字音之書若大史籒著大篆十五篇殆其一耑乎字義之書若爾雅其取著者也趙宋以後言六書者匈襘陿隘不知轉注叚借所以包括詁訓之全謂六書爲倉頡造字六法說轉注多不可通戴先生曰指事象形形聲會意四者字之體也轉注叚借二者字之用也聖人復起不易斯言矣

一曰指事劉歆班固首象形次象事指事卽象事鄭衆作處事非也

指事者視而可識察而見意見意各本作可見今依顏氏藝文志注正意舊音如憶識意在古音第一部以下每書二句皆韵語也

二二是也二二各本作上下非今正此謂古文也有在一之上者有在一之下者視之而可識爲上下察之而見上下之意許於二部曰二高也此指事二底也此

指事序復舉以明之指事之別於象形者形謂一物事晐衆物專博斯分故一舉日月一舉二二二二所晐之物多日月祇一物學者知此可以得指事象形之分矣指事亦得稱象形故乙丁戊己皆指事也而丁戊己皆解曰象形子丑寅卯皆指事也而皆解曰象形一二三四皆指事也而四解曰象形有事則有形故指事皆得曰象形而其實不能溷指事不可以會意殽合兩文爲會意獨體爲指**二**事徐楚金及吾友江艮庭往往認會意爲指事非也

曰象形象當作像像者佀也象者南越大獸也自易大傳巳叚借矣劉歆班固鄭衆亦皆曰象形**象形者畫成其物隨體詰詘日月是也**詰詘見言部猶今言屈曲也日下曰實也大陽之精象形月下曰闕也大陰之精象形此復舉以明之物莫大乎日月也有獨體之象形有合體之象形獨體如日月水火是也合體者从某而又象其形如眉从目而以𠃜象其形箕从竹而以𠀠象其形衰从衣而以𠂢象其形𠷎从田而以𠃬象耕田溝詰屈之形是也獨體之象形則成字可讀𨌳於从某者不成字不可讀說解中往往經淺人

刪之此等字半會意半象形一字中兼有二者會意則兩體皆成字故與此別**三曰形聲**劉歆班固謂之象聲形聲卽象聲也其字半主義半主聲半主義者取其義而形之半主聲者取其聲而形之不言義者不待言也得其聲之近似故曰象聲曰形聲鄭衆作諧聲諧詥也非其義**形聲者㠯事爲名取譬相成江河是也**事兼指事之事象形之物言物亦事也名卽古曰名今曰字之名譬者諭也諭者告也以事爲名謂半義也取譬相成謂半聲也江河之字以水爲名譬其聲如工可因取工可成其名其別於指事象形者指事象形獨體形聲合體其別於會意者會意合體主義形聲合體主聲聲或在左或在右或在上或在下或在中或在外亦有一字二聲者有亦聲者會意而兼形聲也有省聲者既非會意又不得其聲則知其省某字爲之聲也**四曰會意**劉歆班固鄭衆皆曰會意會者合也合二體之意也一體不足以見其義故必合二體之意以成字**會意者比類合誼㠯見指撝武信是也**誼者人所宜也先鄭周禮注曰

今人用義古書用誼誼者本字義者叚借字指撝與指麾同謂所指向也比合人言之誼可以見必是信字比合戈止之誼可以見必是武字是會意也會意者合誼之謂也凡會意之字曰从人言曰从止戈人言止戈二字皆聯屬成文不得曰从人从言从戈从止而全書內往往爲淺人增一从字大徐本尤甚絕非許意然亦有本用兩从字者固當分別觀之有似形聲而實會意者如拘鉤笱皆在句部不在手金竹部莽莫葬不入犬日死部𦬒糾不入艸糸部之類是也

五曰轉注劉歆班固鄭眾亦皆曰轉注轉注猶言互訓也注者灌也數字展轉互相爲訓如諸水相爲灌注交輸互受也轉注者所以用指事象形形聲會意四種文字者也數字同義則用此字可用彼字亦可漢以後釋經謂之注出於此謂引其義使有所歸如水之有所注也里俗作註字自明至今刊本盡改舊文其可歎矣

轉注者建類一首同意相受考老是也建類一首謂分立其義之類而一其首如爾雅釋詁第一條說始是也同意相受謂無慮諸字意恉略同義可互受相灌注而歸於一首如初

哉首基肇祖元胎俶落權輿其於義或近或遠皆可互相訓釋而同謂之始是也獨言考老者其㬎明親切者也老部曰老者考也考者老也以考注老以老注考是之謂轉注葢老之形从人毛匕屬會意考之形从老丂聲屬形聲而其義訓則爲轉注全書内用此例不可枚數但類見於同部者易知分見於異部者易忽如人部但裼也衣部裼但也之類學者宜通合觀之異字同義不限於二字如裼嬴裎皆曰但也則與但爲四字窒窴皆曰𡨄也則與𡨄爲三字是也爾雅首條初爲衣之始哉爲才之叚借字才者艸木之初首爲人體之始基爲牆始肇爲肁之叚借肁者始開祖爲始廟元爲始胎爲婦孕三月俶爲始也落之爲始義以反而成權輿之爲始葢古語是十一者通謂之始非一其首而同其異字之義乎許云考者老也老者考也舉其切近著明者言之其他若初才首基肁祖元胎俶落權輿等字之皆爲始未嘗不義同爾雅也有參差其辭者如初下曰始也始下曰女之初也同而異異而同也有綱目其辭者如䛐爲意内言外而矤爲兄䛐者爲別事䛐魯爲鈍䛐曾爲䛐之舒尒爲䛐之必然矣爲語已䛐乃爲䛐

之難是也有云之言者如孔子云貉之言貉貉惡也狄之言淫辟也是也凡經傳內云之言亦云之爲言者視此有云猶者如不下云一猶天也爾下云麗爾猶靡麗也夲下云大十猶兼十人也苟下云勹口猶愼言也䇂下云辠猶齊也是也凡傳注中云猶者視此有以叚借爲轉注者如會下云曾益也曾卽增昆下云匕合也匕卽比旋下云允進也允卽欵是也凡爾雅及傳注以叚借爲轉注者視此爾雅訓哉爲始謂哉卽才之叚借也毛傳訓瑕爲遠謂瑕卽遐之叚借也故轉注中可包叚借必二之者分別其用也旣叚借而後與叚義之字相轉注未叚借則與本義之字相轉注也轉注之說晉衛恆唐賈公彥宋毛晃皆未誤宋後乃異說紛然戴先生荅江愼修書正之如日月出矣而爝火猶有思復然者由未知六書轉注叚借二者所以包羅自爾雅而下一切訓詁音義而非謂字形也玉裁按衛恆四體書勢曰轉注者以老注考也此申明許說也而今晉書譌爲老壽考也則不可通毛晃曰六書轉注謂一字數義展轉注釋而後可通後世不得其說

六曰假借劉歆班固鄭衆皆作假借六書之次第鄭衆一

象形二會意三轉注四處事五假借六諧聲所言非其敘劉歆班固一象形二象事三象意四象聲五轉注六假借與許大同小異要以劉班許所說爲得其傳蓋有指事象形而後有會意形聲有是四者爲體而後有轉注假借二者爲用戴先生曰六者之次第出於自然是也學者不知轉注則亦不知假借爲何用矣假當作叚又部曰叚借也然則人部當云借叚也叚借者古文初作而文不備乃以同聲爲同義轉注專主義猶會意也叚借兼主聲猶形聲也

假借者本無其字依聲託事令長是也託者寄也謂依傍同聲而寄於此則凡事物之無字者皆得有所寄而有字如漢人謂縣令曰令長縣萬戶以上爲令減萬戶爲長令之本義發號也長之本義久遠也縣令縣長本無字而由發號久遠之義引申展轉而爲之是謂叚借許獨舉令長二字者以今通古謂如今漢之縣令縣長字卽是也原夫叚借放於古文本無其字之時許書有言以爲者有言古文以爲者皆可薈萃舉之以者用也能左右之曰以凡言以爲者用彼爲此也如來周所受瑞麥來麰也而以爲行來之來烏孝

烏也而以爲烏呼字朋古文鳳神鳥也而以爲朋攩字子十一月陽氣動萬物滋也而人以爲偁韋相背也而以爲皮韋西鳥在巢上也而以爲東西之西言以爲者凡六是本無其字依聲託事之明證本無來往字取來麥字爲之及其久也乃謂來爲來往正字而不知其本訓此許說叚借之明文也其云古文以爲者洒下云古文以爲灑埽字疋下云古文以爲詩大雅字丂下云古文以爲巧字臤下云古文以爲賢字𣥠下云古文以爲魯衛之魯哥下云古文以爲歌字詖下云古文以爲頗字𡿺下云古文以爲醜字爰下云古文以爲車轅字𢿱下云周書以爲討字此亦皆所謂依聲託事也而與來烏朋子韋西六字不同者本有字而代之與本無字有異然或叚借在先製字在後則叚借之時本無其字非有二例惟前六字則叚借之後終古未嘗製正字後十字則叚借之後遂有正字爲不同耳許書又有引經說叚借者如㚻人姓也而引商書無有作㚻謂鴻範叚㚻爲好也莫火不明也而引周書布重莫席釋云蒻席也謂顧命叚莫爲蔑也堲古文垐以土增大道上也而引唐書朕堲讒說殄行釋云堲疾惡也謂堯典叚

堲爲疾也圛回行也而引商書曰圛釋云圛者升雲半有半無謂鴻範叚圛爲駱驛也枯稾也而引夏書唯箘輅枯釋云木名謂叚枯稾之枯爲木名也此皆許偁經說叚借而亦由古文字少之故與云古文以爲者正是一例大氐叚借之始始於本無其字及其後也旣有其字矣而多爲叚借又其後也且至後代譌字亦得自冒於叚借博綜古今有此三變以許書言之本無難易二字而以難鳥蜥易之字爲之此所謂無字依聲者也至於經傳子史不用本字而好用叚借字此或古古積傳或轉寫變易有不可知而如許書每字依形說其本義其說解中必自用其本形本義之字乃不至矛盾自陷而今日有絕不可解者如𢝊爲愁憂爲行和旣畫然矣而愁下不云𢝊也云憂也㝫爲窒塞爲隔旣畫然矣而窒下不云㝫也云塞也但爲裼祖爲衣縫解旣畫然矣而裼下不云但也云祖也如此之類在他書可以託言叚借在許書則必爲轉寫譌字葢許說義出於形有形以範之而字義有一定有本字之說解以定之而他字說解中不容與本字相背故全書譌字必一一諟正而後許免於誣許之爲是書也以漢人通借緐多

不可究詰學者不識何字爲本字何義爲本義雖有倉頡爰歷博學凡將訓纂急就元尚諸篇楊雄杜林諸家之說而其篆文既亂雜無章其說亦零星間見不能使學者推見本始觀其會通故爲之依形以說音義而製字之本義昭然可知本義既明則用此字之聲而不用此字之義者乃可定爲叚借本義明而叚借亦無不明矣

及宣王大史籒著大篆十五篇與古文或異大史官名籒人名也省言之曰史籒漢藝文志云史籒十五篇自注周宣王大史作大篆十五篇又云史籒篇者周時史官教學童書也然則其姓不詳記傳中凡史官多言史某而應劭張懷瓘顏師古及封演聞見記郭忠恕汗簡引說文皆作大史史籒或疑大史而史姓恐未足據大篆十五篇亦曰史籒篇亦曰史篇王莽傳徵天下史篇文字孟康云史籒所作十五篇古文書也此古文二字當易爲大篆大篆與倉頡古文或異見於許書十四篇中者備矣凡云籒文作某者是也或之云者不必盡異也葢多不改古文者矣籒文字數不可知尉律諷籒書九千字乃得爲史此籒字訓讀書與宣王大史籒非

可牽合或因之謂籒文有九千字誤矣大篆之名上別乎古文下別乎小篆而爲言曰史篇者以官名之曰籒篇籒文者以人名之而張懷瓘書斷乃分大篆及籒文爲二體尤爲非是又謂籒文亦名史書尤非凡漢書元帝紀王尊傳嚴延年傳西域傳之馮嫽後漢書皇后紀之和熹鄧皇后順烈梁皇后或云善史書或云能史書皆謂便習隸書適於時用猶今人之工楷書耳而自應仲遠注漢巳云史書周宣王大史籒所作大篆十五篇也殊爲繆解許偁史篇者三奭下云此燕召公名史篇名醜匋下云史篇讀與缶同姚下云史篇以爲姚易知史篇不徒載篆形亦有說解班志云建武時亡六篇唐元度云建武中獲九篇章帝時王育爲作解說所不通者十有二三許葢取王育說與

至孔子書六經左丘明述春秋傳皆㠯古文六經易書詩禮樂春秋也始見小戴經解莊子天運孔子書六經以古文者以壁中經知之左氏述春秋傳以古文者於張蒼所獻知之皆見下文古文大篆二者錯見此云皆以古文兼大篆言之六經左傳不必有古文而無籒文也下文云取史籒大篆或

頗省改兼古文言之不必所省改皆大篆而無古文也秦書八體一曰大篆二曰小篆不言古文知古文已包於大篆中也王莽改定古文有六書一曰古文二曰奇字卽古文而異者三曰篆書卽小篆不言大篆知古文奇字二者內已包大篆也呂氏春秋云倉頡造大篆是古文亦可偁大篆之證**厥意可得而說**謂雖當詭更正文玩其所習蔽所希聞之世而眞古文之意未嘗不可說也**其後諸侯力政不統於王**其後謂孔子歿而散言絕七十子終而大義乖也**惡禮樂之害己而皆去其典籍**見孟子**分爲七國**韓趙魏燕齊楚秦**田疇異畮**如周制六尺爲步步百爲畮秦孝公二百四十步爲畮**車涂異軌**車之徹廣曰軌因以軌名涂之廣七國時車不依徹廣八尺之定制或廣或陝焉涂不依諸侯經涂七軌環涂五軌野涂三軌之制各以意爲之故曰車涂異軌也**律令異灋**如商鞅爲左庶長定變法之令**衣冠異制**如趙武靈王效胡服爲惠文冠前插貂尾又服鞾齊王之側注冠楚王之

解豸冠是也

言語異聲文字異形謂大行人屬瞽史諭書名聽聲音之制廢而各用其方俗語言各用其私意省改之文字也言語異聲則音韻歧文字異形則體製惑車同軌書同文之盛於是乎變矣

秦始皇帝初兼天下丞相李斯乃奏同之罷其不與秦文合者以秦文同天下之文秦文卽下文小篆也本紀曰二十六年書同文字

斯作倉頡篇藝文志曰倉頡一篇上七章秦丞相李斯作

中車府令趙高作爰歷篇志曰爰歷六章車府令趙高作車上當有中字伏儼曰中車府令主乘輿路車者也

大史令胡毋敬作博學篇志曰博學七章大史令胡毋敬作司馬彪曰大史令掌天時星厤胡毋姓也公羊音義史記索隱毋皆音無或作父毋字非也李之七章趙之六章胡毋之七章各爲一篇漢志取目合爲倉頡一篇者因漢時閭里書師合爲三篇斷六十字以爲一章凡五十五章并爲倉頡篇故也六十字爲一章者凡五十五然則自秦至司馬相如以前小篆祇有三

十五卷上

千三百字耳淺人云倉頡大篆有九千字大篆之多三倍於小篆其說之妄不辨而可知矣**皆取史籀大篆或頗省改**省同媘女部曰媘少減也亦作渻水部曰渻減也省者減其緐重改者改其怪奇如曰民弟革酉皆象古文之形所謂改也書中載秦刻石廿汥二字此叉刻石與其小篆異者如古文之有奇字也云取史籀大篆或頗省改者言史籀大篆則古文在其中大篆旣或改古文小篆復或改古文大篆或之云者不盡省改也不改者多則許所列小篆固皆古文大篆其不云古文作某籀文作某者古籀同小篆也其旣出小篆又云古文作某籀文作某者則所謂或頗省改者也**所謂小篆者也**篆者引書之謂大史籀作者大篆則謂李斯等作者小篆以別之小篆藝文志作秦篆凡許書中云篆書者小篆也云籀文者大篆也**是時秦燒滅經書滌除舊典大發吏卒興戍役官獄職務緐**皆詳始皇本紀**初有隸書以趣約易**趣疾走也**而古文由此絕矣**藝文志曰是時始造隸書

矣起於官獄多事苟趨省易施之於徒隸也晉衛恆曰秦既用篆奏事緐多篆字難成卽令隸人佐書曰隸字唐張懷瓘曰秦造隸書以赴急速爲官司刑獄用之餘尙用小篆焉按小篆既省改古文大篆隸書又爲小篆之省秦時二書兼行而古文大篆遂不行故曰古文由此絕秦時刻石皆用小篆漢初人不識科斗其證也

自爾秦書有八體體爾猶此也藝文志史籀十五篇下卽次之以八體六技而不言其篇數韋昭注八體用許說

一曰大篆不言古文者古文在大篆中也上云古文由此絕何也古文大篆雖不行而其體固在刻符蟲書等未嘗不用之也

二曰小篆其時所取重也

三曰刻符魏書江式表符下有書字符者周制六節之一漢制以竹長六寸分而相合

四曰蟲書新莽六體有鳥蟲書所以書旛信也此蟲書卽書旛信者

五曰摹印卽新莽之繆篆也

六曰署書木部曰檢者書署也凡一切封檢題字皆曰署題榜亦曰署冊部曰扁者署也从戶冊

七曰殳書蕭子良曰殳者伯氏之職也古者文既記笏武亦書

殳按言殳以包凡兵器題識不必專謂殳漢之剛卯亦殳書之類八曰隸書所以便於官獄職務也自刻符而下其漢志所謂六技與刻符旛信摹印署書殳書皆不離大篆小篆而詭變各自爲體故與左書偁六技

漢興有艸書衛恆曰漢興而有艸書不知作者姓名至章帝時齊相杜度號善作之宋王愔曰元帝時史游作急就章解散隸體麤書之章艸之始也按艸書之偁起於艸稾趙壹云起秦之末殆不始史游其各字不連緜者曰章艸晉以下相連緜者曰今艸猶隸之有漢隸今隸也漢人所書曰漢隸晉唐以下楷書曰今隸艸書又爲隸書之省文字之變巳極故許蒙八體而附著之於此言其不可爲典要也漢趙壹有非艸書一篇

尉律謂漢廷尉所守律令也百官公卿表曰廷尉秦官掌刑辟藝文志曰漢興蕭何草律刑法志所謂蕭何捃摭秦法取其宜於時者作律九章也此以下至輒舉劾之說漢律所載取人之制學僮十七巳上僮今之童字始試句絕謂始應攷試也諷籒書九千字乃得爲史史各本作吏今依江式傳正周

禮注曰倍文曰諷竹部曰籀讀書也毛詩傳曰讀抽也方言曰抽讀也抽卽籀籀讀二文爲轉注尚書克由繹之由繹卽籀繹也史記云紬史記石室金匱之書如淳云抽徹舊書故事而次述之紬亦卽籀字也今本說文言部讀下云誦書也不合故訓誦乃籀之誤耳凡古卜筮抽繹卦爻本義而爲辭者因以籀名之今左傳作繇俗作繇許偁則作卜籀籀之說明而許所謂諷籀書者可明矣諷籀書九千字者諷謂能背誦尉律之文籀書謂能取尉律之義推演發揮而繕寫至九千字之多諷若今小試之默經籀書若今試士之時藝上云始試則此乃試之之事也藝文志試學童諷書九千字以上乃得爲史無籀字得爲史得爲郡縣史也周禮史十有二人注曰史掌書者又史掌官書以贊治注曰贊治若今起文書草也後漢書百官志 又曰郡大守郡丞縣令若長縣丞縣尉各置諸曹掾史

八體試之 八體漢志作六體攷六體乃亡新時所立漢初蕭何卅律當治秦八體耳班志固以試學童爲蕭何律文也自學僮十七至輒舉劾之許與班略異而可互相補正班云大史試學童許則云郡縣以諷籀書試之

又以八體試之而後郡移大史試之此許詳於班也班云諷書許則云諷籒書此亦許詳於班也班云六體許則云八體此許覈於班也班云以爲尙書御史史書令史許云尙書史此許詳於許也班云吏民上書字或不正輒舉劾許不言吏民上書此亦班詳於許也班書之成雖在許前而許不必見班書固別有所本矣

郡移大史并課句絕**冣者㠯爲尙書史**大史者大史令也并課者合而試之也上文試以諷籒書九千字謂試其記誦文理試以八體謂試其字迹縣移之郡郡移之大史大史合試此二者冣讀殿冣之冣其冣者用爲尙書令史也尙書令史十八人二百石主書藝文志曰以爲尙書御史史書令史史云史書令史者謂能史書之令史也漢人謂隸書爲史書故孝元帝孝成許皇后王尊嚴延年楚王侍者馮嫽後漢孝和帝和熹鄧皇后順烈梁皇后北海敬王睦樂成靖王黨安帝生母左姬魏胡昭史皆云善史書大致皆謂適於時用如貢禹傳云郡國擇便巧史書者以爲右職又蘇林引胡公云漢官假佐取內郡善史書者給佐諸府也是可以知史書之必爲隸書向來注家

釋史書爲大篆其繆可知矣石建自詭馬不足一馬援糾繆皋爲四羊其可證也蓋漢承秦後切於時用莫若小篆隸書也志兼言御史令史御史之令史即百官志之蘭臺令史許不及之者以下文云字或不正輒舉劾之乃尙書所職非御史所職也○光武紀注引漢制度曰帝之下書有四一曰策書二曰制書三曰詔書四曰誡敕策書者編簡也其制長二尺短者半之篆書起年月日稱皇帝以命諸侯王三公以罪免亦賜策而以隸書用尺一木兩行惟此爲異也制書者帝者制度之命其文曰制詔三公皆璽封尙書令印重封露布州郡也詔書者詔告也其文曰告某官云如故事誡敕者謂敕刺史太守其文曰有詔敕某官他皆倣此按此知漢人除策諸侯王用木簡篆書外他皆用縑素隸書而已絕無用大篆之事也

書或不正輒舉劾之 劾者用法以糾有罪也百官志曰民曹尙書主凡吏民今本奪民字上書事然則吏民上書字或不正輒舉劾正民曹尙書事而令史實佐之者也此以上言漢初尉律之法如此

今雖有尉律不課 今者許謂當其時也謂不試以諷籀尉律九千

字也**小學不修**謂不以八體試之也漢志自史籀十五篇下至杜林倉頡故一篇總之爲小學十家四十五篇謂之小學者八歲入小學所教也**莫達其說久矣**莫解六書之說也玉裁按漢之取人蕭何初制用律及八體書迄乎孝武依丞相御史言用通一藝以上補卒史乃後吏多文學之士合說文藝文志及儒林傳參觀可見葢始用律後用經而文學由之盛始試八體後不試第聽閭里書師習之而小學衰矣故言今以惜之**孝宣皇帝時召通倉頡讀者**句絕此通倉頡讀者齊人而失其姓名藝文志云徵齊人能通倉頡讀者是也張敞從受之謂令張敞從此人學如晁錯之從伏生受尚書張叔等十餘人詣京師受業博士或學律令也**張敞從受之**藝文志曰倉頡多古字俗師失其讀宣帝時徵齊人能正讀者張敞從受之傳至外孫之子杜林爲作訓故按云倉頡多古字者謂倉頡篇中大半古文大篆且周秦時所用音義在漢時則爲古字如張揖古今字詁所記者是也俗師失其讀者失其音義也正讀者正其音義張敞字子高河東平陽人子

吉吉子竦字伯松博學文雅過於敞郊祀志曰美陽得鼎獻之有司多以爲宜薦見宗廟張敞好古文字按鼎銘勒而上議曰此鼎殆周之所以褒賜大臣大臣子孫刻銘其先功臧之於宮廟者也不宜薦見宗廟制曰京兆尹議是

涼州刺史杜業業漢書作鄴似當從許作業杜鄴字子夏本魏郡繁陽人也其母張敞女從敞子吉學問得其家書吉子竦又從鄴學問亦著於世尤長小學鄴子林亦有雅材其正文字過於鄴竦沛人爰禮沛依六篇邑部當作郝此亦從俗也亐部平下曰爰禮說其一端也講學大夫秦近講學大夫新莽所設官名儒林傳蕭秉陳俠歐陽政爲王莽講學大夫秦近或曰即桓譚新論云秦近君說堯典篇目兩字至十餘萬言說曰若稽古三萬言者也亦能言之謂已上共五人皆能說倉頡讀也杜業在哀帝時爰禮秦近皆在平帝及亡新時孝平皇帝時徵禮等百餘人令說文字未央廷中以禮爲小學元士孝平紀元始五年徵天下通知逸經古記天文厤算鍾律小學史篇

方術本艸及以五經論語孝經爾雅教授者在所爲駕一封軺傳遣詣京師至者數千人王莽傳曰元始四年徵天下通一藝教授十一人以上及有逸禮古書毛詩周官爾雅天文圖讖鍾律月令兵法史篇文字通知其意者皆詣公車令記說廷中紀傳所說正是一事爰禮等百餘人說文字未央廷中正其時也禮等通小學史篇文字者也史篇孟康云史籀所作十五篇也玉裁按楊雄傳曰史篇莫善於倉頡是則凡小學之書皆得偁史篇藝文志曰至元始中徵天下通小學者以百數各令記字於庭中楊雄取其有用者以作訓纂篇

黃門侍郎楊雄楊从木或从手者誤本傳奏羽獵賦除爲郎給事黃門**采吕作訓纂篇**志曰訓纂一篇楊雄作楊雄傳曰史篇莫善於倉頡作訓纂

凡倉頡已下十四篇凡五千三百四十字羣書所載略存之矣凡者取捪也取捪者都數也倉頡已下十四篇謂自倉頡至於訓纂共十有四篇篇之都數也五千三百四十字字之都數也藝文志曰漢時閭里書師合倉頡爰歷博學三篇斷六十

字以爲一章凡五十五章并爲倉頡篇此謂漢初倉頡篇祇有三千三百字也志又曰武帝時司馬相如作凡將篇無復字元帝時黃門令史游作急就篇成帝時將作大匠李長作元尚篇皆倉頡中正字也凡將則頗有出矣此謂三家所作惟凡將之字有出倉頡篇外者也志又曰至元始中徵天下通小學者以百數各令記字於庭中楊雄取其有用者以作訓纂篇順續倉頡又易倉頡中重復之字凡八十九章此謂雄所作訓纂凡三十四章二千四十字合五十五章三千三百字凡八十九章五千三百四十字也班但言章數許但言字數而數適相合不數急就元尚者皆倉頡中字既取倉頡可不之數也不數凡將者凡將字雖或出倉頡外而必晐於訓纂中故亦不之數也訓纂續倉頡而無復倉頡之字且易倉頡中自複者故五千三百四十字一無重複也然則何以云十四篇也合李斯趙高胡毋敬司馬相如史游李長楊雄所作而言之計字則無復計篇則必備也本祇有倉頡爰歷博學凡將急就元尚訓纂七目又析之爲十四其詳不可聞矣漢初葢倉頡爰歷博學爲三倉班於倉頡一篇自注云上七章則爰歷

爲中博學爲下可知也自楊雄作訓纂以後班固作十三章和帝永元中郎中賈魴又作滂喜篇梁庾元威云倉頡五十五章爲上卷楊雄作訓纂記滂喜爲中卷賈升郎更續記彥音盤均爲下卷人倂爲三倉元魏江式亦云是爲三倉蓋自張揖作三倉訓詁陸璣詩疏引三倉說郭樸作三倉解詁魏晉時早有三倉之倂韋昭注漢云班固十三章疑在倉頡下篇三十四章之內然則賈魴所作有三十四章而班之十三章在其中許所云五千三百四十字不數班賈所作也楊雄訓纂終於滂熹二字滂熹者言滂沱大盛賈魴用此二字爲篇目而終於彥均二字故庾氏云楊記滂喜賈記彥均隨志則云楊作訓纂賈作滂喜其實一也喜與熹古通用熹者大盛之意彥音盤大也大學人之彥聖彥一作盤是也懷瓘書斷云倉頡訓纂八十九章合賈廣班三十四章凡百二十三章文字備矣按八十九章五千三百四十字又增三十四章二千四十字凡七千三百八十字許全書凡九千三百五十三文葢五千三百四十字之外他采者三千十三字班賈之篇未嘗不在网羅之內且班賈而外亦且借歸漁獵之中班前於許賈則同

時許郎不見班賈之書而未央廷中百餘人所說楊雄所未采凡將所出倉頡外藝文志所云別字十三篇者具焉是皆許之所本也自倉頡至彥均章皆六十字凡十五句句皆四言許引幼子承詔郭注爾雅引考妣延年是也凡將七言如蜀都賦注引黃潤纖美宜製禪藝文類聚引鐘磬竽笙筑坎侯是也急就今尚存前多三言後多七言元尚今無考若隨志所載班固太甲篇在昔篇蓋即在十三章內崔瑗飛龍篇蔡邕聖皇篇黃初篇吳章篇蔡邕女史篇皆由其字巳具三倉中故不得列於三倉也若藝文志又偁倉頡傳一篇楊雄倉頡訓纂一篇杜林倉頡訓纂一篇杜林倉頡故一篇此四篇者又皆漢人釋倉頡五十五章之作五十五章四言爲句如今童子所讀千字文此四篇者如顏師古王伯厚之釋急就篇也自倉頡至彥均漢魏時蓋皆以隸書書之或以小篆書之皆閭里書師所教習謂之史書

及亡新居攝使大司空甄豐等校文書之部校今之挍字也古無挍字借校字爲之

自吕爲應制作王莽傳曰莽奏起明堂辟雍靈臺制度甚盛立樂經

自言盡力制禮作樂事頗改定古文頗者閒見之詞於古文閒有改定如疊字下亡新以爲疊从三日大盛改爲三田是其一也時有六書與周禮保氏六書同名異實莽之六書卽秦八體而損其二也一曰古文孔子壁中書也下文詳之秦有小篆隸書而古文由此絕故惟孔子壁中書爲古文故六書首此二曰奇字卽古文而異者也分古文爲二儿下云古文奇字人也无下云奇字无也許書二見蓋其所記古文中時有之不獨此二字矣楊雄傳云劉歆之子棻嘗從雄學奇字按不言大篆者大篆卽包於古文奇字二者中矣張懷瓘謂奇字卽籀文其跡有石鼓文存非是三曰篆書卽小篆上文所謂小篆秦始皇帝使下杜人程邈所作也按此十三字當在下文左書卽秦隸書之下上文明言李斯趙高胡毋敬皆取史籀大篆省改所謂小篆則作小篆之人旣顯白矣何容贅此自相矛盾耶況蔡邕聖皇篇云程邈刪古立隸文而蔡劉衞恆羊欣江式庾肩吾王僧虔酈道元顏師古

亦皆同辭惟傳聞不一或晉時許書巳譌是以衞巨山疑而未定耳下杜人程邈爲衙獄吏得罪幽繫雲陽增減大篆體去其緐複始皇善之出爲御史名書曰隸書下杜江式張懷瓘皆作下邽庾肩吾書品作下邳邈說文無此字蓋古祇作藐

四曰左書卽秦隸書左今之佐字小徐本作左而後大叔佐夏不畫一蓋許敘從俗作佐後人或以古字改之而又不盡改也左書謂其法便捷可以佐助篆所不逮上文云初有隸書以趣約易不言誰作故此補之曰秦始皇帝使下杜人程邈所作也

五曰繆篆所㠯摹印也摹規也規度印之大小字之多少而刻之繆讀綢繆之繆上文秦文八體五曰摹印

六曰鳥蟲書所㠯書幡信也幡當作旛漢人俗字以幡爲之書旛謂書旗幟書信謂書符卩上文四曰蟲書此曰鳥蟲書謂其或像鳥或像蟲鳥亦偁羽蟲也按秦文八體尙有刻符署書殳書此不及之者三書之體不離乎摹印書旛之體故舉二以包三古文則析爲二以包大篆莽意在復古應制作故不欲襲秦制也

壁中書者巳下尊崇古籒

述己作書之意故承壁中書而釋之

魯恭王壞孔子宅而得禮記尚書春秋論語孝經

劉歆移書讓大常博士曰魯恭王壞孔子宅欲以爲宮得古文於壞壁中逸禮三十有九書十六篇藝文志曰魯恭王壞孔子宅欲以廣其宮得古文尚書及禮記論語孝經凡數十篇皆古字也景十三王傳曰於其壁中得古文經傳按古文傳謂記及論語也許所謂得禮者禮古經也志言禮古經五十六卷出於魯淹中及孔氏與后氏戴氏經十七篇相似多三十九篇十七篇即唐以後所謂儀禮多出之三十九篇漢儒莫爲之注遂亡○記者謂禮之記也河閒獻王傳禮與禮記爲二此亦當云禮禮記轉寫奪一禮字耳志云記百三十一篇七十子後學者所記也明堂陰陽三十三篇古明堂之遺事也王史氏二十一篇七十子後學者也隋志劉向考校經籍得記百三十篇明堂陰陽記三十三篇孔子三朝記七篇王史氏記二十一篇樂記二十三篇凡五種合二百十四篇經典釋文敘錄引劉向別錄云古文記二百十四篇是也謂之古文記則以上皆爲古文可知○尚書者志言尚書

古文經四十六卷爲五十七篇以考伏生經二十九篇得多十六篇劉歆亦云得古文逸書十六篇要之伏生所有以及所無皆爲古文矣○春秋蓋謂春秋經也志言春秋古經十二篇是也春秋經傳班志不言出誰氏據許下云北平侯張蒼獻春秋左氏傳意經傳皆其所獻古經與傳別然則班云春秋古經十二篇左氏傳三十卷皆謂蒼所獻也而許以經系之孔壁以傳系之北平侯恐非事實或曰春秋二字衍文○論語志云論語古二十一篇出孔子壁中兩子張篇是也齊論語則二十二篇魯論語則二十篇○孝經者志云孝經古孔氏一篇二十二章是也孝經一篇十八章漢長孫氏江翁后蒼翼奉張禹各自名家經文皆同唯孔氏壁中古文爲異○以上皆古文以其出於壁中故謂之壁中書晉人謂之科斗文王隱曰大康元年汲郡民盜發魏安釐王冢得竹書漆字科斗之文科斗文者周時古文也其字頭麤尾細似科斗之蟲故俗名之焉據此則科斗文乃晉人里語而孔安國敘尚書乃有科斗文字之偁其爲作僞固顯然可見矣

又北平侯張蒼獻春秋左氏傳孝惠三年乃除

挾書之律張蒼當於三年後獻之然則漢之獻書張蒼冣先漢之得書首春秋左傳而平帝時乃立傳士何也秦禁挾書而蒼身爲秦柱下御史遂臧左氏至漢弛禁而獻之亦可以知秦法之不行矣此亦壁中諸經之類也故類記之論衡說左傳卅篇出恭王壁中恐非事實郡國亦往往於山川得鼎彝其銘卽前代之古文皆自相佀何休云亦者兩相須之意銘字不見於金部由古文士喪禮作名許從古文禮也而此作銘者不廢今字也佀像也郡國所得秦以上鼎彝其銘卽三代古文如郊祀志上有故銅器問李少君少君曰此器齊桓公十年陳於柏寢巳而案其刻果齊桓公器又美陽得鼎獻之有司多以爲宜薦見宗廟張敞按鼎銘勒而上議凡若此者亦皆壁中經之類也皆自相佀者謂其字皆古文彼此多相類雖叵復見遠流流小徐本作沬蓋誤其詳可得略說也元應引三倉曰叵不可也許可部無此字以可急言之卽爲不可如試可乃巳卽試不可乃巳也而此有叵字者不廢今字也雖不可再見古昔原流之

詳而其詳亦可得略說之就恭王所得北平所獻以及郡國所得鼎彝古文略具於是故王莽時六書不得古文便以壁中書爲古文反古復始之道莫之能易也

而世人大共非訾

禮記鄭注曰口毀曰訾

㠯爲好奇者也故詭更正文

詭當作恑變也

鄉壁虛造不可知之書

鄉俗用向爲之

變亂常行㠯燿於世

此謂世人不信壁中書爲古文非毀之謂好奇者改易正字向孔氏之壁憑空造此不可知之書指爲古文變亂常行以燿於世也正文常行世人謂秦隸書也

諸生競逐說字解經誼

誼各本譌作誼今正誼義古今字藝文志曰後世經傳既已乖離博學者又不想多聞闕疑之義而務碎義逃難便辭巧說破壞形體說五字之文至於二三萬言後進彌以馳逐故幼童而守一藝白首而後能言

稱秦之隸書爲倉頡時書云父子相傳何得改易

謂諸生之爭逐說字解經義也稱秦隸書卽倉頡書云此積古以來父傳之子者安能有所改易而乃謂其非

十五卷上 七

古文乃輒別造不可知之書爲古文也說字以解經本無不合患在妄說隸書之字如下文所舉**乃猥曰馬頭人爲長**謂馬上加人便是長字會意曾不知古文小篆長字其形見於九篇明辨皙也今馬頭人之字罕見蓋漢字之尤俗者**人持十爲斗**今所見漢隸字斗作升與升字什字相混正所謂人持十也斗見十四篇小篆即古文也本是像形字**虫者屈中也**蟲从三虫而往往叚虫爲蟲許多云蟲省聲是也但虫蟲見十三篇本像形字所謂隨體詰詘隸字祇令筆畫有橫直可書本非从中而屈其下也如許書於民酉字曰从古文之體小篆有變古文令可書者隸書亦有變小篆令可書者其道一也**廷尉說律至㠯字斷法**猶之說字解經義也**苛人受錢苛之字止句也**通典陳羣劉邵等魏律令序曰盜律有受所監臨受財枉法襍律有假借不廉令乙有所呵人受錢科有使者驗賂其事相類故分爲請賕律按訶責字見三篇言部俗作呵古多以苛字荷字代之漢令乙有所苛人受錢謂有治人之責者而受人錢故

與監臨受財假借不廉使者得賂爲一類苛从艸可聲假爲訶字並非从止句也而隸書之尤俗者乃譌爲苛說律者曰此字从止句句讀同鉤謂止之而鉤取其錢其說無稽於字意律意皆大失今廣韵七歌曰苛止也虎何切玉篇止部云苛古文訶亦皆譌字耳而不若苛之甚若此者甚衆不可勝數也皆不合孔氏古文謬於史籒文字以倉頡史籒爲正故必兼舉之不曰倉頡古文而曰孔氏古文者漢時惟孔子壁中書爲倉頡古文也鼎彝之銘則合於孔氏古文者也俗儒啚夫啚俗本作鄙非啚者嗇也田夫謂之嗇夫翫其所習蔽所希聞不見通學未嘗覩字例之條字例之條謂指事象形形聲會意轉注叚借六書也藝文志曰安其所習毀所不見終以自蔽此學者之大患也怪舊埶而善野言埶今藝字也五音韵譙作執亦通㠯其所知爲祕妙妙古作眇妙取精細之意故以目小之義引申叚借之後人別製妙文蔡邕題曹娥碑有幼婦之言知其字漢末有之許書不

錄者晚出之俗字也而不廢此字者可從者則不廢从女少聲於古造字之義有合古好从女子妥从女爪安从宀女旻从女日周禮嬔从女敖男女者人之大欲存焉故古造字多有取於此凡俗字不若馬頭人人持十之已甚者許所不廢也**究洞聖人之微恉**究窮也洞同迵迵者達也恉者意也**又見倉頡篇中幼子承詔**幼子承詔葢倉頡篇中之一句也倉頡篇例四字爲句今許書言部無詔字葢許以詔字包之古曰誥秦漢曰詔義同音近**因曰古帝之所作也其辭有神僊之術焉**曰大徐作號幼子承詔葢指胡亥卽位事俗儒啚夫旣謂隸書卽倉頡時書因謂李斯等所作倉頡篇爲黃帝之所作以黃帝倉頡君臣同時也其云幼子承詔者謂黃帝乘龍上天而少子嗣位爲帝也無稽之談漢人乃至於此哉**其迷誤不諭豈不悖哉**諭猶曉也悖亂也自世人大共非訾以下至此皆言尉律不課小學不修莫達其說之害葢自不試以諷籀尉律九千字不課以八體書專由通一藝進身而不讀律則不知今矣

所習皆隸書而隸書之俗體又曰以滋蔓則不知古矣以其滋蔓之俗體說經有不爲經害者哉此許自言不得不爲說文解字之故孟子曰予豈好辨哉予不得已也古聖賢作述皆必有所不得已焉爾後魏江式亦以篆形謬錯隸體失眞追來爲歸巧言爲辯小兒爲鬭神蟲爲蠶皆不合古文大篆及許氏說請撰集字書號曰古今文字

書曰予欲觀古人之象

虞書皋陶謨文

言必遵修舊文而不穿鑿

尚書日月星辰山龍華蟲作會宗彝藻火粉米黼黻希繡以五采彰施于五色作服日月以下像其物者實皆依古人之像爲之古人之像卽倉頡古文是也像形像事像意像聲無非像也故曰古人之像文字起於像形日月星辰山龍華蟲宗彝藻火粉米黼黻皆像其物形卽皆古像形字古畫圖與文字非有二事帝舜始取倉頡依類像形之文用諸衣裳以治天下故知文字之用大矣虙羲倉頡觀於天地人物之形而畫卦造書契帝舜法伏羲倉頡之像形以爲旗章衣服之飾大舜之智猶修舊不敢穿鑿況智不如舜者乎

孔子曰吾猶及史之闕

文今亡矣夫論語衞靈公篇文葢非其不知而不問人用己私私當爲厶是非無正巧說衺辭使天下學者疑藝文志曰古制書必同文不知則闕問諸故老至於衰世是非無正人用其私故孔子曰吾猶及史之闕文也今亡矣夫葢傷其寖不正葢文字者上葢釋論語之辭此葢承上起下之辭經藝之本六藝字古當祇作埶埶種也六經爲人所治如種植於其中故曰六藝後人種埶字作蓺六藝又加云作藝葢皆俗字許書當是用埶王政之始歬人所㠯垂後後人所㠯識古故曰本立而道生知天下之至嘖而不可亂也上句論語學而篇文下句易毄辭傳文今敘篆文合㠯古籒此㠯下至葢闕如也自述作書之例也篆文謂小篆也古籒謂古文籒文也許重復古而其體例不先古文籒文者欲人由近古以攷古也小篆因古籒而不變者多故先篆文正所㠯說古籒也隸書則去古籒遠難以推尋故

必先小篆也其有小篆已改古籀古籀異於小篆者則以古籀駢小篆之後曰古文作某籀文作某此全書之通例也其變例則先古籀後小篆如一篇二下云古文上丅下云篆文二先古文而後篆文者以旁帝字从二必立二部使其屬有所从凡全書有先古籀後小篆者皆由部首之故也

博采通人至於小大信而有證小大論語云賢者識其大者不賢者識其小者是也中庸曰無徵不信可信者必有徵也徵證也證諭也許君博采通人載孔子說楚莊王說韓非說司馬相如說淮南王說董仲舒說劉歆說揚雄說爰禮說尹彤說逯安說王育說莊都說歐陽喬說黃顥說譚長說周成說官溥說張徹說甯嚴說桑欽說杜林說衛宏說徐巡說班固說傅毅說皆所謂通人也而賈侍中逵則許所從受古學者故不書其名必云賈侍中說

稽譔其說稽留止也稽留而攷之也譔專教也譔音與詮同詮具也稽攷詮釋或以說形或以說音或以說義三者之說皆必取諸通人其不言某人說者皆根本六藝經傳務得倉頡史籀造字本意因形以得其義與音而不爲穿鑿

將㠯

理羣類羣類謂如許沖所云天地鬼神山川艸木鳥獸蚰蟲襍物奇怪王制禮儀世閒人事靡不畢載皆以文字之說說其條理也**解謬誤**謬誤謂說形說音說義有謬誤者皆得解判之也**曉學者達神恉**曉者明之也達猶通也恉者意也達神恉者使學者皆通憭於文字之形之音之義也神恉者指事象形形聲會意轉注段借神妙之恉也**分別部居不相襍廁也**居當作凥凡居處字古用凥後世乃用居爲之許從俗也廁猶置也分別部居不相襍廁謂分別爲五百四十部也周之字書漢時存者史籀十五篇其體式大約同後代三倉許所引史篇三姚下匋下奭下略如後代倉頡傳倉頡故秦之倉頡爰歷博學合爲倉頡篇者每章十五句每句四字訓纂滂熹同之凡將篇每句七字急就同之其體例皆襍取需用之字以文理編成有韵之句與後世千字文無異所謂襍廁也識字者略識其字而其形或譌其音義皆有所未諦雖有楊雄之倉頡訓纂杜林之倉頡訓纂倉頡故而散而釋之隨字敷演不得字形之本始字音字義之所以然許君以爲音生於義義箸

於形聖人之造字有義以有音有音以有形學者之識字必審形以知音審音以知義聖人造字實自像形始故合所有之字分別其部爲五百四十每部各建一首而同首者則曰凡某之屬皆从某於是形立而音義易明凡字必有所屬之首五百四十字可以統攝天下古今之字此前古未有之書許君之所獨刱若網在綱如裘挈領討原以納流執要以說詳與史籀篇倉頡篇凡將篇亂襍無章之體例不可以道里計顏黃門曰其書櫽栝有條例剖析窮根原不信其說則冥冥不知一點一畫有何意焉此最爲知許者矣蓋舉一形以統衆形所謂櫽栝有條例也就形以說音義所謂剖析窮根源也是以史篇三倉自漢及唐遞至放失而說文遂嫥行於世如左公毛公之詩傳春秋傳皆後出而率循獨永久勿替也按史游急就篇亦曰分別部居不襍廁而其所謂分別者如姓名爲一部衣服爲一部飲食爲一部器用爲一部急就之例如是勝於李斯胡毋敬趙高司馬相如楊雄所作諸篇散無友紀者故自述曰急就奇觚與衆異也然不無待於訓詁訓詁之法又莫若據形類聚故同一分別部居而功用殊矣**萬物**

咸覩靡不兼載許沖云天地鬼神山川艸木鳥獸蚰蟲襍物奇怪王制禮儀世閒人事靡不畢載葢史游之書以物類爲經而字緯之許君之書以字部首爲經而物類緯之也**厥誼不昭爰明㠯諭**誼兼字義字形字音而言昭明也諭告也許君之書主就形而爲之說解其篆文則形也其說解則先釋其義若元下云始也丕下云大也是也次釋其形若元下云从一从兀丕下云从一从不是也次說其音若兀爲聲不爲聲及凡讀若某皆是也必先說義者有義而後有形也音後於形者審形乃可知音卽形卽音也合三者以完一篆說其義而轉注段借明矣說其形而指事象形形聲會意明矣說其音而形聲段借愈明矣一字必兼三者三者必互相求萬字皆兼三者萬字必以三者彼此这遣互求說其義而轉注段借明者就一字爲注合數字則爲轉注異字同義爲轉注異義同字則爲段借故就本形以說義而本義定本義既定而他義之爲借形可知也故曰說其義而轉注段借明也說其形而指事象形形聲會意明者說其形則某爲指事某爲象形某爲獨體之象形某爲合體

某爲合二字之會意某爲合二字之形聲某爲會意兼有形聲皆可知也說其聲而形聲叚借愈明者形聲必用此聲爲形叚借必用此聲爲義

其偁易孟氏書孔氏詩毛氏禮周官春秋左氏論語孝經

漢田何以易授丁寬寬授田王孫王孫授施讎孟喜梁丘賀喜授白光翟牧後漢洼丹觟陽鴻任安范升楊政皆傳孟氏易而虞翻自其高祖光至翻五世皆治孟易故仲翔孟學爲尤邃孟易者許君易學之宗也 孔氏有古文尚書孔安國以今文字讀之因以起其家司馬遷亦從安國問故遷書載堯典禹貢洪範微子金縢諸篇多古文說孔氏者許書學之宗也 毛公趙人也治詩爲河閒獻王博士毛氏者許學詩之宗也 高堂生傳士禮十七篇而禮古經五十六卷出壁中有古大戴小戴慶氏之學許不言誰氏者許禮學無所主也古謂之禮唐以後謂之儀禮不言記者言禮以該記也 周官經六篇王莽時劉歆置博士古謂之周官經許鄭亦謂之周禮不言誰氏者許周禮學無所主也 春秋古經十二篇左氏傳三十卷出壁中及張蒼家左氏者許春秋學

之宗也論語不言誰氏者學無所主也孝經亦不言
誰氏者學無所主也許沖以爲魯國三老所獻議郎衞宏
所校以上爲班志之六藝九種而不言樂者以禮周官
該樂也偁者揚也揚者舉也許書內多舉諸經以爲證以
爲明諭厥
誼之助

皆古文也

此反對上文皆不合孔氏古文謬於
史籀而言所謂萬物兼載爰明以論
者皆合於倉頡古文不謬於史籀大篆不言大篆者言古
文以該大篆也所說之義皆古文大篆之義所說之形皆
古文大篆之形所說之音皆古文大篆之音故曰皆古文
也然則所偁六藝皆以言古文大篆即六藝之外所偁載
籍如老子淮南王伊尹韓非司馬法之類六藝孟氏孔氏
毛氏左氏外所偁諸家如韓詩魯詩公羊春秋之類亦皆
以言古文大篆也且逐字說之不必有所偁者無非以言
古文大篆之字形字音字義也上文萬物咸覩靡不兼載
厥誼不昭爰明以論正謂全書皆發揮古文言其偁易孟
氏書孔氏詩毛氏禮周官春秋左氏論語孝經謂全書中
明論厥誼往往取證於諸經非謂諸經皆壁中古文
本也易孟氏之非壁中明矣古書之偁言古文者有二一謂

壁中經籍一謂倉頡所製文字雖命名本相因而學士當區別如古文尙書古文禮此等猶言古本非必古本字字皆古籒今本則絕無古籒字也且如許書未嘗不用會詩公羊傳今文禮然則云皆古文者謂其中所說字形字音字義皆合倉頡史籒非謂皆用壁中古本明矣所說字形字音字義皆合倉頡史籒則周禮保氏所教六書指事象形形聲會意轉注叚借字例之條大明於天下俗儒啚夫迷誤不論者可昭然共論矣**其於所不知**

蓋闕如也此用論語子路篇語蓋闕疊韵字凡論語言如或單字如孛如躩如是或重字如申申如夭夭如是或疊韵雙聲字踧踖如鞠躬如蓋闕如是蓋舊音如割漢書儒林傳曰疑者丘蓋不言蘇林曰丘蓋不言者不言所不知之意也如淳曰齊俗以不言所不知爲丘蓋丘蓋荀卿書作區蓋丘區闕三字雙聲許全書中多箸闕字有形音義全闕者有三者中闕其二闕其一者分別觀之書凡言闕者十有四容有後人增竄者如單下大也从吅𠦒吅亦聲闕此謂从𠦒之形不可解也㽞从反邑𠃬从反丮𠃛从反卪卯从卪𠃛沝从二水灥从三泉皆云闕謂其音讀缺也

曡下直云闕謂形義音皆鈌也㦸下云闕从戈从音謂其義及讀若鈌也

說文解字第一

一部一

二部二 古文上字丵一而次之短畫在長畫之上有物在一之上也其別於二字者二兩畫長短均也各本二篆作丄非

示部三 次示者示从二丵二而次之也二者古文上

三部四 丵示有三垂而以三次之

王部五 丵三而次之从一毌三也

玉部六 亦丵三而次之

玨部七 篆王而次之凡竝之重之而又有屬者則別爲部如玨之屬有班𤥁是也竝之重之而無屬則不別爲部如祘在示部之末是也

气部八 文象形而次此者爲其列多不過三

士部九 篆上以一毌三次之以十合一

丨部十 王玉中皆有丨以毌之故次之以丨

屮部十一 篆引而上行之丨也

艸部十二 篆屮而次之

蓐部十三 篆艸而次之

茻部十四 篆艸而次之

說文解字第二

小部十五 仍蒙丨而次之

八部十六 蒙小从八而次之以八余居八部而所屬有余蓋古本此下有余部

釆部十七 釆者八之類皆象分別之形也故次於此

半部十八 蒙八而次之

牛部十九 蒙半从八牛而次之

犛部二十 蒙牛而次之

告部二十一 蒙牛而次之

口部二十二 蒙告从口而次之

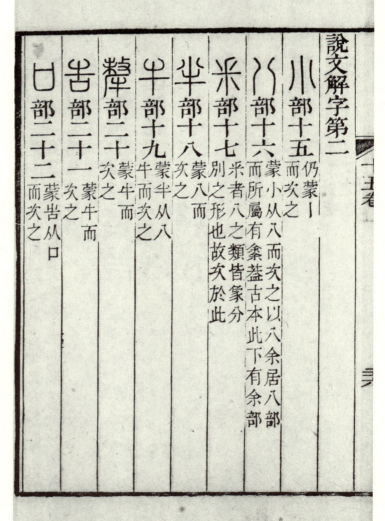

ㄩ部二十三張口也故次於此

吅部二十四蒙口而次之

哭部二十五蒙吅而次之

走部二十六有形不相蒙者此是也

止部二十七蒙走从止而次之

癶部二十八蒙止止二文而次之

步部二十九亦蒙止止二文次之

此部三十蒙止而次之

正部三十一蒙止而次之

是部三十二蒙正而次之

辵部三十三仍蒙止而次之

彳部三十四蒙辵从彳而次之

廴部三十五蒙彳而次之

𢓊部三十六蒙廴而次之兼蒙止

行部三十七蒙彳部彳亍二文而次之

齒部三十八仍蒙止而次之

牙部三十九牙之形無所蒙而其爲物齒屬也故次於此

足部四十仍蒙止而次之

足部四十一 仍蒙止

品部四十二 遠蒙口而次之

龠部四十三 蒙品而次之

冊部四十四 蒙龠从冊而次之

說文解字第三

㗊部四十五 蒙品而次之

舌部四十六 仍蒙口

干部四十七 蒙舌从干而次之

𧮫部四十八 仍蒙口

只部四十九仍蒙口

㕯部五十仍蒙口

句部五十一仍蒙口

丩部五十二蒙句从丩而次之

古部五十三仍蒙口

十部五十四蒙古从十而次於此

卅部五十五蒙十而次之

言部五十六仍蒙口

誩部五十七蒙言而次之

音部五十八蒙言而次之

䇂部五十九蒙言从辛而次之

丵部六十其形下體類辛而次之

菐部六十一蒙丵而次之

𠬞部六十二蒙菐从廾而次之

𠬜部六十三反𠬞故次之

共部六十四蒙廾而次之

異部六十五蒙廾而次之

舁部六十六蒙廾而次之

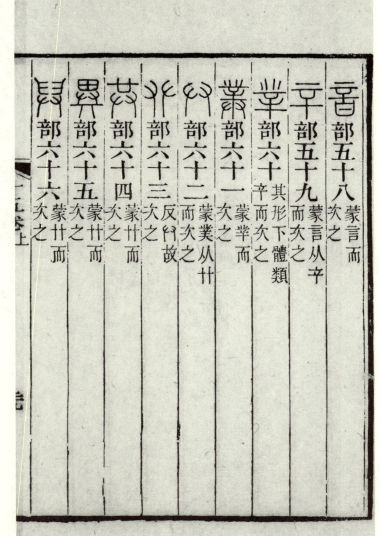

臼部六十七蒙舁从臼而次之

晨部六十八蒙臼而次之

爨部六十九蒙臼蒙𦥑而次之

革部七十古文革从臼故蒙臼而次於此

鬲部七十一形無所蒙以物可爨而次之

䰜部七十二蒙鬲而次之

爪部七十三蒙臼而次之

丮部七十四義同爪故次之

鬥部七十五蒙丮而次之

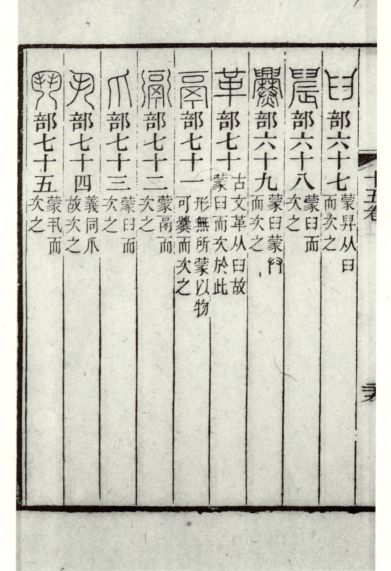

又部七十六 臼之形从𠂈从ナ也故蒙臼而次之以又ナ

ナ部七十七

史部七十八 蒙又而次之

支部七十九 蒙又而次之

聿部八十 蒙又而次之

聿部八十一 蒙聿而次之

畫部八十二 蒙聿而次之

隶部八十三 仍蒙又

臤部八十四 仍蒙又

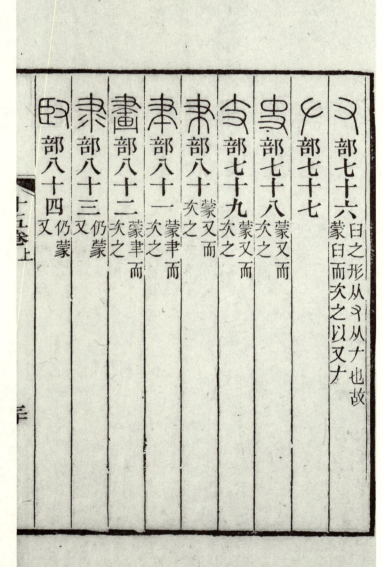

臣部八十五蒙臤从臣而次之

殳部八十六仍蒙又

殺部八十七蒙殳而次之

𠘧部八十八蒙殳从几而次之

寸部八十九仍蒙又

皮部九十仍蒙又

㼱部九十一蒙皮而次之

攴部九十二仍蒙又

教部九十三蒙攴而次之

卜部九十四蒙攴从卜而次之

用部九十五蒙卜而次之

爻部九十六卦爻之事與卜相近故次於此

㸚部九十七蒙爻而次之

說文解字第四

𥃩部九十八仍蒙攴而次之

目部九十九蒙𥃩从目而次之

䀠部一百蒙目而次之

眉部一百一蒙目而次之

盾部一百二 蒙目而次之

自部一百三 字形略與目字形相似故次之

白部一百四 白與自一字如亣與大一字

鼻部一百五 蒙自而次之

皕部一百六 蒙白部之百字而次之

習部一百七 蒙白而次之

羽部一百八 蒙習从羽而次之

隹部一百九 羽傅於隹故次之

奞部一百十 蒙隹而次之

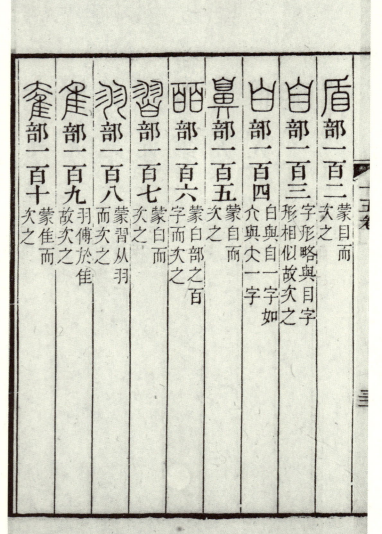

萑部一百十一蒙隹而次之

𦫳部一百十二蒙萑从𦫳而次之

苜部一百十三蒙𦫳而次之

羊部一百十四蒙𦫳而次之

羴部一百十五蒙羊而次之

瞿部一百十六仍蒙䀠蒙隹而次之

雔部一百十七仍蒙隹

雥部一百十八仍蒙隹

鳥部一百十九鳥與隹同物故次之

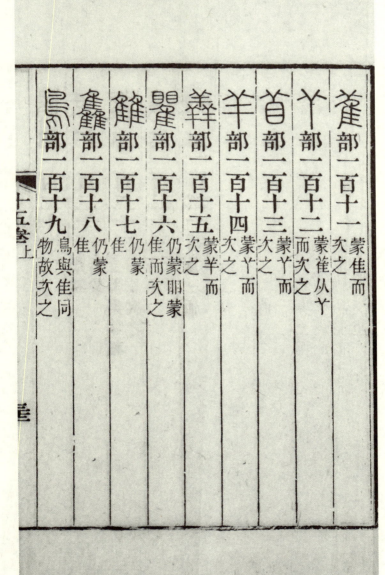

烏部一百二十　蒙鳥而次之

𠦒部一百二十一　形無所蒙

冓部一百二十二　上體與𠦒相似故次之

幺部一百二十三　形無所蒙

𢆶部一百二十四　蒙幺而次之

叀部一百二十五　蒙幺而次之

玄部一百二十六　蒙幺而次之

予部一百二十七　形略與幺相似故次於此

放部一百二十八　形無所蒙仍遠蒙攴也

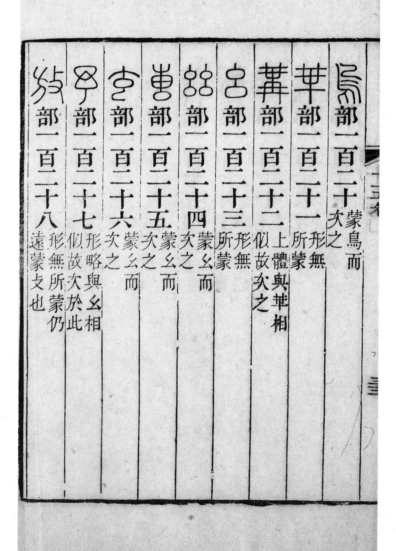

𠬪部一百二十九 遠蒙爪蒙又

𣦼部一百三十 蒙𠬪从又

歺部一百三十一 蒙𣦼从歺

死部一百三十二 蒙歺而次之

冎部一百三十三 亦蒙歺

骨部一百三十四 蒙冎而次之

肉部一百三十五 蒙骨从肉而次之

筋部一百三十六 蒙肉而次之

刀部一百三十七 不必蒙上

刃部一百三十八 蒙刀而次之

㓞部一百三十九 蒙刀而次之

丰部一百四十 蒙㓞从丰而次之

耒部一百四十一 蒙丰而次之

角部一百四十二 首與刀相似故蒙刀而次之

說文解字第五

竹部一百四十三 不蒙上

箕部一百四十四 蒙竹而次之

丌部一百四十五 蒙箕之足而次之

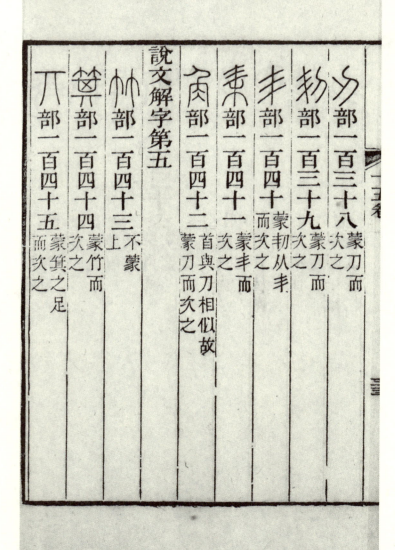

左部一百四十六遠蒙三篇之𠂇

工部一百四十七蒙左从工而次之

㠭部一百四十八蒙工而次之

巫部一百四十九蒙工而次之

甘部一百五十不蒙上

旨部一百五十一蒙甘而次之

曰部一百五十二蒙甘从口而次之

乃部一百五十三不蒙上

丂部一百五十四與乃略相似故次之

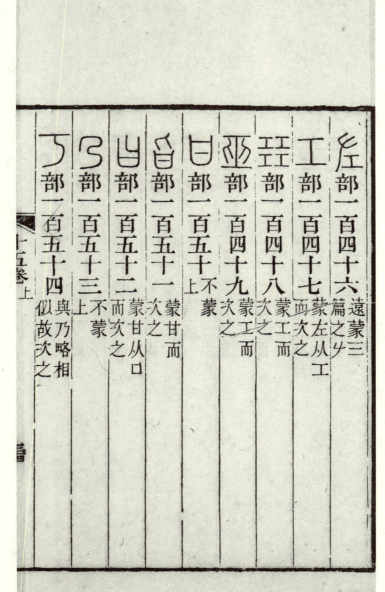

可部一百五十五蒙丂而次之

兮部一百五十六蒙丂而次之

号部一百五十七蒙丂而次之

亏部一百五十八蒙丂而次之

喜部一百五十九不蒙上

壴部一百六十蒙喜从壴而次之

鼓部一百六十一蒙壴而次之

豈部一百六十二蒙壴从豆而次之

豆部一百六十三蒙上次之以豆

豊部一百六十四蒙豆而次之

豐部一百六十五蒙豆而次之

䖒部一百六十六蒙豆而次之

虍部一百六十七蒙䖒从虍而次之

虎部一百六十八蒙虍而次之

虤部一百六十九蒙虎而次之

皿部一百七十不蒙上

凵部一百七十一皿之類也故次之

去部一百七十二蒙凵而次之

血部一百七十三 蒙皿而次之

丶部一百七十四 不蒙上

丹部一百七十五 蒙丶而次之

青部一百七十六 蒙丹而次之

井部一百七十七 井與丹形似故次之

皀部一百七十八 不蒙上

鬯部一百七十九 亦从匕故次之

食部一百八十 亦从匕故次之

亼部一百八十一 蒙食从亼而次之

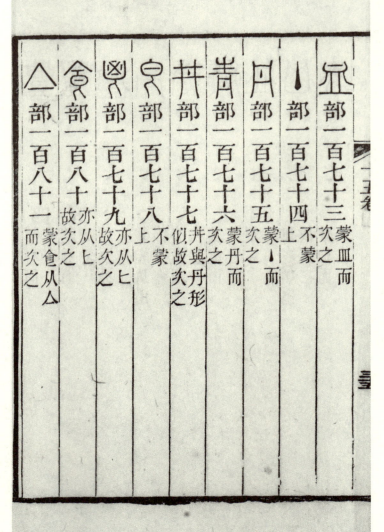

會部一百八十二 蒙亼而次之

倉部一百八十三 蒙倉而次之

入部一百八十四 蒙亼而次之

缶部一百八十五 不蒙上而首略相似

矢部一百八十六 略有似缶處

高部一百八十七

冂部一百八十八 不蒙上以八之小篆作冋似高之下體故次之

𩫏部一百八十九 蒙高形相似

京部一百九十 蒙高而次之

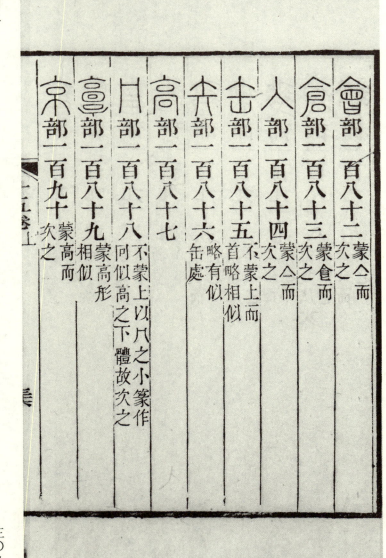

亯部一百九十一蒙高而次之

㫗部一百九十二倒亯而次之

畗部一百九十三蒙高而次之

㐭部一百九十四仍蒙入

嗇部一百九十五蒙㐭而次之

來部一百九十六蒙嗇从來而次之

麥部一百九十七蒙來而次之

夊部一百九十八蒙麥从夊而次之

舛部一百九十九蒙夊而次之

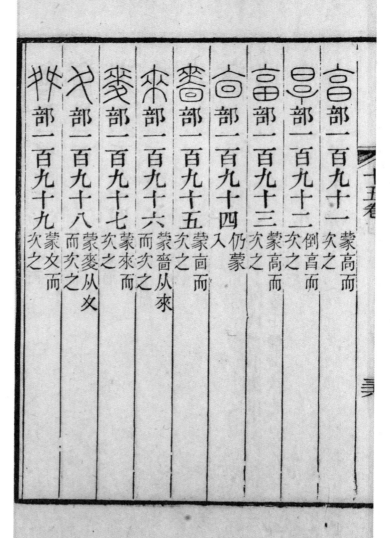

舜部二百蒙舛而次之

韋部二百一蒙舛而次之

弟部二百二事近皮韋故次之

夂部二百三形似夊故次之

久部二百四形似夂故次之

桀部二百五仍蒙舛

說文解字第六

木部二百六

東部二百七蒙木而次之

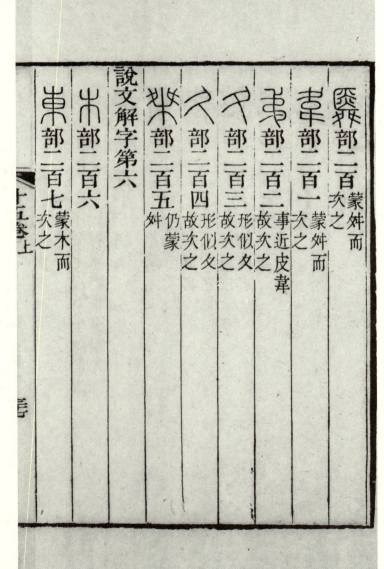

林部二百八 蒙木而次之

才部二百九 不蒙上以下十餘部皆以艸木之事而類次

叒部二百十 不蒙上

之部二百十一 不蒙上

帀部二百十二 蒙倒之而次之

出部二百十三 形近之而次之

𣎵部二百十四 不蒙上

生部二百十五

乇部二百十六

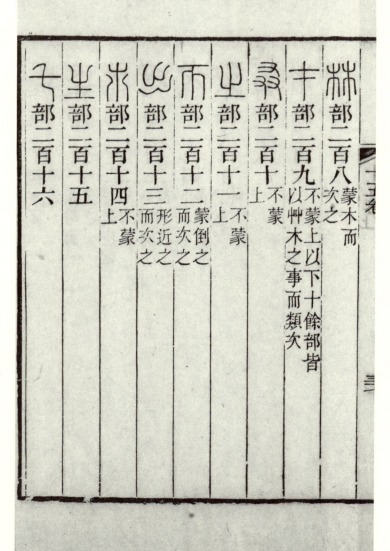

𠂹部二百十七

𠌶部二百十八 蒙𠂹而次之

華部二百十九 蒙𠌶而次之

禾部二百二十 仍蒙木而次之

稽部二百二十一 蒙禾而次之

巢部二百二十二 仍蒙木

桼部二百二十三 仍蒙木

束部二百二十四 仍蒙木

㯻部二百二十五 蒙束而次之

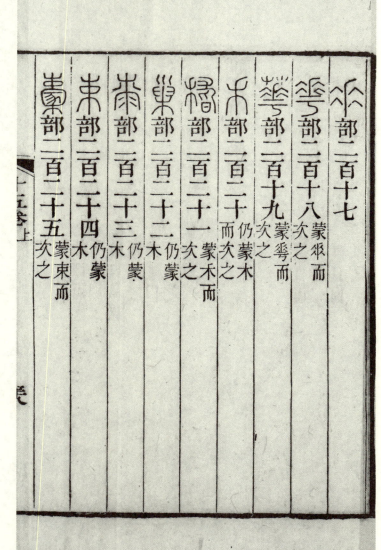

口部二百二十六蒙束从口而次之

員部二百二十七蒙口而次之

貝部二百二十八蒙員从貝而次之

邑部二百二十九仍蒙口而次之

䢺部二百三十蒙邑而次之

說文解字第七

日部二百三十一

旦部二百三十二蒙日而次之

倝部二百三十三蒙旦而次之

㫃部二百三十四 蒙倝从㫃而次之

冥部二百三十五 仍蒙日

晶部二百三十六 蒙日

月部二百三十七 月者日之類也故次之

有部二百三十八 蒙月而次之

朙部二百三十九 蒙月而次之

囧部二百四十 蒙朙从囧而次之

夕部二百四十一 蒙月而次之

多部二百四十二 蒙夕而次之

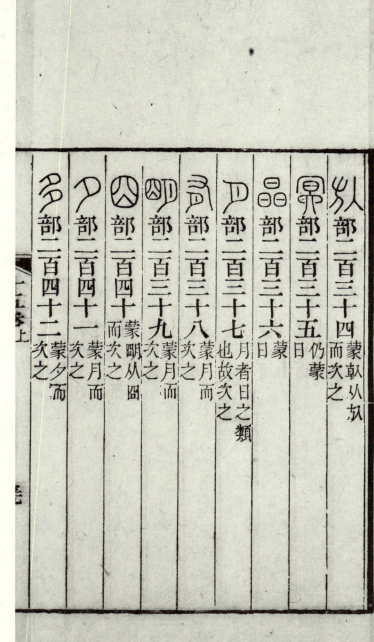

毌部二百四十三不蒙上

𢎘部二百四十四不蒙上

𣐺部二百四十五蒙𢎘而次之

𠧪部二百四十六不蒙上

齊部二百四十七不蒙上

朿部二百四十八不蒙上遠蒙木也

片部二百四十九亦遠蒙木

鼎部二百五十蒙片而次之

克部二百五十一不蒙上

彔部二百五十二克之類也故次之

禾部二百五十三不蒙上

秝部二百五十四蒙禾而次之

黍部二百五十五蒙禾而次之

香部二百五十六蒙黍而次之

米部二百五十七禾之類也故次之

毇部二百五十八蒙米而次之

臼部二百五十九蒙毇从臼而次之

凶部二百六十形似臼故次之

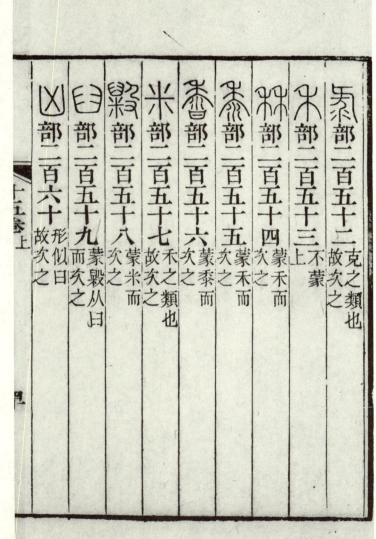

木部二百六十一不蒙上

林部二百六十二蒙木而次之

麻部二百六十三蒙林而次之

尗部二百六十四不蒙上

耑部二百六十五不蒙上

韭部二百六十六不蒙上

瓜部二百六十七不蒙上

瓠部二百六十八蒙瓜而次之

宀部二百六十九不蒙上

宮部二百七十 蒙宀而次之

呂部二百七十一 蒙宮从呂而次之

穴部二百七十二 蒙宀而次之

㝱部二百七十三 蒙宀而次之

疒部二百七十四 蒙㝱从疒而次之

冖部二百七十五 上不蒙

𠔼部二百七十六 蒙冖而次之

冃部二百七十七 蒙𠔼而次之

㒳部二百七十八 蒙冃而次之

网部二百七十九蒙冂而次之

襾部二百八十蒙冂而次之

巾部二百八十一蒙冂而次之

巿部二百八十二蒙巾而次之

帛部二百八十三蒙巾而次之

白部二百八十四蒙帛从白而次之

㡀部二百八十五蒙巾而次之

黹部二百八十六蒙㡀而次之

說文解字第八

人部二百八十七不蒙上

𠤎部二百八十八倒人而次之

匕部二百八十九反人而次之

从部二百九十並人而次之

比部二百九十一反从而次之

北部二百九十二二人相背而次之

丘部二百九十三蒙北而次之

㐺部二百九十四从三人故次之

𡈼部二百九十五蒙人而次之

重部二百九十六蒙壬而次之

臥部二百九十七仍蒙人

身部二百九十八蒙人而次之

㐆部二百九十九反身也故次之

衣部三百衣从二人也故次之近篆衣者多失其形

裘部三百一蒙衣而次之

老部三百二蒙人而次之

毛部三百三蒙老从毛而次之

毳部三百四蒙毛而次之

尸部三百五 象人臥故次之

尺部三百六 蒙尸而次之

尾部三百七 蒙毛蒙尸而次之

履部三百八 蒙尸而次之

舟部三百九 蒙履从舟而次之

方部三百十 蒙舟而次之五

儿部三百十一 仍蒙人

兄部三百十二 蒙儿而次之

兂部三百十三 蒙儿而次之

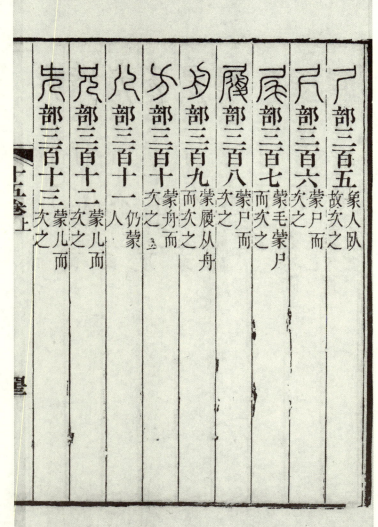

皃部三百十四蒙儿而次之

兜部三百十五蒙儿而次之

先部三百十六蒙儿而次之

禿部三百十七蒙儿而次之

見部三百十八蒙儿而次之

覞部三百十九蒙見而次之

欠部三百二十仍蒙儿

㱃部三百二十一蒙欠而次之

㳄部三百二十二蒙欠而次之

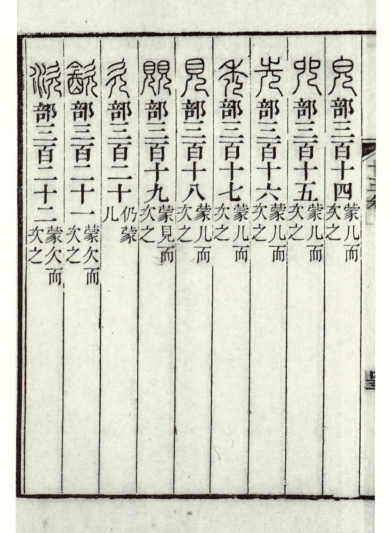

旡部三百二十三 反欠故次之

說文解字第九

頁部三百二十四 蒙儿而次之

𦣻部三百二十五 蒙頁从𦣻而次之

面部三百二十六 蒙𦣻而次之

丏部三百二十七 形似雝蔽其面故次於此

首部三百二十八 蒙頁而次之

県部三百二十九 倒首故次之

須部三百三十 蒙頁而次之

彡部三百三十一蒙須从彡而次之

彣部三百三十二蒙彡而次之

文部三百三十三蒙彣从文而次之

髟部三百三十四蒙彡而次之

后部三百三十五不蒙上

司部三百三十六反后故次之

卮部三百三十七形似后而次之

卩部三百三十八蒙卮从卩而次之

印部三百三十九蒙卩而次之

色部三百四十 蒙卩而次之

卯部三百四十一 蒙卩而次之

辟部三百四十二 蒙卩而次之

勹部三百四十三 上不蒙

包部三百四十四 蒙勹而次之

茍部三百四十五 蒙勹而次之

鬼部三百四十六 上不蒙

甶部三百四十七 蒙鬼頭而次之

厶部三百四十八 蒙鬼从厶而次之

嵬部三百四十九蒙鬼而次之

山部三百五十蒙嵬从山而次之

屾部三百五十一蒙山而次之

屵部三百五十二蒙山而次之

广部三百五十三

厂部三百五十四蒙屵广从厂而次之

丸部三百五十五蒙厂部仄而次之

危部三百五十六蒙厂部厃而次之

石部三百五十七蒙厂而次之

長部三百五十八上不蒙

勿部三百五十九

冄部三百六十上不蒙

而部三百六十一上不蒙

豕部三百六十二上不蒙

㣇部三百六十三豕之類也故次之

彑部三百六十四蒙㣇从彑而次之

豚部三百六十五蒙㣇而次之

豸部三百六十六足似豕故次之

豸部三百六十七　足似豕故次之

易部三百六十八　亦四足故次之

象部三百六十九　亦四足故次之

馬部三百七十　亦四足故次之

說文解字第十

廌部三百七十一　亦四足故次之

鹿部三百七十二　頭似廌故次之

麤部三百七十三　蒙鹿而次之

㲋部三百七十四　足似鹿而次之

兔部三百七十五字形似㲋而次之

萈部三百七十六足似兔而次之

犬部三百七十七形不蒙上皆四足類也故次之

㹜部三百七十八蒙犬而次之

鼠部三百七十九亦四足類故次之

能部三百八十足似鹿仍蒙鹿而次之

熊部三百八十一蒙能而次之

火部三百八十二蒙熊从火而次之

炎部三百八十三蒙火而次之

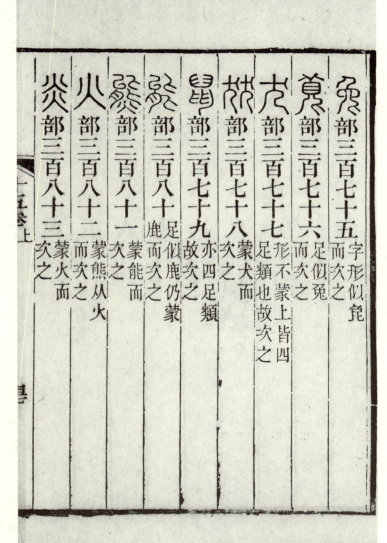

黑部三百八十四蒙炎而次之

囪部三百八十五蒙黑从古文囪而次之

焱部三百八十六仍蒙火

炙部三百八十七仍蒙火

赤部三百八十八仍蒙火

大部三百八十九蒙赤从大而次之

亦部三百九十蒙大而次之

夨部三百九十一蒙大而次之

夭部三百九十二蒙大而次之

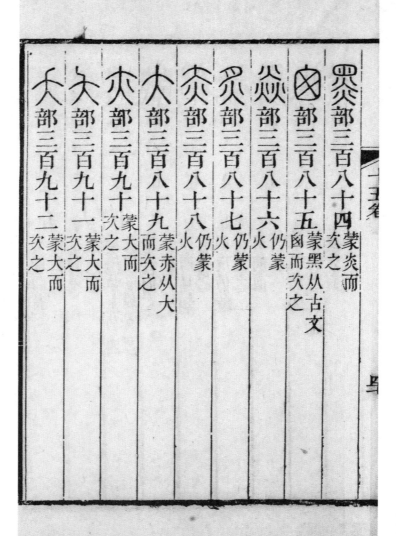

交部三百九十三蒙大而次之

尣部三百九十四蒙大而次之

壺部三百九十五蒙大而次之

壹部三百九十六蒙壺而次之

㚔部三百九十七蒙大而次之

奢部三百九十八蒙大而次之

亢部三百九十九蒙大而次之

夲部四百蒙大而次之

夰部四百一蒙大而次之

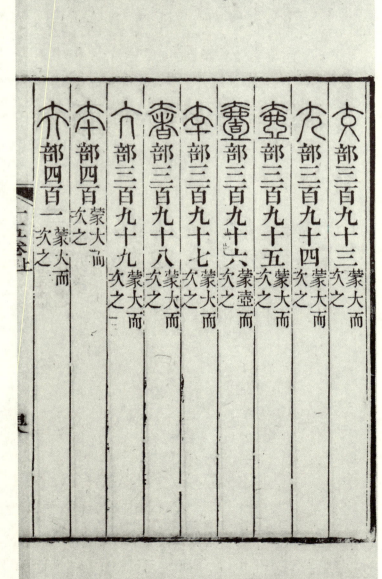

亣部四百二 大之異體也故次之

夫部四百三 蒙亣而次之

立部四百四 蒙亣而次之

竝部四百五 蒙立而次之

囟部四百六 上不蒙

思部四百七 蒙囟而次之

心部四百八 蒙思从心而次之

惢部四百九 蒙心而次之

說文解字第十一

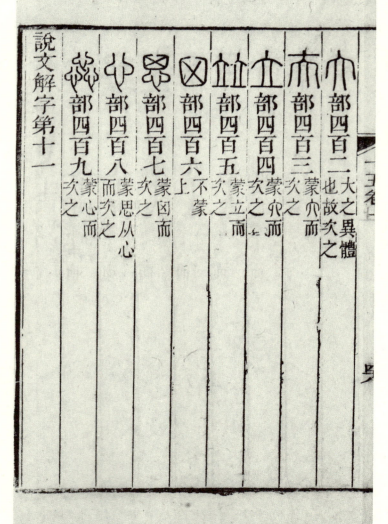

水部四百十上　不蒙

沝部四百十一　蒙水而次之

瀕部四百十二　蒙沝部涉而次之

く部四百十三　以下十部皆水之類也

巜部四百十四　蒙く而次之

川部四百十五　蒙巜而次之

泉部四百十六　蒙川而次之

灥部四百十七　蒙泉而次之

永部四百十八　蒙水而次之

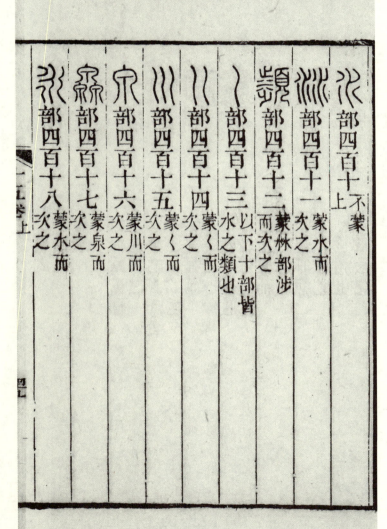

𠂢部四百十九蒙永而次之

谷部四百二十仍蒙水

仌部四百二十一水所成也故次之

雨部四百二十二水之自天者也故次之

雲部四百二十三蒙雨而次之

魚部四百二十四水中物也故次之

𩺰部四百二十五蒙魚而次之

燕部四百二十六尾似魚故次之

龍部四百二十七魚類也故次之

飛部四百二十八 蒙龍象飛形而次之

非部四百二十九 蒙飛而次之

卂部四百三十 蒙飛而次之

說文解字第十二

乚部四百三十一 以下四部蒙飛皆言鳥事

不部四百三十二

至部四百三十三

西部四百三十四

鹵部四百三十五 蒙卥而次之

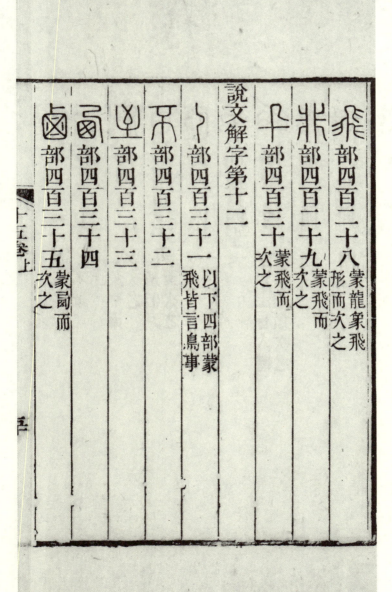

鹽部四百三十六蒙鹵而次之

戶部四百三十七不蒙上

門部四百三十八蒙戶而次之

耳部四百三十九形似戶而次之

𦣝部四百四十

手部四百四十一

𠦬部四百四十二以上皆人體事故類次之

女部四百四十三

毋部四百四十四蒙女而次之

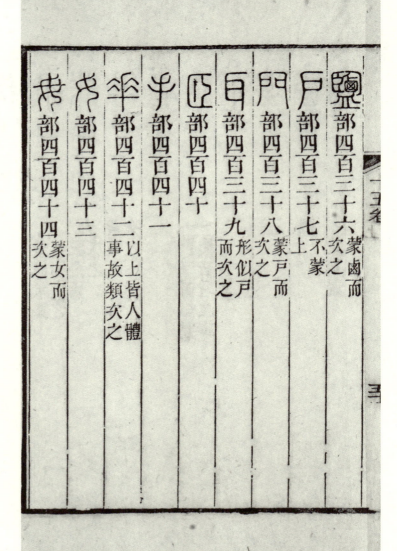

民部四百四十五
丿部四百四十六
𠂆部四百四十七
乁部四百四十八反𠂆而次之
氏部四百四十九蒙乁而次之
氐部四百五十蒙氏而次之
戈部四百五十一
戉部四百五十二蒙戈而次之
我部四百五十三蒙戈而次之

亅部四百五十四

珡部四百五十五

乚部四百五十六

亡部四百五十七蒙乚而次之

匸部四百五十八蒙乚而次之

匚部四百五十九形似匸而次之

曲部四百六十

甾部四百六十一

瓦部四百六十二

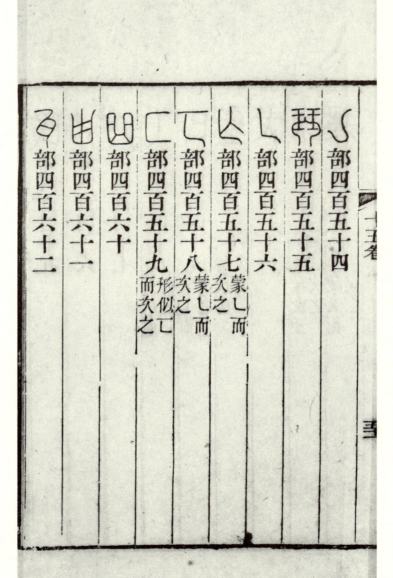

說文解字第十三

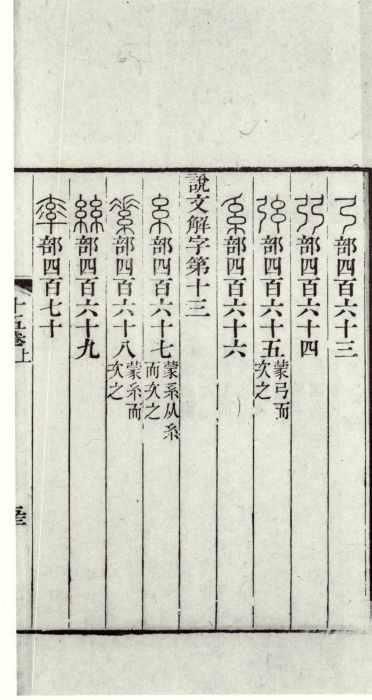

虫部四百七十一

䖵部四百七十二

蟲部四百七十三

風部四百七十四

它部四百七十五蒙虫而次之

龜部四百七十六蒙它而次之

黽部四百七十七蒙它而次之

卵部四百七十八蒙黽下體之形而次之

二部四百七十九不蒙上

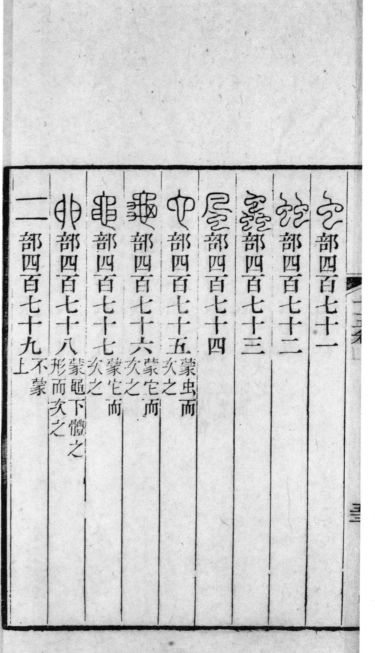

土部四百八十蒙二而次之

垚部四百八十一蒙土而次之

堇部四百八十二蒙土而次之

里部四百八十三蒙土而次之

田部四百八十四里从田故次之

畕部四百八十五蒙田而次之

黃部四百八十六蒙田而次之

男部四百八十七蒙田而次之

力部四百八十八蒙男从力而次之

劦部四百八十九 蒙力而次之

說文解字第十四

金部四百九十 上不蒙

幵部四百九十一 上不蒙

勺部四百九十二 上不蒙

几部四百九十三 上不蒙

且部四百九十四 蒙几而次之

斤部四百九十五 上不蒙

斗部四百九十六 上不蒙

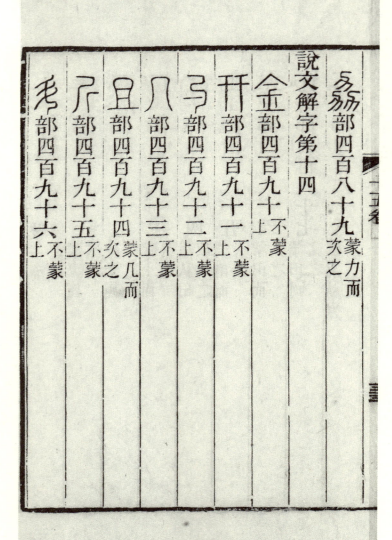

矛部四百九十七不蒙上

車部四百九十八不蒙上自勺至此皆器物也

𠂤部四百九十九不蒙上

𨸏部五百蒙𠂤而次之

𨺅部五百一蒙𨸏而次之

厽部五百二不蒙上

四部五百三不蒙上

宁部五百四略似四而次之

叕部五百五略似宁而次之

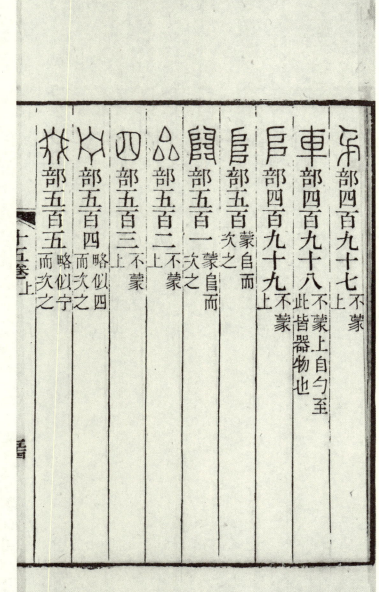

亞部五百六 略似叕而次之

五部五百七 四之類也故次之

六部五百八 五之類也故次之

七部五百九

九部五百十

禸部五百十一 蒙九而次之

嘼部五百十二 蒙内而次之

甲部五百十三 不蒙上

乙部五百十四 十干爲類

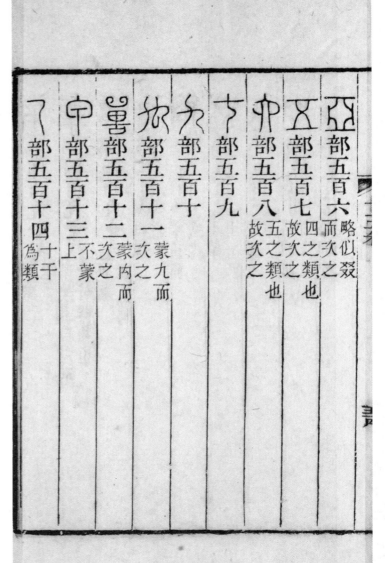

丙部五百十五
丁部五百十六
戊部五百十七
己部五百十八
巴部五百十九似己而次之
庚部五百二十
辛部五百二十一
辡部五百二十二蒙辛而次之
壬部五百二十三

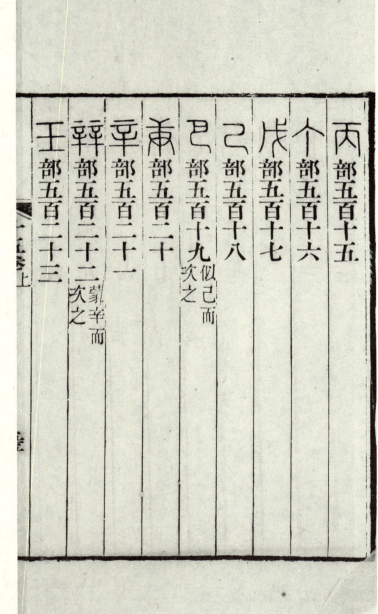

亥部五百二十四 以下十二支爲類

子部五百二十五 蒙子而次之

了部五百二十六 蒙子而次之

孨部五百二十七 蒙子而次之

𠫓部五百二十八 蒙子而次之

丑部五百二十九

寅部五百三十

卯部五百三十一

辰部五百三十二

巳部五百三十三
午部五百三十四
未部五百三十五
申部五百三十六
酉部五百三十七
酋部五百三十八蒙酉而次之
戌部五百三十九
亥部五百四十

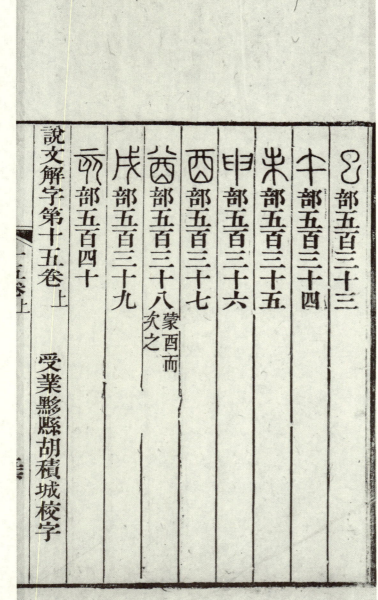

說文解字第十五卷上

受業黟縣胡積城校字

說文解字第十五卷下

金壇段玉裁注

此十四篇後漢書儒林傳亦云許愼作說文解字十四篇傳於世葢許不云十五卷也愼子沖乃合十四篇及敘偁十五卷以獻此後序錄家或云十四篇或云十五卷所以不同也**五百四十部也**林罕字源偏旁小說增一部序云五百四十一字郭忠恕與夢英書云見寄偏旁五百三十九字張美和撰吳均增補復古編序說文以五百四十二字爲部容相傳部數稍有異同要異者甚尠可存而不論也**九千三百五十三文重一千一百六十三**今依大徐本所載字數覈之正文九千四百卅一增多者七十八文重文千二百七十九增多者百一十六文此由列代有沾註者今難盡爲識別而亦時可裁僞去太去甚略見注中**解說凡十三萬三千四百四十一字**今依大徐所載說解字數凡十

二萬二千六百九十九較少萬七百四十二字此可證説解中歷代妄刪字奪去字至於如此之多篆文多於本始説解少於厥初其增損皆由後人今未可强説耳大史公自序內云凡百三十篇五十二萬六千五百字實兼自序言之然則許云解説十三萬三千四百四十一字者實兼敘言之**其建首也立一爲耑**物初生之題也引申爲凡始之偁謂始於一部**方㠯類聚物㠯羣分**類聚謂同部也羣分謂異部也**同條牽屬**屬者連也**共理相貫**貫古音冠其字古作毌毌者穿也同條共理謂五百四十部相聯綴也**襍而不越**辵部曰𨒪踰也引易襍而不𨒪此作越者彼依易文此依俗用也**據形系聯**系者縣也聯者連也謂五百四十部次弟大略以形相連次使人記憶易檢尋如八篇起人部則全篇三十六部皆由人而及之是也雖或有以義相次者但十之一而已部首以形爲次以六書始於象形也每部中以義爲次以六書歸於轉注也後許爲字書者字林取目之先後今不傳嗣此顧希馮玉篇其目以義爲次而乖謬不可

通者如兄弟二目次於人儿父臣男民夫子我身女諸部之閒而不知兄之本義訓茲長不訓㬎弟之本義訓韋束次弟不訓叔季訓㬎訓叔季者其引申之義耳如顧目次則此二篆失其本義又如毛部而部次於羽角皮革之閒而不知毛謂眉髮之屬而謂人須引申乃用於鳥獸如顧目次此二篆失其本義誤以人體系諸物體也**引而申之**古屈伸字多作詘信亦作申說文人部有伸篆解云屈伸近字也謂由一形引之至五百四十形也**㠯究萬原**究者窮也謂天地鬼神山川艸木鳥獸蚰蟲襍物奇怪王制禮儀世閒人事莫不畢舉**畢終於亥**畢猶竟也終古作冬冬者四時盡也引伸爲凡盡之偁後人叚終字爲之**知化窮冥**知化窮冥卽易之知化窮神也**于時大漢**于曁也**聖德熙朙**毛傳曰緝熙光明也**承天稽唐敷崇殷中**謂光武封禪也龔奉天命稽攷唐堯故事巡守至于岱宗柴望秩于山川用布尊崇之禮大盛封泰山禪梁父升中于天刻石紀號也殷者盛也中猶成也告成功也**遐邇被澤渥衍沛滂**

渥者霑也屚也衍如水潮之盛溢也滂者沛也沛之義不見於本篆下而古書多用之葢古祇作巿水之大至如艸木之盛後人乃叚沛水字爲之如昷暖字水突字後人乃叚温深也**廣業甄微學士知方**謂光武立五經十四博士初建三雍明帝即位親行其禮肅宗大會諸儒於白虎觀考詳同異又詔高才生受古文尚書毛詩穀梁左氏春秋以网羅遺逸孝和亦數幸東觀覽閱書林**探嘖索隱厥誼可傳**探取也嘖初也深也索者索之叚借字小徐本作索誼義古今字自于時大漢至此謂當此經學大明之時而惟小學不修莫達其說誼其所習蔽所希闓故作此十四篇也**粵在永元困頓之季**漢和帝永元十二年歲在庚子爾雅曰歲在庚曰上章在子曰困頓**孟陬之月**爾雅曰正月爲陬月**朔日甲申**後漢書賈逵於和帝永元十三年卒時年七十二然則許之譔說文解字先逵卒一年用功伊始葢恐失隊所聞也自永元庚子至建光辛酉凡歷二十二年而其子沖獻之**曾曾小子**曾曾猶俗云層層也曾之言重也古者裔孫通

曰曾孫是以詩謂成王爲曾孫左傳曰曾孫蒯聵敢昭告皇祖文王**祖自炎神**炎帝神農氏也居姜水因以爲姓亦曰厲山氏厲山一作列山其後甫許申吕皆姜姓之後**縉雲相黃**黃帝以雲紀官服虔曰其夏官爲縉雲氏賈逵左傳解詁云縉雲氏姜姓也炎帝之苗裔當黃帝時任縉雲之官也按韋昭云黃帝滅炎帝之子孫而有天下非滅神農也**共承高辛**共音恭謂共工也國語共工虞於湛樂淫失其身庶民弗助禍亂並興賈侍中云共工炎帝之後姜姓也顓頊氏衰共工氏侵陵諸侯與高辛氏爭王也淮南原道訓云共工與高辛氏爭爲帝宗族殘滅繼嗣絕祀高注共工以水行霸於伏羲神農閒者非堯時共工也按共工當高陽高辛嬗代之時故淮南書或云與顓頊爭爲帝或云與高辛氏爭爲帝所云顓頊者亦謂帝顓頊高陽之後裔耳高注謂在伏犧神農閒非也張湛注列子云共工氏興霸於伏犧神農之閒其後苗裔恃其強與顓頊爭爲帝然則共工之後皆稱共工矣國語堯命禹治水共之從孫四岳佐之賈逵曰共共工也許摘共字訓爲共工實本國語云承高辛承者

奉也受也諱其爭帝之事若言黃帝時有縉雲氏高辛時有共工夏禹時有大岳周時有呂叔此之謂世祿**大岳佐夏呂叔作藩**佐者左之俗字漢碑多作佐益既用左爲ナ則造佐爲左矣毛傳曰藩屏也艸部同屏者蔽也國語大子晉曰共之從孫四嶽佐禹皇天嘉之胙禹以天下賜姓曰姒氏曰有夏胙四岳國命爲侯伯賜姓曰姜氏曰有呂韋注以國爲氏也左傳言大岳亦言四岳外傳言四岳亦言四伯皆謂一人非謂四人毛傳云堯之時姜氏爲四伯掌四嶽之祀述諸侯之職於周則有甫有申有齊有許也按大嶽姜姓爲禹心呂之臣故封呂侯取其地名與心呂義合也呂侯歷夏殷之季而國微故周武王封文叔於許以爲周藩屏杜預世族譜云許姜姓與齊同祖堯四嶽伯夷之後也大子晉曰申呂雖衰齊許猶在蓋東遷之初申呂未滅東遷以後齊許偁盛矣此云呂叔謂文叔也文叔者出於呂故謂之呂叔**俾侯于許**許邑部作鄦云炎帝大嶽之嗣甫侯所封讀若許然則字當作鄦爲叔重氏姓而此祇作許者其字蓋自詩春秋巳皆叚許爲之漢時地理亦作許縣故仍而

不改不欲駭俗此所謂本有其字依聲託事者依託既久不便更張汎覽古書惟史記鄭世家僅存鄦字葢司馬所見載籍或存古字也地理志申在南陽宛縣王符潛夫論云申城在南陽宛北序山之下宛西三十里有呂按漢宛縣今爲河南南陽府城漢許縣今在河南許州州東三十里有故許昌城鄦下言甫侯所封此云呂叔所侯者甫即呂也故詩言甫不言呂國語言呂不言甫尙書呂刑即甫刑呂叔甫侯皆謂文叔也今地理志作大叔周穆王時呂侯是其胄也

世祚遺靈祚古作胙漢碑多作祚許從之世胙猶世祿也周語曰胙四岳國命爲侯伯許正用此胙字靈之言令也令善也古鼎彝銘以霝冬爲令終鄭箋毛詩曰靈善也

自彼徂召謂自許往遷汝南召陵縣也左傳僖四年昭十四年定四年之召陵漢爲縣屬汝南晉改屬潁川今河南許州郾城縣東四十五里有故召陵城漢時召陵有萬歲里許氏所居也又有郞里見於許書闕騶說召陵曰召高也然則召同卲卩部曰卲高也是也

宅此汝瀕瀕厓也宅居也居此汝水之厓葢自文叔以下二十四世當戰國初楚滅

之後有遷召陵者爲許君之先許詳此者放史記之自序其先也**竊卬景行**詩曰高山卬止景行行止八篇云卬望欲有所庶及也引詩高山卬止此又轝楷二句而偁之景行大道也**敢涉聖門**聖門謂凡造六藝之五帝三王周公孔子左氏及倉頡史籀之門庭也**其宏如何節彼南山**言大道聖門之大比於南山之高峻也節高峻皃山部曰㟧高山之卪也詩之節蓋㟧之叚借字**欲罷不能**罷猶置也**既竭愚才**此六句自言用功等於顏苦孔之卓也**惜道之味**甘下曰美也从口含一一道也**聞疑載疑**穀梁傳曰春秋信以傳信疑以傳疑少儀曰毋身質言語注云聞疑則傳疑水經注曰闕疑書疑立乎後漢以說古文字之形音義其不能無疑者眾矣聞疑而載之於書以俟後世賢人君子所以衞道也如不爲此則六書之學絕矣司馬氏不爲史記則孔子左氏春秋之學絕矣皆干城大道勇敢而爲之者也皆不以小疵揜其大醇**演贊其志**演長流也故凡推廣之曰演文王演周易是也贊者見也易曰幽贊於神明而

生著孔子贊周易是也志者識也古志識同字演贊其志謂推演贊闡惜道載疑所知識者也**次列微辭**次猶敘也列猶敶也微同𢼸𢼸者眇也眇者今之妙字凡粗者爲惡精者爲妙易曰眇萬物而爲言文賦曰眇衆慮而爲言辭者說也次列微辭謂敘敶其𢼸眇之說解也說文解字皆微辭也於文言說於字言解者互言之說者說釋也解者判也**知此者稀**稀猶少也自許而前自許而後知此道味者少矣劉歆作七略班固述藝文志學者所奉爲高山景行者也而六藝略中以孝經爾雅小爾雅古今字爲孝經家以史籀八體倉頡凡將急就元尚訓纂別字倉頡傳倉頡訓纂倉頡故爲小學家於小學家言周官六書象形象事象意象聲轉注段借是矣而不知爾雅三卷小爾雅一篇古今字一卷此與小學家之倉頡傳楊雄倉頡訓纂杜林倉頡訓纂倉頡故同爲訓詁之書皆古六書之所謂轉注段借者不當畫而二之當合此爲小學類而以孝經五經襍議弟子職說合於論語家爲一家六藝九種易爲八種庶經與傳分別井然不當分合舛繆一至於斯也且曰象形象事象意象聲轉注段借六者

造字之本此語實爲巨繆指事象形形聲會意者造字之法也轉注叚借者用字之法也有史籀八體倉頡凡將急就元尚訓纂別字等篇以著指事象形形聲會意之文字乃有倉頡傳倉頡訓纂倉頡故等篇又自古有爾雅三卷二十篇小爾雅一篇古今字一卷皆所以說轉注叚借之用者其不當岐視明矣一而二之至令學者膠柱鼓瑟謂小學專爲字形六書爲六㨾字形而爾雅之學乃別一事晦盲沈痼莫能箴其膏肓起其癈疾許說之迥異於班者終古曾莫之知故知許所云知此者稀者信也許以九千三百五十三文當爾雅史籀篇倉頡篇之字形以每字之義當爾雅倉頡傳倉頡故之訓釋以象某形从某形从某聲說其形以某聲讀若某說其音二者補古人所未備其書以形爲主經之爲五百四十部以義緯之又以音緯之後儒苟取其義之相同相近者各比其類爲一書其條理精密勝於爾雅遠矣後儒苟各類其同聲者介以三百篇古音之部分如是爲一書周秦漢之韵具在此矣故許一書可以爲三書○劉班之以爾雅小爾雅古今字別於史籀篇倉頡篇及釋倉頡篇者蓋謂爾雅小爾雅所言者六

經古字古義倉頡傳倉頡訓纂倉頡故所言者今字今義實有不同不知古今非有異字爾雅小爾雅所列之字未嘗出史籀十五篇倉頡凡將等篇外也但同此字而古今用者不同叚借依託致緐故又有說古今字之書班旣以古今字一卷附於爾雅矣則應合諸小學家顯然也又況爾雅小爾雅古今字三者皆以統攝六藝附之小學則當專附之孝經則不當若五經雜議十八篇弟子職一篇說三篇皆非小學之言亦非孝經之詁孝經於六藝名經而實傳故宜以孝經及說孝經各篇及五經雜議十八篇弟子職一篇說三篇合於論語家爲學者幼少所習之傳

儻昭所尤儻許書無此字漢書黨可徼幸叚黨爲之或然之䛐也尤者訧之叚借字毛傳曰訧過也許曰訧辠也言此道旣尟知者則稽譔此書雖以自信容或明昭過誤之處莫爲諟正乎

庶有達者理而董之庶冀也達者通人也理猶治也董督也正也督者如衣之循其裻縫也董與裻雙聲督與裻疊韵非通人不能治之非通人治之不能正其譌缺自有說文以來世世不廢而不融會其全書者僅同耳食強爲注解者往往

眯目而道白黑其他字林字苑字統今皆不傳玉篇雖在亦非原書要之無此等書無妨也無說文解字則倉籀造字之精意周孔傳經之大指薶緼不傳於終古矣玉裁之先百三公自河南隨宋南渡居金壇縣十六代至先王父諱文食貧力學善誨後進不倦著書法心得錄生先考諱世續事父母至孝卅二歲喪親終其身每祭必泣以赤貧好學屬行授徒嚴課程善開導謂食人之食而訓其子弟必求無媿於心每誦先王父詩句云不種硯田無樂事不撑鐵骨莫支貧吕是律己教四子務讀經書勿溺時藝嘉慶六年生元孫義正　恩賜七葉衍祥扁並拜白金黃緞之　賜八年年九十四終於蘇反葬於金壇大垻頭著有物恆堂制義長子即玉裁也年十三學使者博野尹公諱會一錄取博士弟子授以朱子小學生平敬守是書年二十六舉於鄉歷任貴州玉屏四川巫山知縣四十六以父年已七十一遂引疾歸養五十五避橫逆奉父遷居蘇州閶門外下津橋始年二十八時識東原戴先生於京師好其學師事之遂成六書音均表五卷古文尚書撰異卅二卷詩經小學卅卷毛詩故訓傳略說卅卷復以向來

治說文解字者多不能通其條冊攷其文理因悉心校其譌字爲之注凡三十卷謂許以形爲主因形以說音說義其所說義與他書絕不同者他書多叚借則字多非本義許惟就字說其本義知何者爲本義乃知何者爲叚借則本義乃叚借之權衡也故說文爾雅相爲表裏治說文而後爾雅及傳注明說文爾雅及傳注明而後謂之通小學而後可通經之大義始爲說文解字讀五百四十卷既乃檃栝之成此注發軔於乾隆丙申落成於嘉慶丁卯剖析既緐疵纇不免召陵或許其知己達者仍俟諸後人○自其建首也至末皆用韵語耑分冊聯原此合古音弟十三十四部也冥朙中湧方此合古音弟九弟十弟十一部也傳年申神辛蕃靈瀕門山此合古音弟十二弟十三弟十四部而靈讀爲令善字如易傳之貞淸有時合用也能才疑辭允之此古音之弟一部也漢人用韵自元成至桓靈大氐同此一之下曰道立於一化成萬物亥之下曰亥而生子復從一起於六書每事爲二句亦皆韵語也

召陵萬歲里郡國志一里百家里魁掌之**公乘**漢仍秦制爵一爵曰公士八爵曰公乘公

乘者言其得乘公家之車也荀綽曰吏民爵不得過公乘公乘者軍吏之爵祿取高者也**艸莽臣沖**士相見禮曰凡自偁於君上大夫則曰下臣宅者在邦則曰市井之臣在野則曰艸茅之臣宅者謂致仕者去官而居宅茅古文作苗孟子作莽沖爵公乘而不仕故自偁艸莽臣**稽首再拜**䭫稽二篇末作䭫二徐本同不應一篇而乖異如此葢沖本从俗皆作稽後人或以古字改之參差不壹凡許自序及沖上書用字皆同漢人不必合於其全書所謂古今字也其全書說解之語必依用本字本義令全書形與義畫一所謂成一家之言也首部曰䭫下首也是本字經傳及漢人多用稽是叚借字凡說解內俗本誤改者如緐調也故調下曰緐也不當作唱和之和䆁窒也故窒下曰䆁也不當作邊塞之塞但裼也故裼下曰但也不當作綻裂之袒𠣘帀徧也故帀下曰𠣘也不當作周密之周厶姦衺也故姦下曰厶也不當作禾名之私飾㕞也故㕞下曰飾也不當作許不錄之拭居蹲也故蹲下曰居也不當作俗用之踞侸立也故立下曰侸也不當作俗逗字之住攠

碎也故碎下曰䃺也不當作石磑之䃺縲縮也故縮下曰縲也不當作絹悟覺也故覺下曰悟也不當作寤灸灼也故灼下曰灸也不當作炙惪愁也故愁下曰惪也不當作行和之憂凡若此類許必枘鑿相應斷不矛盾自陷全書內有似此者皆淺人所竄改當從其朔者也上書皇帝陛下孝安帝也臣伏見陛下神明盛德承遵聖業上考度於天考者攷之段借字下流化於民先天而天不違違古衹作韋相背也後天而奉天時萬國咸寧萬本蟲名用爲數名所謂本無其字依聲託事而終未製字終古段借者後世乃造万字寧同寍寍安也所謂本有其字而段借者神人㠯和和當作龢此從俗作和猶復深惟五經之妙惟思也許云孔子書六經此云五經者合樂於禮則爲五經也故莊子天運篇有六經之目禮記經解篇列詩書樂易禮春秋爲六大史公自序列易禮書詩樂春秋爲六藝文志列六藝略冲亦云六藝羣

書之詁而漢立五經博士惟樂無聞許君以五經傳說臧否不同於是撰爲五經異義然則云六經者古相傳之說也云五經者漢人所習也**皆爲漢制**謂光武好經術立五經十四博士又以李封爲春秋左氏博士**博采幽遠窮理盡性㠯至於命**章帝建初中大會諸儒於白虎觀考詳同異親臨偁制如石渠故事顧命史臣著爲通義又詔高才生受古文尙書毛詩穀梁左氏春秋**先帝**謂孝和帝**詔侍中騎都尉賈逵修理舊文殊藝異術王教一耑苟有可以加於國者靡不悉集**賈逵字景伯扶風平陵人也九世祖誼父徽從劉歆受左氏春秋兼習國語周官又受古文尙書於塗惲學毛詩於謝曼卿逵悉傳父業尤明左氏國語爲之解詁五十一篇章帝使出左氏傳大義長於二傳者具條奏之又詔撰歐陽大小夏侯尙書古文同異集爲三卷復令撰齊魯韓詩與毛氏異同幷作周官解故和帝永元三年以爲左中郎將八年復爲侍中領騎都

尉內備帷幄兼領祕書近署甚見信用云修理舊文殊藝異術靡不悉集者和帝紀云十三年春正月丁丑帝幸東觀覽書林閱篇籍博選術藝之士以充其官此皆用侍中說爲之安帝永初四年詔謁者劉珍及五經博士校定東觀五經諸子傳記百家藝術整齊脫誤是正文字此安帝之繼述先帝也沖名侍中者君前臣名也許六言賈侍中說不言賈逵說者弟子不敢名其師也左傳君子曰苟有可以加於國家者棄其邪可也沖語本左氏

易曰窮神知化德之盛也毄辭傳文**書曰人之有能有爲使羞其行而國其昌**鴻範文羞進也偁此者上爲殊藝悉集作證下爲竇獻父書起本

臣父故大尉南閤祭酒慎故猶今言前任也閤各本譌作閣今正古書閤之誤閣者多矣閤爲閨閤小門閣爲庋閣之處太尉南閤祭酒謂太尉府掾曹出入南閤者之首領也百官志太尉掾史屬二十四人黃閤主簿錄省眾事黃閤即南閤也沈約宋志三公黃閤者天子當陽朱門洞開三公近天

子引嫌故黃其閤陳元爲司空南閤祭酒見經典釋文言南閤以別於他曹今說文各本於弟一行署曰漢太尉祭酒許愼記太尉祭酒四字相聯不通如淳曰祭祠時尊長以酒沃酹故吳王濞於宗室中爲祭酒豈太尉有數人而叔重爲之祭酒乎其不然可知矣後漢書儒林傳曰許愼字叔重汝南召陵人也性淳篤少博學經籍馬融常推敬之時人爲之語曰五經無雙許叔重古平聲爲郡功曹舉孝廉再遷除洨長卒於家初愼以五經傳說臧否不同於是撰爲五經異義又作說文解字十四篇皆傳於世按史不言其爲太尉南閤祭酒由郡功曹舉孝廉卽應劭漢官儀云世祖詔自今以後審四科辟召及刺史二千石察茂才尤異孝廉之吏務盡實覈也凡史云故某官者皆謂取後致仕之一任沖云故太尉南閤祭酒不云故洨長然則疑洨長落職又至京師充三府掾已而歸里卒於家不得云終於洨長也後漢書獨行傳曾平先爲陳留大守後爲博士亦其證

本從逵受古學古學者古文尚書詩毛氏春秋左氏傳及倉頡古文史籀大篆之學也逵卒於

永元十三年許於逵受古學故江式論書表云逵郎汝南許愼古學之師也蓋聖人不妄作皆有依據論語曰蓋有不知而作之者我無是也今五經之道昭炳光明蒙上深惟五經之妙博采幽遠遠復修理舊文許從賈受古學言之許於五經旣有五經異義爲今學古學所折衷矣而文字者其本所由生有文字而後有五經故曰本立而道生自周禮漢律皆當學六書貫通其意於經獨言周禮者舉一以晐六藝也必兼言漢律者知古而不知今不可以爲政故四科辟召三日明達法令足以決疑且尉律之制諷籀書九千字乃得爲史又以八體試之自尉律不課小學不修至說律苛人受錢者妄生謬解六書不講以律誤人猶以經禍人也恐巧說衺辭使學者疑藝文志曰後世經傳旣已乖離博學者又不思多聞闕疑之義而務碎義逃難便辭巧說破壞形體愼博問通人考之於逵折衷於逵也作說

文解字一書之名惟見沖奏中既曰說文又曰解字者古曰文今曰字言文字以晐古文籀文小篆三體言說解以全晐指事象形形聲會意轉注叚借六書每字先說解其義次說解其形次說解其音說釋也解判也後世從省但曰為說文六藝羣書之詁周禮言三物者六德六行六藝也言六藝者禮樂射御書數也漢人言六藝者司馬遷劉歆班固謂六經也周之六藝主習其事漢之六藝主習其文文與事未有不相兼而習者抑周時以六藝檃栝技能為六德六行之助孔子所云志道據德依仁游藝也漢時以六藝統攝古聖載籍晐六德六行六藝之大全漢之有六經實即周之教民三物也周人所習之文以禮樂詩書為急故左傳曰說禮樂而敦詩書王制曰春秋教以禮樂冬夏教以詩書而周易其用在卜筮其道冣精微不以教人春秋則列國掌於史官亦不以教人故韓宣子適魯乃見易象與魯春秋此二者非人所常習明矣云魯春秋者獨得周公之法與晉史不同也孔子雅言惟詩書執禮而七十二子身通六藝謂或通其一二不必

一人而兼六藝也六藝足以攝羣書必兼言羣書者容有不見六藝而見羣書者也漢律亦羣書之一也詁者訓故言也凡前古所傳曰故言皆訓其意訓者順其理而說之也而天地鬼神山川艸木鳥獸蚰蟲襍物奇怪王制禮儀儀依許祇當作義此亦從俗用儀世閒人事莫不畢載凡十五卷凡者最括之𧥣也沖云十五卷則此敘別爲一卷明矣許云十四篇者不數敘言之也沖云十五卷者兼舉敘也十三萬三千四百四十一字不言五百四十部九千三百五十三文重千一百六十三者已詳於敘矣十三萬三千四百四十一字蓋兼每篇說解及敘言之敘亦說解也自敘凡五千三十字以今各篇所載說解字數十二萬二千六百九十九併此爲十二万七千七百二十九於二許所謂十三万三千四百四十一字尚不足五千七百十二字慎前㠯詔書校書東觀校者今之校字經典祇作校許以詔書校書東觀不

見本傳葢安帝永初四年詔謁者劉珍及五經博士校
定東觀五經諸子傳記百家藝術整齊脫誤是正文字
儒林傳則云大后詔劉珍與劉騊駼馬融校定東觀五
經諸子云云與和帝紀同馬融傳亦云永初四年拜爲
校書郎中詣東觀典校秘書葢此時分司其事者史不
盡載許亦其一也許於和帝永元十二年巳𣪘造說文
歷十一年至永初四年復校書東觀其涉獵者廣故其
書以博而精也又十有一年而書成推詳許之行事先
後葢其官終於大尉南閤祭酒故沖署曰故大尉南閤
祭酒凡言故者皆謂方罷之一任漢詔書皆如此自祭
酒解職而病而遣沖獻說文自是而卒於家曰今愼巳
病遣臣齎詣闕葢自召陵遣沖也然則爲洨長必在爲
大尉掾之先而校書東觀其在爲大尉掾後
與玉海曰洛陽宮殿名云東觀在洛陽南宮**教小黃門**
孟生李喜等元帝之世史游爲黃門令董巴輿服志曰
禁門曰黃闥中人主之故曰黃門宦者傳
曰永平中中常侍四人小黃門十人迄乎延平中常侍
至有十一人小黃門二十人教小黃門事亦受詔爲之

（孟生李喜小黃門二人名也）㠯文字未定未奏上（冲言當其時未奏上者以文字未定也既云文九千三百五十三重千一百六十三解說十三萬三千四百四十一字則文字巳定矣何以云未定也古人著書不自謂是時有增刪改竄故未死以前不自謂成司馬闕其十篇班氏或言當考皆以任重道遠死而後巳許雖綱舉目張而文字實緐閒疑偁疑不無待於更正今有由聲片聲免聲而無正篆以及凡可疑者皆因未定而未竟也逮病且死則自謂不能致力而命子奏上矣）今慎巳病遣臣齎詣闕（齎者持遺也詣送致也闕者東都之兩觀也東京賦曰建象魏之兩觀旌六典之舊章）慎又學孝經孔氏古文說（以下至幷上述附奏古文孝經說之意）古文孝經者孝昭帝時魯國三老所獻（藝文志曰古文尚書者出孔子壁中武帝末魯恭王壞孔子宅欲以廣其宮而得古文尚書及禮記論語孝經孔安國悉得其書以古文尚書獻之按志於禮論語孝經下皆

十五篇下　三

不言安國獻壁中文然則安國所得雖多而所獻者獨尙書一種而已淹中所出之禮古經魯國三老所獻之古文孝經皆郎恭王壁中所得而安國未獻者也孝經至昭帝時魯國三老乃獻之**建武時**光武帝年號**給事中議郎衞宏所校**云給事中議郎者議郎有不給事中者也百官志議郎六百石衞宏字敬仲東海人范史言作毛詩序爲古文尙書作訓旨而不言其校古文孝經**皆口傳官無其說謹撰具一篇并上**撰亦具也丌部曰巺具也古不从手此从手者隨俗也藝文志孝經古文二十二章與孝經十八章異劉向曰庶人章分爲二曾子敢問章分爲三又多一章凡二十二章班固曰孝經經文諸家皆同惟孔氏壁中古文爲異父母生之續莫大焉故親生之膝下諸君說不安處古文字讀皆異桓譚新論云古孝經千八百七十一字今異者四百餘字按衞宏校而爲之說未著書僅口傳故外閒有其說官徒有三老所獻而無其說也許學其說於宏沖傳其說於父乃撰而上之如公羊春秋自

子夏至漢景時胡毋子都乃箸竹帛而近世有僞造孔安國孝經注者吁可怪也惜冲之說不傳耳許受古學於賈侍中他經古學皆得諸侍中孝經學獨得諸衞宏故必分別言之亦使孝經古文說官有其書以扶微學

臣冲誠惶誠恐頓首頓首死辠死辠稽首再拜目聞皇帝陛下起末皆云稽首再拜而末稽首之上云誠惶誠恐頓首頓首死罪死罪東漢人文字多如此見於今者若蔡邕戍邊上章蔡質所記立宋皇后儀皆見漢書注漢百石卒史碑見隸釋與此而四周禮九拜一曰稽首吉拜也頭至地也二曰頓首凶拜卽稽顙也頭叩地也三曰空首吉凶皆有之卽拜手也頭至手也稽首頓首吉凶不相兼是以周制惟喪稽顙惟大變用頓首如左傳穆嬴申包胥之頓首卽稽顙也獨斷曰漢承秦法羣臣上書皆言昧死言王莽盜位慕古法去昧死曰稽首光武因而不改意非不善也而仍兼言頓首死罪爲請罪之辭遂使一簡一行之閒吉凶二拜並出殊爲非禮說詳釋拜

建光元年九月己

亥朔二十日戊午上建光元年安帝即位之十五年歲在辛酉自和帝永元十二年歲在庚子至此凡廿二年召上書者汝南許沖詣左掖門外會宋本無外字凡言掖門者謂正門之旁門手部曰掖者一曰臂下也其字古作亦今作掖門之在旁如臂與脅之有閒也云左掖門者謂北宮東面掖門對下朱雀掖門爲南面掖門言也會者謂上書者多皆會於此也令并齎所上書所上書謂說文解字十五卷孝經孔氏古文說一篇并齎者合而齎上之也九月二十日沖所言先達於上郎命至左掖門進所上二種十月十九日中黃門饒喜百官志中黃門宂從僕射一人六百石中黃門比百石㠯詔書賜召陵公乘許沖布四十匹即日受詔朱雀掖門百官志曰北宮朱爵司馬主南掖門古今注曰永平二年十一月初作北宮朱爵南司馬門敕勿謝

說文解字第十五卷下

受業壻仁和龔麗正校字

嘉慶二十年歲次乙亥五月刊成

胞弟玉成　男驤　孫男美中　曾孫男義正

玉章　⿰馬皆　美度　義方

玉立　美製　義曾同校字

美韞

美黻

十五卷

古

說文解字注後敘

段先生作說文解字注沅時爲之校讎且慫恿其速成旣成又日望其刻以行也癸酉之冬刻事甫就而沅適游閩至是刻將過半矣先生以書告且屬爲後敘沅謂世之名許氏之學者夥矣究其所得未有過於先生者也許氏箸書之例以及所以作書之恉皆詳於先生所爲注中先生亦自信以爲於許氏之志什得其八矣沅更何所言哉先生命序之意葢謂沅研誦其中十有餘年矣作篆以正其體編音均十七部以諧其聲必有能以約而說詳者沅於

是卽所見而懒之曰許書之要在明文字之本義而已先
生發明許書之要在善推許書每字之本義而已矣經史
百家字多叚借許書以說解名不得不專言本義者也本
義明而後餘義明引申之義亦明叚借之義亦明形以經
之聲以緯之凡引古以證者於本義於餘義於引申於叚
借於形於聲各指所之罔不就理蓺謚之譌衍鼏袀之譌
奪罔不灼知列字之次弟後人之竄益罔不畢見形聲義
三者皆得其雜而不越之故焉縣是書以爲旳而許氏箸
書之心以明經史百家之文字亦無不由此以明孔子曰

必也正名葢必形聲義三者正而後可言可行也亦必本義明而後形聲義三者可正也沅先大父艮庭徵君生平服膺許氏箸尚書注疏既畢復從事於説文解字及見先生作而輟業焉沅之有事於校讎也先徵君之意也今先徵君音容既杳先生獨神明不衰靈光巋然書亦將傳布四方而沅學殖荒陋莫罄高深瞻前型之邈然幸後學之多賴愉快無極感慨從之至於許書之例有正文坿見于說解者有重文坿見于說解者此沅之私見而先生或當以爲然者也坿于此以更質諸先生時嘉慶十有九年秋

八月親炙學者江沅謹拜敘于閩浙節署

跋

煥聞諸先生曰昔東原師之言僕之學不外以字攷經以經攷字余之注說文解字也葢竊取此二語而已經與字未有不相合者經與字有不相謀者則轉注叚借爲之樞也先生自乾隆庚子去官後注此書先爲長編名說文解字讀抱經盧氏雲椒沈氏曾爲之序既乃簡練成注海內延頸望書之成已三十年於茲矣會徐直卿學士偕其友胡竹巖明經積城力任刊刻江子蘭師因率煥同司校讎

得朝夕誦讀而苦義藴閎深非淺涉所能知也敬述先生所示箸書之大要分貽同人竊謂小學明而經無不可明矣乙亥三月受業長洲陳煥拜手敬書

說文解字讀序

文與字古亦謂之名春官外史掌達書名于四方秋官大行人九歲屬瞽史論書名名者王者之所重也聖人曰必也正名乎鄭康成注周官論語皆謂古者謂之名今世謂之字字之大端形與聲而已聖人說字之形曰一貫三爲王推一合十爲士儿象人胻之形在人下故詰屈黍可爲

酒从禾入水也牛羊之字以形舉也視犬之字如畫狗也此皆以形而言也其説字之聲曰烏盱呼也取其助氣故以爲烏呼狗叩也叩氣吠以守粟之爲言續也貉之爲言惡也皆以聲而言也春秋時人亦多能言其義如止戈爲武反正爲乏皿蟲爲蠱二首六身爲亥皆見於左氏傳故孔子曰今天下書同文知當時尚無有亂名改作者自隸書行而篆之意寖失今所賴以見制字之本源者惟漢許叔仲説文而已後世若邯鄲淳江式呂忱顧野王輩咸宗尚其書唐宋以來如李陽冰郭忠恕林罕張有之流雖未

嘗不遵用而或以私意增損其間則亦未可爲篤信而能
發明之者逮於勝國益猖狂滅裂許氏之學寖微我
朝文明大啟前輩往往以是書提倡後學於是二徐說文
本學者多知珍重然其書多古言古義往往有不易得解
者則又或以其難通而疑之夫不通衆經則不能治一經
況此書爲義理事物之所統彙而以寡聞尠見之胸用其
私智小慧妄爲穿鑿可乎吾友金壇段若膺明府於周秦
兩漢之書無所不讀於諸家小學之書靡不博覽而別擇
其是非於是積數十年之精力專說說文以鼎臣之本頗

有更易不若楚金爲不失許氏之舊顧其中尚有爲後人
竄改者漏落者失其次者一一考而復之悉有左證不同
肊說詳稽博辨則其文不得不繁然如楚金之書以繁爲
病而若膺之書則不以繁爲病也何也一虛辭一實證也
蓋自有說文以來未有善於此書者匪獨爲叔重氏之功
臣抑亦以得道德之指歸政治之綱紀明彰禮樂而幽通
鬼神可以砭諸家之失可以解後學之疑斯眞能推廣聖
人正名之旨而其有益於經訓者功尤大也文昭年七十
猶幸得見是書以釋見聞之陋故爲之序以識吾受益之

私云爾乾隆五十有一年中秋前三日杭東里人盧文弨
書於鍾山講舍之須友堂

說文部目分韵

說文五百四十部始一終亥分屬十四篇猝難檢尋宋李仁甫五音韵譜本改依陸法言二百六韵編次較原書易得其部首今先生依始一終亥成注復命煥用仁甫法始東終乏爲目所以便學者也其或與廣韵小異者徐鼎臣音切用唐韵或不與廣韵同仁甫仍之耳嘉慶乙亥春三月長洲陳煥編

一東

東德紅切六上二　工古紅切五上五　豐敷戎切五上二十三　風方戎切十三下三　蟲直弓切十三下

二熊羽弓切十上十二　弓居戎切十二下二十一　宮居戎切七下十

三鍾

从疾容切八上四　龍力鍾切十一下十七　凶許容切七上三十止

四江

囪楚江切十下一

五支

支章移切三下十　卮章移切九上十四　𠂹是爲切六下八　皮符羈切三下二十一　乁弋支切十二下

六䖒許羈切五上二十四　危魚爲切九下七

六脂

隹職追切四上十二　尸式脂切八上十九止　厶息夷切九上二十五　夊楚危切五下二十四　雈息遺切四上十三　龜居追切十三下五　眉武悲切四上四

七之

之止而切六下二　甾側詞切十二下十九　而如之切九下十二　思息茲切十下二十三　絲息茲切十三上三　司息茲切九上十三　𦣞與之切十二上十　箕居之切五上二　丌居之切五上三　犛里之切二上六

八微

非甫微切十一下十九　飛甫微切十一下十八　衣於希切八上十四　㐆於機切八上十三　韋宇非切五下二十七　囗羽非切六下十七

鱼 十一下十四

九魚

魚語居切上一下十四鰲語居切十一下十五凵去魚切五上二十九且子余切十四上五疋所菹切二下十一𠔂以諸切三上二十二

十虞

亐羽俱切五上十六雩況于切六下九夫甫無切十下十九毋武扶切十二下二巫武扶切五上七須相俞切九上七几市朱切三下十九殳市朱切三下十七

十一模

麤倉胡切十上四壺戶吳切十下十一虍荒烏切五上二十五烏哀都切四上二十三止

十二齊

亝徂奚切七上十七　西先稽切十二上四　禾古兮切六下十一　稽古兮切六下十二　兮胡雞切五上十四

十四皆

𠦬古懷切十二上十二止

十五灰

嵬五灰切九上二十六止　𠂤都回切十四上十止　來洛哀切五下二十二　才昨哉切六上四止

十七眞

申失人切十四下三十七　身失人切八上十二　辰植鄰切十四下三十三　晨食鄰切三上二十四　臣植鄰切三下十六　人如鄰切八上一　儿如鄰切八下六　辛息鄰切十四下二十二　頻符眞切十

一下二 民彌鄰切十二下三 灥詳遵切十一下七 寅弋眞切十四下三十一 巾居銀切七下二十一

十九臻

屾所臻切九下二

二十文

文無分切九上十 彣無分切九上九 雲王分切十一下十三

二十一欣

斤舉欣切十四上六 筋居銀切四下十六 堇巨斤切十三下十一 犾語斤切十上九

二十二元

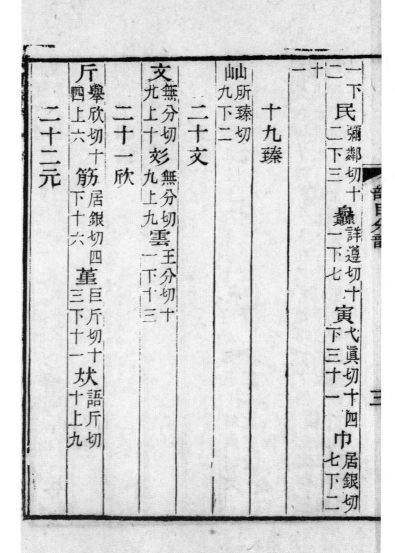

吅況袁切二上十 言語軒切三上十二

二十三魂

蚰古寬切十三下一 門莫奔切十二上八 豚徒寬切九下十六

二十五寒

干古寒切三上三 𣦼昨干切四下十 丹都寒切五下一

二十六桓

丸胡官切九下六 雈胡官切四上十四 萈胡官切十上七 毌古丸切七上十三 𠦒北潘切四下一

耑多官切七下五

二十七删

𠬜普班切三上十九

二十八山

山所閒切九下一　虤五閑切五上二十七　臤苦閑切三下十五

一先

先穌前切八下十一　田待年切十三下十三　幵古賢切十四上二　弦胡田切十二下二十三　玄胡涓切四下六

二仙

㳄敘連切八下十七　羴式連切四上十八　㢟丑連切二下六　䇂去虔切三上十五　宀武延切七下九　泉疾緣切十一下六　川昌緣切十一下五　叀職緣切四下五　員王權切六下十八

三蕭

卤徒遼切七上廿六 県古堯切九上六 幺於堯切四下三 垚吾聊切十三下十 髟必凋切九上十一

五肴

爻胡茅切三下二十七 交古爻切十下九 包布交切九上二十一 勹布交切九上二十 巢鉏交切六下十三

六豪

高古牢切五下廿三 毛莫袍切八上十七 刀都牢切四下十七 夲土刀切十下十六

八戈

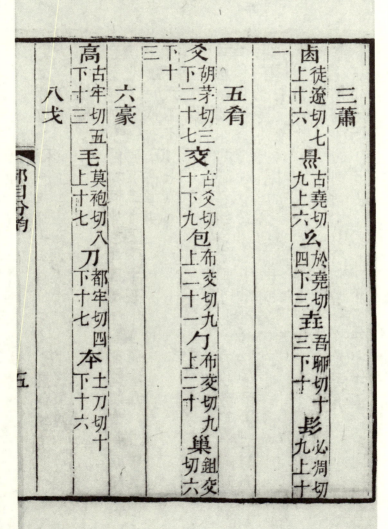

戈古禾切十二下九　禾戶戈切七上二十三　多得何切七上十二　它託何切十三下四

九麻

麻莫遐切七下三　巴伯加切十四下二十　奢式車切十下十四　車尺遮切十四上九　牙五加切二下九　𠌶戶瓜切六下十　瓜古華切七下七

十陽

羊與章切四上十七　方府良切八下五　匚府良切十二下十七　亾武方切十二下十五　長直良切九上九　香許良切七上二十六　畕居良切十三下十四　王雨方切一上五

十一唐

倉七岡切五下九　亢古郎切十下十五　尣烏光切十下十　黃乎光切十三下十五

十二庚

庚古行切十四下二十一　行戶庚切二下七　明武兵切七上九　生所庚切六下六　京舉卿切五下十六　卯去京切九上十八　兄許榮切八下七

十四清

晶子盈切七上六

十五青

青倉經切五下二　丁當經切十四下十七　冂古熒切五下十四　冥莫經切七上五

十六蒸

仌筆陵切十一下十一

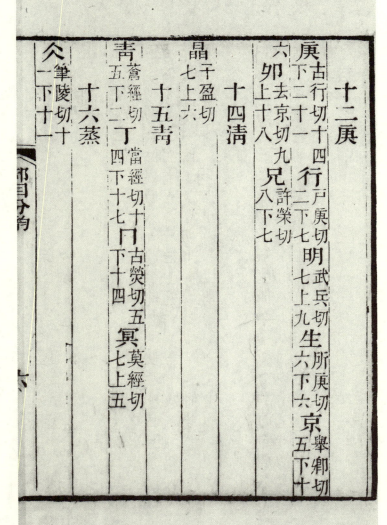

十七登

能奴登切十上十一

十八尤

丠去鳩切八上七裘巨鳩切八上十五牛語求切二上五酉字秋切十四下三十九舟職流切八下四雔市流切四上二十矛莫浮切十四上八𢆶於虯切四下四丩居虯切三上八

二十一侵

心息林切十下二十四壬如林切十四下二十四兂側琴切八下八林力尋切六上三音於今切三上十四㐺魚音切八上八金居音切十四上一琴巨今切十二下十三

二十二覃

男 那含切十三下十六

二十三談

三 穌甘切一上四　甘 古三切五上八

二十四鹽

鹽 余廉切十二上六　炎 于廉切十上十四

二十七銜

彡 所銜切九上八

二腫

廾 居竦切三上十八

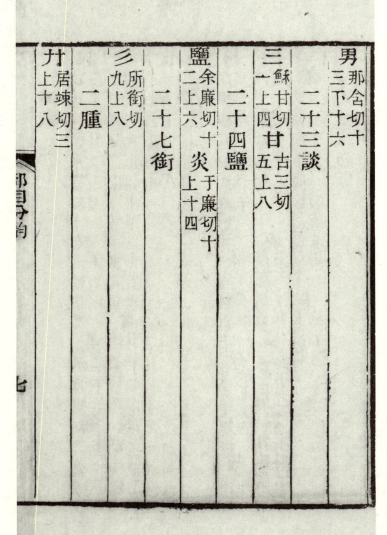

四紙

只諸氏切三上五 氏承旨切十二下七 豕式視切九下十三 是承旨切二下二 沝之壘切十一下一 此雌氏切二上十六止 惢才規才絫二切十下二十五止 豸池尒切九下十七 㸚力几切三下二十八止 毇許委切七上二十八

五旨

旨職雉切五上十六 矢式視切五下十二 水式軌切十一上全部 𣦸息姊切四下十二 𤉡徐姊切九下十八 黹陟几切七下二十六止 夂陟侈切五下二十九 履良止切八下三 厽力軌切十四下三 癸居誄切十四下二十五 几居履切十四上四 匕卑履切八上三

六止

止諸市切二上十三　齒昌里切二下八　耳而止切十二上九　史疏士切三下九　士鉏里切一上九

子即里切十四下二十六　巳詳里切十四下三十四　里良止切十三下十二　喜虛里切十上十七

己居擬切十四下十九

七尾

尾無斐切八下二　豈墟豨切五上二十　虫許偉切十三上五止　鬼居偉切九上二十三

八語

鼠書呂切十上十　黍舒呂切七上二十五　宁直呂切十四下五　呂力舉切七下十一　女尼呂切十二下一　予余呂切四下七

九麌

羽王矩切四上十一　雨王矩切十一下十二　丨知庾切五上三十二止

十姥

土它魯切十三下九　鹵郎古切十二上五　虎呼古切五上二十六　古公戶切三上九　鼓工戶切五上十九　兆公戶切八下十　戶侯古切十二上七　五疑古切十四下八　午疑古切十四下三十五

十一薺

米莫禮切七上二十七　氐丁禮切十二下八　豊盧啓切五上二十二　匸胡禮切十二下十六

十二蟹

廌宅買切十上二

十五海

亥 胡改切十四下四十一止 乃 奴亥切五上十一

十六軫

廴 余忍切二下五

十九隱

乚 於堇切十二下十四

二十阮

㫃 於幰切七上四

二十一混

𣎵 胡本切六下十六 丨 古本切一上十止

二十三旱

厂 呼旱切 九下五

二十四緩

卵 盧管切十三下七

二十七銑

丏 彌兖切九上四　犬 苦泫切十上八　く 姑泫切十一下三

二十八獮

舛 昌兖切五下二十五　孨 旨兖切十四下二十八　䎡 而兖切三下二十二　辡 平免切十四下二十三

㠭 知衍切五上六

二十九篠

鳥都了切四上二十二　了盧鳥切十四下二十七

三十小

小私兆切二上一　𠬪平小切四下九

三十一巧

卯莫飽切十四下三十二　爪側狡切三下四

三十二晧

丂苦浩切五上十二　夰古老切十下十七　夭於兆切十下八　冃莫保切七下十六　老盧晧切八上十六　艸倉老切一下二

三十三哿

可 肯我切五上十三　我 五可切十二下十一　𠂇 臧可切三下八

三十四果

火 呼果切十上十三

三十五馬

馬 莫下切十上一　冎 古瓦切四下十三　丫 工瓦切四上十五　瓦 五寡切十二下二十

三十六養

象 徐兩切九下二十止　㒳 良獎切七下十八　弜 其兩切十二下二十二　亯 許兩切五下十七　网 文紡切七下十九　上 時掌切一上二

三十七蕩

茻摸朗切一下四止

三十八梗

丙兵永切十四下十六　皿武永切五上二十八　永于憬切十一下八　囧俱永切七上十

三十九耿

黽莫杏切十三下六

四十靜

丼子郢切五下三

四十一迥

竝蒲迥切十下二十一　鼎都挺切七上二十　壬他鼎切八上九

四十四有

有云久切七上八　九舉有切十四下十一　久舉友切五下三十　韭舉友切七下六　臼其九切七上二十九　酉與久切十四下三十八　缶方久切五下十一　不方久切十二上三　𠂤房久切十四下一　𨸏房久切十四下二　首書九切九上五　𦣻書九切九上二　手書九切十二上十一　厹人九切十四下十二　丑敕久切十四下三十

四十五厚

𣆪胡口切五下十八　后胡口切九上十二　口苦后切二上八　走子苟切二上十二　斗當口切十四上七

四十七寑

品丕飲切二下十二　亩力甚切五下二十　㱃於錦切八下十六

四十八感

東胡感切七上十五　马乎感切七上十四

五十㓨

㷋以冄切十下二　冄而㓨切九下十一　广魚儉切九下四

五十五范

凵口犯切二上九

一送

㝱莫鳳切七下十三

三用

用余訟切三下二十六　重柱用切八上十　共渠用切三上二十[illegible]

四絳

𨛜胡絳切六下二十一止

五寘

朿七賜切七上十八

六至

至脂利切十二上三　示神至切一上三　二而至切十三下八　四息利切十四下四　自疾二切四

上六
白疾二切四上七　帬芉至切九下十四　鼻父二切四上八　比毗二切八上五

七志

異羊吏切三上二十一

八未

未無沸切十四下三十六　气去既切一上八　旡居未切八下十八止

九御

去丘據切五上三十

十遇

句九遇切三上七　䀠九遇切四上三　瞿九遇切四上十九　壴中句切五上十八

十一暮

步薄故切二上十五　素桑故切十三上二　兔湯故切十上六　瓠胡誤切七下八

十二霽

弟特計切五下二十八　系胡計切十二下二十四止

十三祭

毳此芮切八上十八　彑居例切九下十五　厂余制切十二下五　㡀毗祭切七下二十五

十四泰

大徒蓋切十下五　貝博蓋切六下十九　會黄外切五下八　巜古外切十一下四

十五卦

𠂢 匹卦切十一下九 𣏟 匹卦切七下二

十六怪

丯 古拜切四下二十

十八隊

耒 盧對切四下二十一

十九代

隶 徒耐切三下十四

二十一震

刃 而振切四下十八 舜 舒閏切五下二十六 盾 食閏切四上五 𣎵 匹刃切七下一 囟 息進切十下二

十二　卂息晉切十一下二十止　寸倉困切三下二十　印於刃切九上十六

二十八翰

倝古案切七上三　半博幔切二上四　爨七亂切三上二十五止　旦得案切七上二

三十一襇

釆蒲莧切二上三

三十二霰

見古甸切八下十三　燕於甸切十一下十六　片匹見切七上十九

三十三線

面彌箭切九上三

三十五笑

覞弋笑切八 下十四

三十六效

敎古孝切三 下二十四

皃莫敎切 八下九

三十七号

号胡到切五 上十五

告古奥切 二上七

冃莫報切七 下十七

三十八箇

左則箇切 五上四

三十九過

臥吾貨切八上十一

四十禡

襾呼訝切七下二十　亞衣駕切十四下七　匕呼跨切八上二

四十一漾

放甫妄切四下八　鬯丑諒切五下五

四十三映

誩渠慶切三上十三

四十五勁

正之盛切二下一

四十九宥

又于救切三下七　嘼許救切十四下十三

五十候

冓古候切四下二　戊莫候切十四下十八　鬥都豆切三下六　豆徒候切五上二十一

六十梵

欠去劒切八下十五

一屋

哭苦屋切二上十一　谷古祿切十一下十　卜博木切三下二十五　攴普木切三下二十三　木莫卜切六上一　禿他谷切八下十二　彔盧谷切七上二十二　鹿盧谷切十上三　畐房六切又芳逼切五下十

九

目莫六切四上二　尗式竹切七下四　肉如六切四下十五　竹陟玉切五上一　六力竹切十四下

九

臼居玉切三上二十三　菐蒲沃切三上十七

三燭

束書玉切六下十五　蓐而蜀切一下三　足即玉切二下十　曲丘玉切十二下十八　玉魚欲切一上六

四覺

角古岳切四下二十二止　珏古岳切一上七　丵士角切三上十六

五質

日人質切七上一　率所律切十三上四　七親吉切十四下十　桼親吉切六下十四　一於悉切一上一　壹於悉切十下十二　乙於筆切十四下十五

六術

出尺律切六下四 戌辛律切十四下四 聿余律切三下十二

八物

勿文弗切九下十 甶敷勿切九上二十四 巿分勿切七下二十二

十月

月魚厥切七上七 戉王伐切十二下十 曰王伐切五上十 旻火劣切四上一 亅衢月切十二下十二

十一沒

𠫓他骨切十四下二十九 骨古忽切四下十四

十二曷

屵五葛切九下三　歺五割切四下十一　亣他達切十下十八

十三末

癶北末切二上十四　𣎳普活切六下五

十四黠

㓞恪八切四下十九　乙烏轄切十二上一　八博拔切二上二　殺所八切三下十八　㕯女滑切三上六

十六屑

卪子結切九上十五　苜徒結切又讀若末四上十六　頁胡結切九上一　穴胡決切七下十二　血呼訣切五上三十一　丿匹蔑切又房密切十二下四

十七薛

舌 食列切 三上二
屮 丑列切 一下一
叕 陟劣切 十四下六
桀 渠列切 五下三十一
止

十八藥

龠 以灼切 二下十三
勺 之若切 十四上三
叒 而灼切 六下一
辵 丑略切 二下三
㲋 丑略切 十上五
谷 其虐切 三上四

十九鐸

𩫏 古博切 五下十五

二十陌

白 旁陌切 七下二十四
帛 旁陌切 七下二十三
乇 陟格切 六下七
丮 几劇切 三[illegible]五

二十一麥

麥莫獲切五下二十三
冊楚革切二下十四止
疒女尼切七下十四
革古覈切三十一
畫胡麥切三下十三

二十二昔

夕祥易切七上十一
尺昌石切八下一
赤昌石切十下四
炙之石切十下三
石常隻切九下八
彳丑亦切二下四
亦羊益切十下六
易羊益切九下十九
辟必益切九上十九

二十三錫

糸莫狄切十三上一
冖莫狄切七下十五
秝郎擊切七上二十四
鬲郎激切三下二
鬻郎激切三下三

二十四職

食乘力切五下六　夨阻力切十下七　色所力切九上十七　嗇所力切五下二十一　力林直切十三下十七　茍己力切九上二十二　皕彼力切四上九

二十五德

北博墨切八上六　黑呼北切十上十五止　克苦得切七上二十一

二十六緝

習似入切四上十　亼秦入切五下七　十是執切三上十　入人汁切五下十　㗊阻力切三上一　立力及切十下二十　邑於汲切六下二十　皀皮及切五下四

二十七合

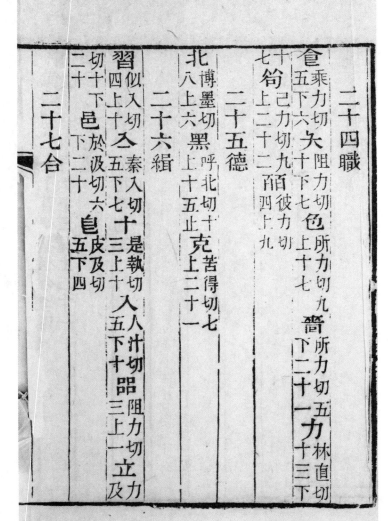

卅 蘇沓切三上十一　帀 子荅切六下三　雥 徂合切四上二十一

二十九葉

㚔 尼輒切十下十三　𦘒 尼輒切三下十一

三十怗

劦 胡頰切十三下十八止

三十二狎

甲 古狎切十四下十四

說文部目分韻終

韻書始萌芽於魏李登聲類積三百餘年至隋陸灋
言切韻櫽㮚之法乃具然皆就其時之語言音讀參
校異同定其遠近洪細往往有意求密而用意太過
强生區別至如虞夏商周之文六書之假借諧聲詩
之比音協句以成歌樂茫乎未之考也唐初因灋言
擬本爲選舉士人作律詩之用視二百六韻中字數
多者限以獨用字數少者合比近兩韻或三韻同用
苟計字多寡而已宋吳棫作韻補於韻目下始有古
通某古轉聲通某之云其分合最爲疎舛鄭庠作古
音辨僅分陽支先虞尤覃六部近昆山顧炎武更析

東陽耕蒸而四析魚歌而二故列十部吾郡老儒江慎修永於眞已下十四韵僊已下九韵各析而二蕭宵肴豪及尤矦幽亦爲二故列十三部古音之學以漸加詳如是前九年段君若膺語余曰支佳一部也脂微齊皆灰一部也之咍一部也漢人猶未嘗淆借通用晉宋而後乃少有出入迄乎唐之功令支注脂之同用佳注皆同用灰注咍同用於是古之截然爲三者罕有知之余聞而偉其所學之精好古有灼見卓識又言眞臻先與諄文殷魂痕爲二尤幽與矦爲二得十七部今官於蜀地且數年政事之餘優而成

是書曰六書音均表凡爲表者五撰述之意表各有序說既詳之矣其書始名詩經韵譜羣經韵譜嘉定錢學士曉徵爲之序玆易其體例且增以新知十七部葢如舊也余昔感於其言五支六脂七之有分癸巳春寓居浙東取顧氏詩本音章辨句析而諷誦乎經文歎始爲之之不易後來加詳者之信足以補其未逮顧氏轉矦韵入虞江氏轉虞韵字入矦此江優於顧然顧氏藥鐸有分而江氏不分此顧優於江若夫五支異於六脂猶淸異於眞也七之又異於支脂猶蒸又異於淸眞也寔千有餘年莫之或省者一旦

理解按諸三百篇劃然豈非稽古大快事歟時余畧記入聲之說未暇卒業今樂觀是書之成也不惟字得其古人音讀抑又多通其古義許叔重之論假借曰本無其字依聲託事夫六經字多假借音聲失而假借之意何以得訓詁音聲相爲表裏訓詁明六經乃可明後儒語言文字未知而輕憑臆解以誣聖亂經吾懼焉段君又有詩經小學書經小學說文考證十七部古韵表等書將繼是而出視逃其難相與鑿空者於治經孰得孰失也乾隆丁酉孟春月休寧戴震序

予友金壇段君若膺六書音均表既成有問於予者曰是書何以作讀之將何用也曰是書爲古音而作也古今語言不同古音不明不獨三代秦漢有韵之文不能以讀其無韵之文假借轉注音義不能知立乎今日而譯三代秦漢之音是書爲之舌人也曰鄭氏庠陳氏第顧氏炎武江氏永之書何如曰鄭氏諸人之書善矣或分所當合或合所當分得是書而義始備也曰今官韵依劉淵之一百十七部而顧氏江氏及是書依陸氏灋言二百六部之舊何也曰必依二百六部之舊而後可由今韵以推古韵也如支脂

之分爲三尤與侯元與魂痕各分爲二皆與三百篇合而一百十七部者去之遠也曰是書何以於顧氏十部江氏十三部之後確然定爲十七部也曰詩三百篇之韵確有是十七部而顧氏江氏分析未備其平入分配多未審是書上溯三百篇下沿廣韵廣韵分爲數韵而三百篇合爲一韵者則爲一部三百篇在此部而廣韵遂入於他部是爲古今音轉移不同是書弟一表及弟四表古本音之義也然則一韵而廣韵析爲數韵者何也曰音之變也冬鍾之後而爲東支脂之之後而爲佳皆咍耕淸之斂而爲靑眞之

斂而爲先十七部皆有是也弟二表何以作也曰今韵於同一諧聲之偏旁而互見諸部古音則同此諧聲卽爲同部故古音可審形而定也曰以古之本音正後人合韵協音之說之非矣而仍言合韵何也曰古與今異部是爲古本音如巨謀尤古在之咍部而今在尤幽部曹菽茅滔古在尤幽部而今在蕭宵肴豪部是也古與古異部而合用之是爲古合韵如母字古在之咍部詩凡十七見而蝃蝀協雨興字古在蒸登部詩凡五見而大明協林心是也知其分而後知其合知其合而後愈知其分凡三百篇及三代秦

漢之音研求其所合又因所合之多寡遠迩及異平同入之處而得其次弟此十七部先後所由定而弟三表及弟四表古合韵之義也曰古四聲與今四聲不同何也曰古今部分之轉移不同若是其四聲之轉移不同猶是也其言表何也曰暴諸外以示人也是太史公十表之義也其言音均何也曰古言均今言韵也韵韻皆不見於說文而韵字則見於薛尚功所載會矦鐘銘是也其冠以六書何也曰知此而古指事象形諧聲會意之文舉得其部分得其音韵知此而古假借轉注舉可通故曰六書音均表也然則

讀之而苦其難何也曰於今韵則依廣韵部分於字書則宗說文解字於古音則竆三百篇及羣經有韵之文於言古音之書則考顧氏音學五書江氏古韵標準以三百篇及周秦所用正漢魏以後轉移之音而歷代音韵沿革源流以見而陸氏部分之故以見而顧氏江氏之未協者以見彼吳氏棫楊氏愼毛氏奇齡之書無論矣問者曰有是哉遂書之以爲釋例

乾隆丁酉五月南匯吳省欽沖之甫

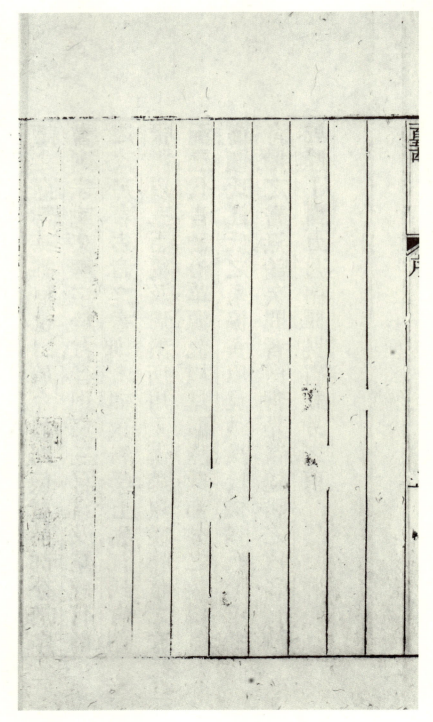

六書音均表

四川候補知縣前貴州玉屛縣知縣臣段玉裁記

凡五萬二千三百二十五字

原序

金壇段君懋堂撰次詩經韵譜及羣經韵譜成予讀而善之廼序其端曰自文字肇啟即有音聲比音成文而詩教興焉三代以前無所謂聲韵之書然詩三百篇具在參以經傳子騷類而劽之引而伸之古音可僂指而分也許叔重云倉頡初作書依類象形故謂之文其後形聲相益即謂之字文字者終古不易而音聲有時而變五方之民言語不通近而一鄉一聚猶各操土音彼我相嗤𠰋在數千年之久乎謂古音必無異於今音此夏蟲之不知有冰也然而去古

浸遠則於六書諧聲之旨漸離其宗故惟三百篇之音爲最善而昧者乃執隋唐之韵以讀古經有所齟齬屢變其音以相從謂之叶韵不惟無當於今音而古音亦滋茫昧矣明三山陳氏始知攷毛詩屈宋賦以求古音近世崑山顧氏婺源江氏攷之尤博以審今段君復因顧江兩家之說證其違而補其未逮定古音爲十七部若網在綱有條不紊窮文字之源流辨聲音之正變洵有功於古學者已古人以音載義後人區音與義而二之音聲之不通而空言義理吾未見其精於義也此書出將使海內說經之家奉爲

圭臬而因文字音聲以求訓詁古義之興有日矣詎獨以存古音而已哉乾隆庚寅四月九日嘉定錢大昕書

戴東原先生來書

大箸辨别五支六脂七之如淸眞蒸三韵之不相通能發自唐以來講韵者所未發今春將古韵考訂一番斷從此説爲確論然軜管欲作序者屢而苦於心不精姑俟稍安閒爲之目近極蘇擾也癸巳十月卅日震頓首

寄戴東原先生書乙未十月

玉裁自幼學爲詩卽好聲音文字之學甲戌乙亥閒從同邑蔡丈一帆遊始知古韵大略庚辰入都門得顧亭林音學五書讀之驚怖其考據之博癸未遊於先生之門觀所爲江愼修行略又知有古韵標準一書與顧氏少異然實未能深知之也丁亥自都門歸憶古韵標準所稱元寒桓刪山先仙七韵與眞諄臻文欣魂痕七韵三百篇內分用不如顧亭林李天生所云自眞至仙古爲一韵之說與舍弟玉成取毛詩細繹之果信又細繹之眞臻二韵與諄文欣魂痕五韵三百篇內分用而江氏有未盡也蕭宵肴豪與尤

矦幽分用矣又細繹之則矦與尤幽三百篇內分用而江氏有未盡也支脂之微齊佳皆灰咍九韵自來言古韵者合爲一韵及細繹之則支佳爲一韵脂微齊皆灰爲一韵之咍爲一韵而顧氏江氏均未之知也又細繹其平入之分配正二家之踳駮遂書詩經所用字區別爲十七部既攷其出入而得其本音又詳其斂侈而識其音變又察其高下遲速而知四聲古今不同又觀其會通而知協音合韵自古而有於諧聲推測其條理於假借轉注默會其指歸薶緼千年一旦軒露成詩經韵譜羣經韵譜各一帙己丑再

至都門程蕺園舍人賞之第其書簡略無注釋不可讀是年冬寓法源寺側之蓮華菴鍵戸燒石炭從邵二雲孝廉假書竟爲注釋每一部畢孝廉輒取寫其福至庚寅二月書成錢辛楣學士以爲鑿破混沌爲作序三月銓授貴州玉屏縣壬辰四月三入都時先生館於洪素人戸部之居以是書請益先生云體裁尚未盡善玉裁旋奉　命發四川候補八月至蜀後署理富順及南溪縣事又辦理化林坪站務王師申討金酋儲偫輓輸無敢稍懈怠然每處分公事畢漏下三鼓輒篝鐙改竄是書以爲常今年夏六月偕同

官朱雲駿入報銷局興趣略同暇益潛心商訂九月書成爲表五一曰今韵古分十七部表别其方位也二曰古十七部諧聲表定其物色也三曰古十七部合用類分表洽其指趣也四曰詩經韵分十七部表臚其美富也五曰羣經韵分十七部表資其參證也改名曰六書音均表均卽古韵字也鶡冠子曰五聲不同均成公綏曰音均不恆陶者以鈞作器樂者以均審音十七部爲音均音均明而六書明六書明而古經傳無不可通玉裁之爲是書葢將使學者循是以知假借轉注而於古經傳無疑義而恐非好學深

思𢠢能心知其意也抑先生曾言尤侯兩韵可無用分玉裁攷周秦漢初之文侯與尤相近而必獨用先生又言十七部次弟不能淩躐支脂之析爲三部能發自唐以來講韵者所未發但何以不劉於一處而以之弟一脂弟十五支弟十六玉裁按十七部次弟出於自然非有穿鑿取弟三表細繹之可知也之咍音與蕭尤近亦與蒸近脂微齊皆灰音與諄文元寒近支佳音與歌戈近實韵理分劈之大耑先生又言顧亭林平仄通押之說未爲非所定四聲似叜張大甚玉裁按今四聲不同古猶古部分不同今抽繹遺

經雅記鑿可自信其非妄以上三者皆不敢爲苟同
之論惟求研審音韵之眞而已夫鄭璞爾雅注於烏
尤宋祁唐書修於益州玉裁入蜀數年幸適有成書
而所爲詩經小學書經小學說文考證古韵十七部
表諸書亦漸次將成今輒先寫六書音均表一部寄
呈座右願先生爲之序而糾其疵謬則幸甚幸甚玉
裁頓首

今韵古分十七部表

六書音均表一

今世所存韵書廣韵最古廣韵二百六部葢放於隋陸灋言戴東原編修聲韵考曰灋言書今不傳宋廣韵卷首猶題云陸灋言撰本長孫納言箋注而集韵韵例曰先帝時令陳彭年丘雍因灋言韵就爲刊益然則廣韵之二百六韵葢灋言舊目自唐初有同用獨用之功令以便屬文之士聲韵考曰唐封演聞見記云陸灋言撰爲切韵先仙刪山之類屬文之士苦其苛細國初許敬宗等詳議以其韵窄奏合而用之然則廣韵同用獨用之注乃唐初功令至南宋劉淵新刊禮部韵略遂併同用之韵爲一韵而爲部百有七今取百有七部之書考求古音今音混淆未明無由討古音之源也宋鄭庠分古韵爲六部近崑山顧炎武據依廣韵部分分古韵爲十部而婺源江永又分爲十三部鄭氏東

冬江陽庚青蒸入聲屋沃覺藥陌錫職爲一部支微齊佳灰爲一部魚虞歌麻爲一部眞文元寒刪先入聲質物月曷黠屑爲一部蕭肴豪尤爲一部侵覃鹽咸入聲緝合葉洽爲一部其說合於漢魏及唐之杜甫韓愈所用而於周秦未能合也顧氏考三百篇作詩本音二百六部分爲十東冬鍾江爲一部支脂之微齊佳皆灰咍入聲質術櫛物迄月沒曷末黠鎋屑薛麥昔錫職德爲一部魚虞模侯入聲藥鐸陌爲一部眞諄臻文欣元魂痕寒桓刪山先仙爲一部蕭宵肴豪尤幽入聲屋沃燭覺爲一部歌戈麻爲一部陽

唐爲一部庚耕淸靑爲一部蒸登爲一部侵覃談鹽添咸銜嚴凡入聲緝合盍葉怗洽狎業乏爲一部較鄭氏爲密矣江氏訂其於三百篇所用有未合者作古韵標準二百六部分爲十三東冬鍾江爲一部支脂之微齊佳皆灰咍入聲麥昔錫職德爲一部魚虞模入聲藥鐸陌爲一部眞諄臻文欣魂痕入聲質術櫛物迄沒爲一部元寒桓删山先仙入聲月曷末黠鎋屑薛爲一部蕭宵肴豪爲一部歌戈麻爲一部陽唐爲一部庚耕淸靑爲一部蒸登爲一部尤侯幽入聲屋沃燭覺爲一部侵入聲緝爲一部覃談鹽添咸

銜嚴凡入聲合盍葉怗洽狎業乏之爲一部較諸顧氏益密而仍於三百篇有未合者今旣泛濫毛詩理順節解因其自然補三家部分之未備釐平入相配之未確定二百六部爲十七部表於左

弟一部	
七之	十六咍
六止	十五海
七志	十九代
二十四職	二十五德

弟二部	弟三部
三蕭　四宵　五肴　六豪	十八九　二十幽
二十九篠　三十小　三十一巧　三十二晧	四十四有　四十六黝
三十四嘯　三十五笑　三十六效　三十七号	四十九宥　五十一幼
	一屋　二沃　三燭　四覺

弟四部	弟五部
十九侯	九魚 十虞 十一模
四十五厚	八語 九麌 十姥
五十候	九御 十遇 十一暮
	十八藥 十九鐸

弟六部	弟七部
十六蒸 十七登	二十一侵 二十四鹽 二十五添
四十二拯 四十三等	四十七寑 五十琰 五十一忝
四十七證 四十八嶝	五十二沁 五十五豔 五十六㮇
	二十六緝 二十九葉 三十怗

第八部					
二十二覃	二十三談	二十六咸	二十七銜	二十八嚴	二十九凡
四十八感	四十九敢	五十二豏	五十三檻	五十四儼	五十五范
五十三勘	五十四闞	五十七陷	五十八鑑	五十九釅	六十梵
二十七合	二十八盍	三十一洽	三十二狎	三十三業	三十四乏

第九部			
一東	二冬	三鍾	四江
一董	二腫	三講	
一送	二宋	三用	四絳

弟十部		
十陽	三十六養	四十一漾
十一唐	三十七蕩	四十二宕

弟十一部		
十二庚	三十八梗	四十三映
十三耕	三十九耿	四十四諍
十四清	四十静	四十五勁
十五青	四十一迥	四十六徑

弟十二部

十七眞	十九臻	一先
十六軫		二十七銑
二十一震		三十二霰
五質	七櫛	十六屑

弟十三部

十八諄	二十文	二十一欣	二十三魂	二十四痕
十七準	十八吻	十九隱	二十一混	二十二很
二十二稕	二十三問	二十四焮	二十六慁	二十七恨

弟十四部	弟十五部
二十二元 二十五寒 二十六桓 二十七删 二十八山 二仙	六脂 八微 十二齊 十四皆 十五灰
二十阮 二十三旱 二十四緩 二十五潸 二十六産 二十八獮	五旨 七尾 十一薺 十三駭 十四賄
二十五願 二十八翰 二十九換 三十諫 三十一襇 三十三線	六至 八未 十二霽 十三祭 十四泰 十六怪 十七夬 十八隊 二十廢
	六術 八物 九迄 十月 十一沒 十二曷 十三末 十四黠 十五鎋 十七薛

弟十六部	弟十七部
五支 十三佳	七歌 八戈 九麻
四紙 十二蟹	三十三哿 三十四果 三十五馬
五寘 十五卦	三十八箇 三十九過 四十禡
二十陌 二十一麥 二十二昔 二十三錫	

弟一部弟十五部弟十六部分用說

廣韵上平七之十六咍上聲六止十五海去聲七志十九代入聲二十四職二十五德爲古韵弟一部上平六脂八微十二齊十四皆十五灰上聲五旨七尾十一薺十三駭十四賄去聲六至八未十二霽十三祭十四泰十六怪十七夬十八隊二十廢入聲六術八物九迄十月十一沒十二曷十三末十四黠十五鎋十七薛爲古韵弟十五部上平五支十三佳上聲四紙十二蟹去聲五寘十五卦入聲二十陌二十一麥二十二昔二十三錫爲古韵弟十六部

五支六脂七之三韵自唐人功令同用鮮有知其當分者矣今試取詩經韵表弟一部弟十五部弟十六部觀之其分用乃截然且自三百篇外凡羣經有韵之文及楚騷諸子秦漢六朝詞章所用皆分別謹嚴隨舉一章數句無不可證或有二韵連用而不辨爲分用者如詩相鼠二章齒止俟弟一部也三章體禮死弟十五部也魚麗二章鱧旨弟十五部也三章鯉有弟一部也板五章懠毗迷尸屎葵資師弟十五部也六章箎圭攜弟十六部也孟子引齊人言雖有智慧二句弟十五部也雖有鎡基二句弟一部也屈原

賦寧與騏驥抗軏二句弟十六部也寧與黃鵠比翼
二句弟一部也秦琅邪臺刻石自維廿六年至莫不
得意凡二十四句以始紀子理士海事富志字載意
韵弟一部也自應畤動事至莫不如畫凡十二句以
帝地懈僻易畫韵弟十六部也倘以相鼠齒與禮死
成文魚麗鯉與旨爲韵則自亂其例而非韵玉裁讀
坊本詩經竹竿二章泉源在左淇水在右女子有行
遠父母兄弟毋疑右爲古韵弟一部字弟爲弟十五
部字二字古鮮合用及考唐石經宋本集傳明國子
監注疏本皆作遠兄弟父母而後其疑豁然三部自

唐以前分别最嚴葢如眞文之與庚青與侵稍知韵理者皆知其不合用也自唐初功令不察支脂之同用佳皆同用灰咍同用而古之畫爲三部始湮沒不傳迄今千一百餘年言韵者莫有見及此者矣古七之字多轉入於尤韵中而五支六脂則無有此三部分别之大槩也

職德爲弟一部之入聲術物迄月沒曷末黠鎋薛爲弟十五部之入聲陌麥昔錫爲弟十六部之入聲顧氏於三部平聲既合爲一故入聲亦合爲一古分用甚嚴即唐初功令陌麥昔同用錫獨用職得同用亦

未若平韵之捉合五支六脂七之爲一矣

弟二部弟三部分用說

下平三蕭四宵五肴六豪上聲二十九篠三十小三十一巧三十二晧去聲三十四嘯三十五笑三十六效三十七號爲古韻弟二部十八尤二十幽上聲四十四有四十六黝去聲四十九宥五十一幼入聲一屋二沃三燭四覺爲古韵弟三部詩經及周秦文字分用晝然顧氏誤合爲一部江氏古韵標凖旣正之矣

顧氏於平聲合二部爲一故弟二部之字轉入於弟

三部入聲者不能分別而箋識之也

弟三部之入聲顧氏割其半入魚模韵如屋讀烏獨讀辻之類皆漢後之轉音非古本音卽以侯合魚之誤也

弟三部弟四部弟五部分用說

下平十九侯上聲四十五厚去聲五十候爲古韵弟四部上平九魚十虞十一模上聲八語九麌十姥去聲九御十遇十一暮入聲十八藥十九鐸爲古韵弟五部詩經及周秦文字分用畫然顧氏誤合侯於魚爲一部江氏又誤合侯於尤爲一部皆攷之未精顧

氏合矦於魚其所引據皆漢後轉音非古本音也矦古音近尤而別於尤近尤故入音同尤別於尤故合諸尤者亦非也

弟二弟三弟四弟五部漢以後多四部合用不甚區分要在三百篇故較然畫一載馳之驅矦不連下文悠曹憂爲一韵山有蓲之蓲楡婁驅愉不連下章栲杻埽考保爲一韵南山有臺之枸楰耇後不連上章栲杻壽茂爲一韵左氏傳專之渝攘公之羭不與下文蕕臭爲一韵此弟四部之別於弟三部也株林之駒株不與馬野爲一韵板之渝驅不與怒豫爲一韵

史記甌窶滿溝不與汙邪滿車爲一韻此弟四部之別於弟五部也

古弟二部之字多轉入於屋覺藥鐸韻中弟三部之字多轉入於蕭宵肴豪韻中弟四部之字多轉入於虞韻中弟五部平聲之字多轉入於麻韻中入聲之字多轉入於陌麥昔韻中此四部分别之大槩也

左氏傳鸜鵒童謠首二句鵒辱及末二句鵒哭弟三部也羽野馬弟五部也跦侯襦弟四部也巢遥勞驕弟二部也一謡而可識四部之分矣

弟五部弟十六部入聲分用說

弟五部入聲與弟十六部入聲周秦漢人分用晉宋而下多以弟五部入聲之字韵入於弟十六部鄭氏合藥陌錫爲一部未爲審矣

弟六部獨用說

下平十六蒸十七登上聲四十二拯四十三等去聲四十七證四十八嶝爲古韵弟六部自古獨用無異辭鄭庠合諸庚青爲一部其說甚疏而南宋劉淵併證嶝入徑韵元陰時夫併拯等入迴韵爲唐功令所未議合而以臆見誤合之者

弟七部弟八部分用說

下平二十一侵二十四鹽二十五添上聲四十七寑五十琰五十一忝厺聲五十二沁五十五豔五十六㮇入聲二十六緝二十九葉三十怗爲古韵弟七部

下平二十二覃二十三談二十六咸二十七銜二十八嚴二十九凡上聲四十八感四十九敢五十二豏五十三檻五十四儼五十五范厺聲五十三勘五十四闞五十七陷五十八鑑五十九釅六十梵入聲二十七合二十八盍三十一洽三十二狎三十三業三十四乏爲古韵弟八部 廣韵平上厺入末四韵其次弟本如是廣韵合鹽添同用咸銜同用嚴凡同用上聲琰忝同用豏檻同用儼范同用厺聲豔㮇同用陷鑑同用釅范同用入聲葉怗同用洽狎同用業乏同用宋景德四年崇文院上校定切韵五卷明年大

中祥符元年勑改名大宋重修廣韻同用獨用皆仍唐舊粤三十一年爲景祐四年修禮部韻略以賈昌朝請韻窄者凡十三處許令附近通用益合嚴於鹽添合凡於咸銜合儼於琰忝合范於豏檻合釅於豔㮇合梵於陷鑑合業於葉怗合乏於洽狎幷合欣於文合隱於吻合焮於問合迄於物又合廢於隊代爲十有三處今廣韻上去聲末四韵各本改同禮部韻略及集韻與平入聲齟齬此係禮部韻略須行後檢廣韻者依新例塗改遂相沿舛謬幸其參差不治尚可稽尋詳見聲韵攷詩三百篇分用晝然漢以後乃多合用非三百篇卽合用也顧氏合而一之江氏旣正之矣

弟九部獨用說

上平一東二冬三鍾四江上聲一董二腫三講去聲一送二宋三用四絳爲古韻弟九部古獨用無異辭江韵音轉近陽韵古音同東韵也鄭庠以東冬江陽庚青蒸合爲一部其說疏矣

四百四十九　表一　三

弟十部獨用說

下平十陽十一唐上聲三十六養三十七蕩去聲四十一漾四十二宕爲古韵弟十部古獨用無異辭

弟十一部獨用說

下平十二庚十三耕十四清十五靑上聲三十八梗三十九耿四十靜四十一迥去聲四十三映四十四諍四十五勁四十六徑爲古韵弟十一部古獨用無異辭

弟十二部弟十三部弟十四部分用說

上平十七眞十九臻下平一先上聲十六軫二十七

銑去聲二十一震三十二霰入聲五質七櫛十六屑爲古韵弟十二部十八諄二十文二十一欣二十三魂二十四痕上聲十七準十八吻十九隱二十一混二十二很去聲二十二稕二十三問二十四焮二十六慁二十七恨爲古韵弟十三部二十二元二十五寒二十六桓二十七刪二十八山下平二仙上聲二十阮二十三旱二十四緩二十五潸二十六產二十八獮去聲二十五願二十八翰二十九換三十諫三十一襇三十三線爲古韵弟十四部三百篇及羣經屈賦分用畫然漢以後用韵過寬三部合用鄭庠乃

以眞文元寒刪先爲一部顧氏不能深考亦合眞以下十四韵爲一部僅可以論漢魏閒之古韵而不可以論三百篇之韵也江氏考三百篇辨元寒桓刪山仙之獨爲一部矣而眞臻一部與諄文欣魂痕一部分用尚有未審讀詩經韵表而後見古韵分別之嚴唐虞時明明上天爛然星陳日月光華宏予一人弟十二部也南風之薰兮可以解吾民之慍兮弟十三部也卿雲爛兮禮縵縵兮日月光華旦復旦兮弟十四部也三部之分不始於三百篇矣

弟十二部入聲質櫛韵漢以後多與弟十五部入聲

合用三百篇分用畫然如東方之日一章不與二章一韵都人士三章不與二章一韵可證

弟十七部獨用說

下平七歌八戈九麻上聲三十三哿三十四果三十五馬去聲三十八箇三十九過四十禡爲古韵弟十七部古獨用無異辭漢以後多以魚虞之字韵入於歌戈鄭氏以魚虞歌麻合爲一部乃漢魏晉之韵非三百篇之韵也

古弟十七部之字多轉入於支韵中

古十七部平入分配說

二十四職二十五德陸灋言以配蒸登韵攷毛詩古
韵爲之咍韵之入聲
一屋二沃三燭四覺陸灋言以配東冬鍾江韵攷毛
詩古韵爲尤幽韵之入聲
十八藥十九鐸灋言以配陽唐韵攷毛詩古韵爲魚
虞模之入聲
二十六緝以下八韵古分二部其平入相配一也
五質七櫛十六屑灋言以配眞臻先韵與毛詩古韵
合
六術八物九迄十月十一沒十二曷十三末十四黠

十五鎋十七薛灋言以配諄文欣元魂痕寒桓刪山仙韵攷毛詩古韵爲脂微齊皆灰之入聲

二十陌二十一麥二十二昔二十三錫灋言以配庚耕清青韵攷毛詩古韵爲支佳韵之入聲

今韵同用獨用未允說

灋言二百六部綜周秦漢魏至齊梁所積而成典型源流正變包括貫通長孫訥言謂爲酌古沿今無以加者可稱灋言素臣如支脂之三韵分之所以存古類之所以適今用意精深後人莫測也今韵支脂之同用佳皆同用灰咍同用則弟一部弟十五部弟十

六部之界蕪尤矦同用則弟三部弟四部之畧泯眞
諄同用元魂痕同用先仙同用則弟十二部弟十三
部弟十四部之區畫靡漫入聲質術同用屑薛同用
則弟十二部與弟十五部相紛糅矣唐初功令葢沿
陳隋之習而不師古然如支與脂之同用則唐以前
上自商頌下迄隋季未見有一篇蹈此者唐之杜甫
韓愈精文選及庾信諸家故所爲近體詩用五支韵者
凡二十七首不襍脂之一字其意葢以許敬宗所定
未善也若南宋劉淵併證嶝入徑韵元陰時夫併拯
等入迥韵則弟六部弟十一部之大閑潰決唐功令

所未譏合而妄合之又與平聲齟齬其不學無術之甚矣唐以前支韵必獨用隨舉篇章皆足爲證文選所載不必覼縷卽如周興嗣千字文上和下睦夫唱婦隨已下用十韵不襍脂之一字庾信楊栁歌用二十七韵不襍脂之一字唐人之謹守六朝家法者惟杜甫近體詩如陪鄭廣文遊何將軍山林萬里戎王子憶過楊栁渚二首重過何氏山雨尊仍在一首九日楊奉先會白水崔明府一首贈畢四一首元日寄韋氏妹一首秦州襍詩唐堯眞自聖一首過南鄰朱山人水亭一首過故斛斯校書莊燕入非傍舍一首送王侍御往東川放生池祖席一首宴戎州楊使君東樓一首雲安九日鄭十八攜酒陪諸公一首宿昔一首鸚鵡一首猿一首從驛次草堂復至東屯茅屋峽內歸田客一首孟冬一首和江陵宋大少府暮雨後同諸公及舍弟宴書齋一首紫宸殿退朝口號一首秋興昆吾御宿自逶迤一首傷春鬢入新年語一首贈崔十三評事公輔一首偶題一首同豆盧峯知字韵一首復愁江上亦秋色一首解悶憶過瀘戎摘荔枝一首承聞河北諸道節度入朝歡喜口號絕句漁陽突騎邯鄲兒一首凡五支韵必獨用韓愈答崔立之八十二韵亦獨用五支

古十七部本音說

三百篇音韵自唐以下不能通僅以爲協音以爲合

韵以爲古人韵緩不煩改字而已自有明三山陳第深識確論信古本音與今音不同如鳳鳴高岡而啁噍之喙盡息也自是顧氏作詩本音江氏作古韵標準玉裁保殘守闕分别古音爲十七部凡一字而古今異部以古音爲本音以今音爲音轉如尤讀怡牛讀疑丘讀欺必在弟一部而不在弟三部者古本音也今音在十八尤者音轉也舉此可以隅反矣

弟一部之韵音轉入於尤弟三部尤幽韵音轉入於蕭宵肴豪弟四部矦韵音轉入於虞弟五部魚虞模韵音轉入於麻弟六部蒸韵音轉入於侵弟七部侵

鹽韵音轉入於覃談咸銜嚴凡弟二部至弟五部弟
六部至弟八部音轉皆入於東冬鍾弟九部東冬鍾
韵音轉入於陽唐弟十部陽唐韵音轉入於庚弟十
一部庚耕清青韵音轉入於眞弟十二部眞先韵音
轉入於文欣魂痕弟十三部文欣魂痕韵音轉入於
元寒桓刪山仙弟十三部弟十四部音轉皆入於脂
微弟十五部脂微齊皆灰韵音轉入於支佳弟十六
部支佳韵音轉入於脂齊歌麻弟十七部歌戈韵音
轉亦多入於支佳此音轉之大較也
四江一韵東冬鍾轉入陽唐之音也不以其字襍厠

之陽唐而別爲一韵繫諸一東二冬三鍾之後別爲一韵以箸今音也繫諸一東二冬三鍾之後以存古音也長孫納言所謂酌古沿今者是也其例甚善而他部又未能準是例惟二十幽一韵爲尤韵將轉入蕭之音十九臻一韵爲眞韵將轉入諄之音亦用此例之意

說文而下字林所載卽多說文所無苟有合於指事象形形聲會意之恉攷文者所不廢也三百篇後孔子贊易老子言道德五千餘言用韵卽不必皆同詩漢代用韵甚寬離爲十七者幾不可別識晉宋而降

迄於梁陳音轉音變積習生常區別旣多陸韵遂定皆古今聲音之自然攷文者不能變今音而一反諸三代也

古十七部音變說

古音分十七部矣今韵平五十有七上五十有五去六十入三十有四何分析之過多也曰音有正變也音之斂侈必適中過斂而音變矣過侈而音變矣之者音之正也咍者之之變也如同一台聲而怡飴在之韵咍怠在咍海韵蕭宵者音之正也肴豪者蕭宵之變也如同一肖聲而宵消在宵韵梢旓在肴韵同一高聲敲在宵韵蒿膏在豪韵尤侯者音之正也屋者音之變也入聲沃燭爲正音屋韵過侈爲音變

魚者音之正也虞模者魚之變也如都古音豬荼古音舒之類蒸者音之正也登者蒸之變也如㕣聲韻目證嶝二字皆登聲嶝字古音同證侵者音之正也鹽添者侵之變也如廉古音林占古音鍼嚴凡者音之正也覃談咸銜者嚴凡之變也嚴凡猶弟十四部之元韻覃談咸銜猶弟十四部之寒桓刪山也侵猶弟十二部之眞韻鹽添猶弟十二部之先韻冬鍾者音之正也東者冬鍾之變也鍾爲正音冬韻稍侈東韻過侈陽者音之正也唐者陽之變也耕清者音之正也庚青者耕清之變也庚音侈青音斂眞者音之正也先者音之變也如田古音陳塡古音塵之類諄文欣者音之正也魂痕者諄文欣之變也如魂云聲雲芸妘沄在文韻痕民聲垠齦在欣韻元者音之正也寒桓刪山仙者元之變也脂微者音之正也齊皆灰者脂微之

變也支者音之正也佳者支之變也歌戈者音之正也麻者歌戈之變也大略古音多斂今音多侈之變爲咍脂變爲皆支變爲佳歌變爲麻眞變爲先侵變爲鹽變之甚者也其變之微者亦審音而分析之音不能無變變不能無分明乎古有正而無變知古音之甚諧矣

古四聲說

古四聲不同今韵猶古本音不同今韵也攷周秦漢初之文有平上入而無去洎乎魏晉上入聲多轉而爲去聲平聲多轉爲仄聲於是乎四聲大備而與古

不侔有古平而今仄者有古上入而今去者細意搜尋隨在可得其條理今學者讀三百篇諸書以今韵四聲律古人陸德明吳棫皆指爲協句顧炎武之書亦云平仄通押去入通押而不知古四聲不同今猶古本音部分異今也明乎古本音不同今韵又何惑乎古四聲不同今韵哉如戒之音亟慶之音羌亯饗之音香至之音質學者可以類求矣

古平上爲一類去入爲一類上與平一也去與入一也上聲備於三百篇去聲備於魏晉或謂四聲起於永明其說非也永明文章沈約謝朓王融輩始用四聲以爲新變五字之中音韵悉異兩句之內角徵不同梁武帝不好焉而問周捨曰何謂四聲捨曰天子聖哲是也謂如以此四字

吾誤五

成句是卽行文四聲諧協之旨非多文如梁武不知平上去入爲何物而捨以此四字代平上去入也取宋書謝靈運傳論及南史沈約庾肩五陸厥傳梁書王筠傳讀之自明

弟二部平多轉爲入聲弟十五部入多轉爲去聲 弟二

部樂籥爵綽較虐謔藥鑿沃櫟駮的翟濯翯躍蹻熇藐削溺等字繹三百篇皆平聲漢人不皆讀平矣至弟十五部古有入聲而無去聲隨在可證如文選所載班固西都賦平原赤勇士厲而下以厲竊穢蹷折噬殺爲韵厲竊穢噬讀入聲左思蜀都賦軌躅八達而下以達出室術駟瑟恤爲韵駟讀入聲吳都賦高門鼎貴而下以貴傑裔世轍設噎爲韵貴裔世讀入聲魏都賦均田畫疇而下以列翳悅世爲韵翳世讀入聲鬣首之豪而下以傑闕設晣裔髮爲韵晣裔讀入聲郭璞江賦以馱月聒刧豁碣爲韵馱讀入聲江淹擬謝法曹詩以汭別袂雪爲韵汭袂讀入聲擬謝臨川詩以缺設絕澈晣泬薉汭逝雪穴滅瘞說爲韵晣薉汭逝瘞讀入聲灋言定韵之前無去不可入至灋言定韵以後而謹守者不知古四聲矣他部皆準此求之

古無去聲之說或以爲怪然非好學深思不能知也

不明乎古四聲則於古諧聲不能通如李陽冰校說

文於臯字曰自非聲徐鉉於喬字曰向非聲是也於古假借轉注尤不能通如卒於畢郢之郢本程字之假借顚沛之沛本跋字之假借而學者罕知是也

古今不同隨舉可徵說

古音聲不同今隨舉可證如今人兄榮字讀入東韵朋棚字讀入東韵佳字讀入麻韵母富婦字讀入虞遇韵此音轉之徵也子字不讀卽里切側字不讀莊力切此音變之徵也上韵內之字多讀爲去韵此四聲異古之徵也今音不同唐音卽唐音不同古音之徵也

音韻隨時代遷移說

今人槩曰古韻不同今韻而已唐虞而下隋唐而上其中變更正多槩曰古不同今尚皮傅之說也音韻之不同必論其世約而言之唐虞夏商周秦漢初爲一時漢武帝後洎漢末爲一時魏晉宋齊梁陳隋爲一時古人之文具在凡音轉音變四聲其遷移之時代皆可尋究

古音韻至諧說

明乎古本音則知古人用韻精嚴無出韻之句矣明乎音有正變則知古人咍音同之先音同眞本無詰

屈聲牙矣明乎古四聲異今韵則知平仄通押去入通押之說未爲審矣古文音韵至諧自唐而後昧茲三者皆歸之協韵二字

古音義說

字義不隨字音爲分別音轉入於他部其義同也音變析爲他韵其義同也平轉爲仄聲上入轉爲去聲其義同也今韵例多爲分別如登韵之能爲才能咍韵之能爲三足鼈之韵之台爲台予咍韵之台爲三台星六魚之譽爲毀譽九御之譽爲稱譽十一暮之惡爲厭惡十九鐸之惡爲醜惡者皆拘牵瑣碎未可

以語古音古義

古諧聲說

一聲可諧萬字萬字而必同部同聲必同部明乎此而部分音變平入之相配四聲之今古不同皆可得矣

諧聲之字半主義半主聲凡字書以義爲經而聲緯之許叔重之說文解字是也凡韵書以聲爲經而義緯之商周當有其書而亡佚久矣字書如張參五經文字爿部冓部亯部以聲爲經是倒置也韵書如陸灋言雖以聲爲經而同部者蕩析離居矣

古假借必同部說

自爾雅而下詁訓之學不外假借轉注二耑如緇衣傳適之館舍粲餐也適之館舍爲轉注粲餐爲假借也七月傳壺瓠叔拾也叔拾爲轉注壺瓠爲假借也粲壺自有本義假借必取諸同部故如眞文之與蒸侵寒刪之與覃談支佳之與之咍斷無有彼此互相假借者

古本音不同今音故如夏小正借養爲永詩儀禮借蠲爲圭古永音同養蠲音同圭也古音有正而無變故如借田爲陳借荼爲舒古先韵之田音如眞韵之

陳模韵之荼音如魚韵之舒也古四聲不同今韵故如僭害爲曷僭宵爲小（見學記）爲肖（見漢書）古害聲如曷小肖聲皆如宵也故必明乎此三者而後知假借

古轉注同部說

訓詁之學古多取諸同部如仁者人也義者宜也禮者履也春之爲言蠢也夏之爲言假也子孳也丑紐也寅津也卯茂也之類說文神字注云天神引出萬物者也祇字注云地祇提出萬物者也麥字注云秋種厚薶故謂之麥神引同十二部祇提同十六部麥薶同弟一部也劉熙釋名一書皆用此意爲訓詁

凡八千二百一十二字

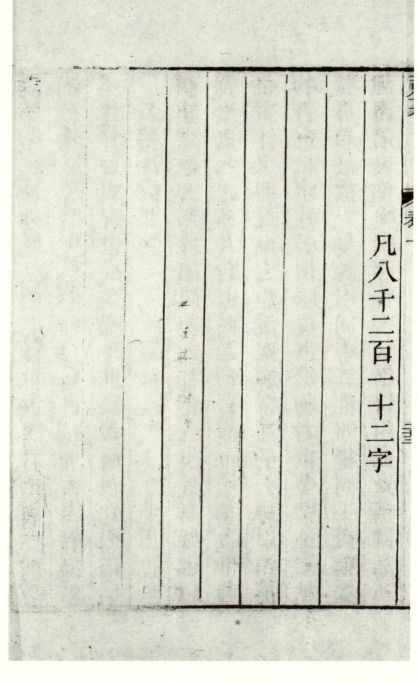

古十七部諧聲表　　六書音均表二

六書之有諧聲文字之所以日滋也攷周秦有韵之文某聲必在某部至嘖而不可亂故視其偏旁以何字爲聲而知其音在某部易簡而天下之理得也許叔重作說文解字時未有反語但云某聲某聲卽以爲韵書可也自音有變轉同一聲而分散於各部各韵如一某聲而某在厚韵媒腜在灰韵一毐聲而悔晦在隊韵敏在軫韵晦痗在厚韵之類參縒不齊承學多疑之要其始則同諧聲者必同部也三百篇及周秦之文備矣輒爲十七部諧聲偏旁表補古六埶

之散逸類列某聲某聲分繫於各部以繩今韵則本非其部之諧聲而闌入者憭然可攷矣

第一部 陸韵平聲之咍上聲止海去聲志代入聲職德

絲聲 台聲 枲聲 里聲

貍聲 來聲 思聲 其聲

𦣝聲 龜聲 𠩺聲 犛聲

又聲 有聲 尤聲 右聲

而聲 丌聲 辺聲與十三部近別 㞢聲隸作之

事聲 蚩聲 市聲 某聲

才聲 𢦔聲 在聲 母聲

佩聲　久聲　臺聲　式聲
㠯聲隸作以　能聲　矣聲　疑聲
亥聲　郵聲　牛聲　茲聲
玆聲　畐聲　富聲　不聲
丕聲石經作丕　甾聲　𡿧聲　甾聲
⿰食辛聲　司聲　𦣞聲　采聲
友聲　否聲　音聲　宰聲
啚聲　止聲　齒聲　巳聲
己聲　耳聲　士聲　喜聲
寺聲　時聲　史聲　吏聲

負聲 畁聲與十五部畀別 紨聲 戒聲
婦聲 舊聲 乃聲 異聲
北聲 食聲 戠聲 子聲
啚聲 意聲 再聲 葡聲
備聲 直聲 悳聲 圣聲
弋聲 則聲 賊聲 革聲
或聲 或聲 息聲 亟聲
力聲 防聲 棘聲 嗇聲
黑聲 匿聲 畟聲 色聲
塞聲 仄聲 夨聲 𠬝聲

服聲　麥聲　克聲　㝵聲

得聲　伏聲　牧聲　墨聲

皕聲　茍聲與四部苟別

右諧聲偏旁見於今韻他
部內者皆從弟一部轉入

弟二部陸韻平聲蕭宵肴豪上聲篠小巧晧去聲嘯笑效号

毛聲　樂聲　喿聲　巢聲

尞聲　小聲　丿聲　少聲

䙴聲隸作票　麃聲　㬥聲　暴聲二字隸通作暴

夭聲　芺聲　敫聲　卓聲

勞聲　龠聲　翟聲　爵聲
交聲　虐聲　高聲　喬聲
刀聲　召聲　到聲　兆聲
苗聲　䍃聲　要聲　爻聲
肴聲　𡥈聲與三部孝別　教聲　羋聲
糳聲　巢聲　弔聲　堯聲
𩑋聲　盜聲　勺聲　隺聲
弱聲　皃聲　貌聲　梟聲
号聲　號聲　了聲　𠬪聲
皀聲

右諧聲偏旁見於今韵他部內者皆從弟二部轉入

弟三部陸韵平聲尤幽上聲有黝去聲宥幼入聲屋沃燭覺

九聲　厹聲　尻聲　州聲
求聲　流聲　六聲　坴聲
[illegible]聲　休聲　舟聲偏旁石經作月　𢝊聲
憂聲　孚聲　游聲　曹聲
攸聲　條聲　修聲　脩聲
肅聲　尗聲　叔聲　戚聲
夒聲　秋聲　夲聲平同　翏聲

舀聲　髟聲　㚇聲　卯聲
丣聲　畱聲　周聲　矛聲
柔聲　敄聲　包聲　匋聲
焦聲　穛聲　𢎘聲　𠷎聲
壽聲　孚聲　𢆶聲　幽聲
酉聲　酋聲　臭聲　叜聲叟同
牢聲　爪聲　叉聲古文爪　蚤聲
丩聲　收聲　囚聲　秀聲
冃聲　冃聲　冒聲　好聲
報聲　手聲　老聲　牡聲

嗇聲　畕聲　雔聲　帚聲

𦣻聲古文百　百聲　頁聲亦古文百　道聲

守聲　𠂇聲　𠂤聲隸作阜　𨺅聲

缶聲　由聲　宂聲宂散字與八部宂十二部宂別　戊聲

丑聲　丂聲　考聲　保聲

㑒聲古文保　簋聲　劉聲　肘聲

叜聲　棗聲　韭聲　夒聲隸偏旁改同憂

臼聲　咎聲　艸聲　草聲俗作皁

夰聲　昊聲　孝聲　祝聲

鳥聲　谷聲　角聲　族聲

屋聲　獄聲　哭聲　足聲

束聲　欶聲　匊聲　𦥑聲

學聲　竹聲　䈞聲　復聲

肉聲偏旁石經作月　告聲　育聲　毒聲

𠷎聲　賣聲　辱聲　蓐聲

㑨聲古文夙　曲聲　玉聲　奧聲

𠧪聲　㱿聲　蜀聲　木聲

珏聲　彔聲與十四部彖別　𣞤聲　逐聲

菐聲　豖聲與十五部豕別　卜聲　攴聲隸作攵

局聲　夙聲說文作𡖋　鹿聲　𢒉聲

𦏧聲隸作孰　禿聲　目聲

右諧聲偏旁見於今韵他部內者皆從弟三部轉入

弟四部坴韵平聲侯上聲厚厺聲候

婁聲　句聲　朱聲　禺聲

壴聲　尌聲　廚聲　區聲

䖒聲　矦聲　几聲與十五部几別　殳聲

需聲　須聲　俞聲　芻聲

后聲　取聲　冣聲與十五部最別　聚聲

後聲　臾聲　侮聲　口聲

㫗聲　厚聲　付聲　府聲

夲聲　奏聲　丶聲　主聲

斗聲　冓聲　豆聲　具聲

屚聲　寇聲　晝聲　部聲

豎聲　斲聲

右諧聲偏旁見於今韵他

部內者皆從弟四部轉入

弟五部陸韵平聲魚虞模上聲語麌姥去聲御遇暮入聲藥鐸

且聲　沮聲　者聲　奢聲

父聲　甫聲　尃聲與十四部尃别　浦聲

亏聲隸作于　粤聲　荂聲　夸聲

雩聲　瓠聲　夫聲　牙聲

叚聲與十四部段別　豭聲　家聲　車聲

巴聲　吳聲　虍聲　慮聲

盧聲　虘聲　虐聲　古聲

居聲　各聲　洛聲　路聲

瓜聲　烏聲　於聲古文烏　与聲

與聲　卸聲　御聲　亦聲

䠶聲射同　厺聲　亞聲　惡聲

魚聲　⿱魚灬聲　穌聲　舍聲

余聲 涂聲 素聲 眀聲
瞿聲 襾聲 賈聲 𦱳聲俗作莫
庶聲 度聲 席聲 麤聲
巨聲 榘聲 壺聲 奴聲
舁聲 圖聲 乎聲 乍聲
土聲 夕聲 無聲 毋聲
巫聲 石聲 疋聲與三部足別 馬聲
呂聲 鹵聲 下聲 女聲
処聲 羽聲 兆聲 雨聲
五聲 吾聲 亏聲 午聲

許聲　戶聲　雇聲　武聲
鼠聲　黍聲　禹聲　鼓聲
鼓聲　夏聲　宁聲　舄聲
隻聲　蒦聲　旅聲　寡聲
圉聲　蠱聲　若聲　魯聲
虡聲　屰聲　㡿聲隸作斥俗作斥　朔聲
凵聲　兔聲　罜聲　睪聲
擇聲　𧮫聲與三部谷不同　卻聲　𦎫聲與十三部𦎫別
𩫏聲隸作郭　𢦔聲隸作戟　乇聲　⿱竹百聲
⿰羽舀聲　靃聲　炙聲　白聲

帛聲　尺聲　百聲　赤聲
赦聲　赫聲　咢聲說文作㖾　壑聲
㲋聲　䨣聲　霸聲　叒聲
乇聲

右諧聲偏旁見於今韻他
部內者皆從弟五部轉入

弟十六部陸韻平聲蒸登上聲拯等去聲證嶝

瞢聲　夢聲　蠅聲　朋聲
弓聲　曾聲　升聲　䧹聲
灷聲　朕聲　興聲　夌聲

亟聲與十四部互別　㥛聲　丞聲　烝聲

承聲　徵聲　兢聲　厶聲古文厷

厷聲肱同　仌聲隸作冫　登聲　𤼷聲說文作𢍜

椉聲　仍聲　爯聲　稱聲

巹聲　⿱艹登聲

右諧聲偏旁見於今韵他

部內者皆從弟六部轉入

弟七部陸韵平聲侵鹽添上聲寑琰忝去聲沁豔㮇入聲緝葉怗

咸聲　鹹聲　覃聲　林聲

心聲　今聲　念聲　金聲

酓聲　欽聲　歙聲　凡聲
風聲　𢆉聲　南聲　㚔聲與十一部幸別
𠬸聲　男聲　琴聲　彡聲
㝷聲　甚聲　音聲　兂聲
兓聲　朁聲　㑴聲　錦聲
罙聲與十五部突別　壬聲　任聲　品聲
㸒聲與二部䍃別　淫聲　占聲　黏聲
乏聲隸作乏　三聲　參聲　㦰聲
韱聲　巳聲說文作𢎘　氾聲　从聲
兼聲　廉聲　僉聲　閃聲

㐁聲　甛聲　冄聲　㐭聲

稟聲　審聲　弇聲　猒聲

厭聲　咠聲　戢聲　及聲

立聲　溼聲　亼聲　㬎聲

隰聲　合聲　拾聲　邑聲

雥聲　雧聲　入聲　十聲

叶聲　聶聲　習聲　燮聲

龖聲　劦聲　協聲　乏聲

甘聲　𠦃聲

右諧聲偏旁見於今韻他

部內者皆從第七部轉入

第八部 陸韵平聲覃談咸銜嚴凡上聲感敢豏檻儼范去聲勘闞陷鑑釅梵入聲合盍洽狎業乏

凾聲 臽聲 䘖聲 監聲

鹽聲 炎聲 剡聲 熊聲

㷋聲 敢聲 籒文敢字說文作𣪊 厰聲 嚴聲

广聲 詹聲 斬聲 毚聲

甘聲 奄聲 夅聲 欠聲

冘聲 與冘別古冘在三部 妾聲 甲聲 枼聲

涉聲 灋聲 業聲 疌聲

眕聲　巤聲　耴聲與四部取別　夾聲

盇聲　㬎聲　卣聲　籥聲

沓聲　帀聲

右諸聲偏旁見於今韵他
部內者皆從弟八部轉入

弟九部陸韵平聲東冬鍾江上聲董腫講去聲送宋用絳

中聲　躳聲　宮聲　東聲

重聲　童聲　龍聲　公聲

蟲聲　冬聲　夅聲　降聲

隆聲　丰聲　奉聲　夆聲

逢聲　用聲　甬聲　庸聲

从聲　巡聲　囱聲　恖聲

冋聲　農聲　邕聲　雝聲雍同

宋聲　戎聲　封聲　容聲

工聲　巩聲　空聲　送聲

充聲　共聲　雙聲　冡聲

蒙聲　凶聲　匈聲　兇聲

㚇聲　宗聲　崇聲　嵩聲

豐聲　眾聲　尨聲　厖聲

竦聲　冢聲　茸聲

右諧聲偏旁見於今韻他
部內者皆從弟九部轉入

弟十部陸韻平聲陽唐上聲養蕩去聲漾宕

王聲　行聲　衡聲　㞷聲
匡聲　往聲　狂聲　网聲
岡聲　黃聲　廣聲　昜聲
婸聲　陽聲　湯聲　爿聲
𤖯聲　將聲　臧聲　永聲
方聲　放聲　旁聲　皇聲
亢聲　兵聲　光聲　京聲

羊聲　羕聲　𣪘聲　襄聲隸作襄
庚聲　康聲　唐聲　皀聲
鄉聲　卿聲　上聲　畺聲
彊聲　強聲　兄聲　桑聲
爽聲　刅聲與十三部刃別　梁聲　彭聲
央聲　昌聲　囧聲　明聲
㒳聲　兩聲　倉聲　相聲
亯聲隸作亨享　向聲　尚聲　堂聲
象聲　皿聲　孟聲　卬聲
慶聲　丙聲　叓聲　章聲

商聲 亡聲 巟聲 喪聲隸作喪

長聲 良聲隸作良 量聲 羹聲

誩聲 競聲 香聲 弜聲

秉聲 黽聲 亞聲 罔聲

竝聲 亢聲 匚聲

右諧聲偏旁見於今韵他部内者皆從弟十部轉入

弟十一部陸韵平聲庚耕清青上聲梗耿靜迥去聲映諍勁徑

熒聲 丁聲 成聲 亭聲

正聲 生聲 盈聲 鳴聲

殸聲籀文磬　壬聲與七部壬別　廷聲　呈聲

戜聲　戴聲　青聲　鼎聲

名聲　平聲　寍聲　寧聲

甯聲　嬰聲　甹聲　敬聲

冖聲　冥聲　鼏聲　爭聲

頃聲　幵聲　并聲　貞聲

霝聲　巠聲　井聲　耿聲

冂聲古文作冋　鼏聲　㚔聲隸作幸　晶聲

省聲

右諧聲偏旁見於今韵他部

内者皆從弟十一部轉入

弟十二部陸韵平聲眞臻先上聲軫銑去聲震霰入聲質櫛屑

秦聲	卂聲	人聲	儿聲古文奇字人
粦聲	瀕聲	寅聲	丏聲
𡧍聲	賓聲	幵聲	身聲
旬聲	粤聲	信聲	辛聲
亲聲	新聲	令聲	天聲
田聲	千聲	年聲	因聲
命聲	申聲	陳聲	電聲
仁聲	眞聲	顚聲	佞聲

匀聲　訇聲　筍聲　閵聲
進聲　扁聲　臣聲　臤聲
賢聲　堅聲　辡聲　弦聲
𪋻聲　民聲　𦘔聲　𠧪聲
𩫖聲見一先　㚔聲　引聲　矜聲
𩫖聲見二十一震　八聲　𠓗聲　穴聲
匹聲　必聲　宓聲　瑟聲
𥁕聲　朁聲从白與五部皆別今作替　實聲　吉聲
壹聲　頡聲　質聲　七聲
壼聲　卪聲隸省𠨍　即聲　節聲

日聲　疾聲　臬聲　桼聲

漆聲　至聲　室聲　畢聲

一聲　乙聲　血聲　徹聲

逸聲　印聲　𠨚聲隸作抑　失聲

𠛱聲隸作別

右諧聲偏旁見於今韵他部內者皆從弟十二部轉入

弟十三部陸韵平聲諄文欣魂痕上聲準吻隱混很去聲稕問焮慁恨

先聲　辰聲　晨聲　昏聲

囷聲　稟聲　屯聲　春聲

門聲　般聲　分聲　釁聲
虋聲　𥃩聲今作民　西聲　垔聲
免聲　昬聲不从民　孫聲　奔聲
賁聲　君聲　員聲　𦋐聲
鰥聲　昆聲　𦎫聲　𢾾聲隸作敦
璊聲　川聲　雲聲　云聲
存聲　巾聲　侖聲　堇聲
壼聲　文聲　彣聲　吝聲
閔聲　豩聲　豳聲　軍聲
斤聲　刃聲　典聲　𥁕聲

昷聲　縕聲　亹聲　熏聲
焚聲　彬聲　豚聲　盾聲
㐱聲　舛聲　粦聲　飧聲
寸聲　筋聲　䖵聲　𢑚聲
㥯聲　隱聲　乚聲　圂聲
櫜聲

右諧聲偏旁見於今韵他部
內者皆從弟十三部轉入

弟十四部　陸韵平聲元寒桓刪山仙上聲阮旱緩潸産獮去聲願翰換諫襇線

叀聲　專聲　袁聲　睘聲

釆聲與一部釆別　𢍏聲　卷聲　𢀩聲
巺聲　厂聲　屵聲　彥聲
雁聲　鴈聲　旦聲　半聲
䇂聲　言聲　泉聲　邍聲
歎聲　難聲　厵聲原同　䜌聲
官聲　㠭聲　𧟟聲　展聲
卵聲　爰聲　反聲　閞聲
亘聲隸作亘　宣聲　桓聲　見聲
連聲　萈聲　寬聲　丱聲張參曰說文以爲古卵字
𤔔聲　䙴聲隸作䙴　夗聲　宛聲

𡿨聲篆文作甽　干聲　岸聲　旱聲
罕聲　妟聲　宴聲　匽聲
安聲　晏聲　㫃聲　倝聲
𣦼聲　亶聲　曼聲　柬聲
闌聲　蘭聲　卵聲　雚聲
單聲　患聲　奐聲　𡕒聲
肩聲　弁聲覍同　田聲　貫聲
番聲　潘聲　𤔔聲　閑聲
廛聲　丹聲　焉聲　肰聲
縣聲　然聲　元聲　完聲

冠聲 肙聲 山聲 戔聲
衍聲 憲聲 㪔聲 散聲
潸聲 棥聲 樊聲 延聲
鬳聲 獻聲 㳄聲與十五部次別 羨聲
緐聲 耑聲 段聲 燕聲
丸聲 虔聲 ⿱艹犇聲 鮮聲
爨聲 𠔉聲隸作龹 ⿱宀⿱㠭廾聲隸作寒 褰聲
姦聲 面聲 般聲 煩聲
贊聲 祘聲 彖聲 筭聲
㕣聲與九部公別 沿聲 袁聲 班聲

建聲　筭聲　華聲　犬聲

刪聲　片聲　雋聲與十六部雟別　㚘聲

允聲　夋聲　㒼聲　㝵聲

[illegible]聲誤从瓦　斷聲

右諧聲偏旁見於今韻他部

內者皆從弟十四部轉入

弟十五部陸韻平聲脂微齊皆灰上聲旨尾薺駭賄去聲至未霽祭泰怪夬隊廢入聲術物迄月沒曷末黠鎋薛

妻聲　飛聲　皆聲　𠂤聲

師聲　歸聲　厶聲與六部厶別　私聲

夊聲 衣聲 鬼聲 嵬聲

甶聲 貴聲 畾聲 眔聲

褱聲 綏聲 枚聲 几聲

禾聲與十七部禾別 示聲 視聲 祁聲

殺聲 發聲 豈聲 微聲

非聲 囗聲與四部口別 韋聲 幾聲

隹聲 崔聲 唯聲 隼聲同鵻

夷聲 匕聲 尼聲 旨聲

稽聲 耆聲 脊聲 屍聲

犀聲 虫聲 屖聲 眉聲

畏聲　希聲　氐聲與十六部氏別　底聲

厎聲　雈聲　黹聲　夂聲

師聲　威聲　癸聲　比聲

皀聲　米聲　㡀聲　臯聲

罪聲　伊聲　委聲　回聲

囘聲古文回　尸聲　次聲　戾聲

利聲　𥝢聲古文利　黎聲　毇聲

毀聲　尒聲　爾聲　镾聲

豊聲與九部豐別　𡕒聲　弟聲　朿聲

美聲　耒聲　此聲　火聲

水聲　矢聲　兕聲　二聲
屖聲　肄聲　棄聲　桼聲
𢷎聲　兒聲　气聲　旡聲
既聲　㤅聲　愛聲　胃聲
吠聲　四聲　豕聲　豙聲
季聲　采聲　惠聲　卒聲
未聲　巿聲與一部市別　位聲　率聲
市聲　𢓴聲古文作退　出聲　隶聲
彗聲　慧聲　凷聲　尉聲
犮聲　對聲　頪聲　類聲

內聲 孛聲 貝聲 乂聲

砅聲 蠆聲 厲聲 匃聲

曷聲 卨聲 䡣聲 丯聲

㓞聲 契聲 害聲 折聲

晢聲 帶聲 戌聲 歲聲

薉聲 外聲 世聲 貰聲

欮聲 厥聲 烕聲 祭聲

医聲 殹聲 𡿪聲 列聲

大聲 介聲籒文大 癹聲 發聲

伐聲 乀聲 戉聲 亅聲

叕聲　寽聲　氒聲　昏聲隸作舌

聐聲　屮聲　𡴀聲　辥聲

薛聲　𡗕聲　獻聲　讞聲

桀聲　羍聲與七部羍十一部羍別　達聲　月聲

舌聲口舌字从干　最聲　奪聲　𢧵聲

秫聲　聿聲　律聲　弗聲

旻聲　乙聲　系聲　衰聲

妃聲　配聲　肥聲　兀聲

自聲　臬聲　白聲亦白字與五部白別　𦤎聲

朮聲秫省作朮　曳聲　刺聲隸作制　鼻聲

𠬛聲 祟聲 叡聲 㕡聲

竁聲 末聲 叏聲 勿聲

𢻹聲 器聲 埶聲與七部執別 術聲

敝聲 彑聲 㕯聲 薛聲

盇聲 繼聲 會聲 巜聲

杀聲 殺聲 介聲 甶聲

畀聲从丌 首聲 剌聲與十六部刺別 賴聲

骨聲 去聲 突聲 乙聲與十二部乚別

曰聲與十二部日別 乾聲 曶聲 址聲

𠟭聲籀文銳 厥聲 鬱聲 希聲

毳聲　歺聲　摯聲

右諧聲偏旁見於今韵他部
内者皆從弟十五部轉入

弟十六部 陸韵平聲支佳上聲紙蟹去聲寘卦入聲陌麥昔錫

支聲　巂聲　知聲　是聲

智聲　卑聲　斯聲　乁聲

氏聲　祇聲　疧聲　厂聲

虒聲　圭聲　佳聲　巵聲

奚聲　兒聲　規聲　䳏聲

䖵聲　彖聲與十四部彖別　蠡聲从彖非　厶聲

系聲 𠃊聲（與十部𠃊別） 豸聲 麗聲

危聲 兮聲 只聲 虒聲

益聲 蠲聲 帝聲 啻聲（隸作啇與十部啇別）

適聲 易聲 析聲 晳聲

朿聲（與三部朿別） 策聲 𨒪聲（籒文迹） 責聲（隸作責）

刺聲 辟聲 鬲聲 𩰲聲

鷊聲 脊聲 狊聲（與三部臭別） 鶪聲

解聲 厄聲 戹聲 狄聲

迹聲 秝聲 厤聲 歷聲

役聲 鬩聲 畫聲 𠂢聲

派聲　冊聲　毄聲　繫聲

系聲　𢇍聲　買聲

右諧聲偏旁見於今韵他部

內者皆從第十六部轉入

第十七部陸韵平聲歌戈麻上聲哿果馬去聲箇過禡

它聲　沱聲　佗聲　冎聲

咼聲　過聲　哥聲　爲聲

皮聲　丂聲　可聲　何聲

离聲　離聲　也聲　地聲

施聲　池聲　義聲　儀聲

羲聲　加聲　嘉聲　多聲
宐聲　奇聲　猗聲　差聲
麻聲　靡聲　我聲　羅聲
罹聲　詈聲　罷聲　羆聲
𠂹聲　𡍮聲　匕聲與十五部匕別　化聲
吹聲　𠂇聲　左聲　沙聲
瓦聲　隓聲　隋聲　墮聲
遀聲　坐聲　禾聲　和聲
龢聲　果聲　祼聲　朵聲
萑聲　貨聲　瑣聲　惢聲

臥聲　戈聲　嬴聲　牛聲

鬲聲同䰙

右諧聲偏旁見於今韵他部

內者皆從弟十七部轉入

右十七部諧聲凡不可知者及疑似不明者缺之不

以會意淆不以漢後音韵惑溯洄沿流什得其八九

矣

凡四千六百零一字

表二終

古十七部合用類分表　　六書音均表三

今韵二百六部始東終乏以古韵分之得十有七部循其條理以之咍職德爲建首蕭宵肴豪音近之故次之幽尤屋沃燭覺音近蕭故次之矦音近尤故次之魚虞模藥鐸音近矦故次之是爲一類蒸登音亦近之故次之侵鹽添緝葉怗音近蒸故次之覃談咸銜嚴凡合盍洽狎業乏之音近侵故次之是爲一類之二類者古亦交互合用東冬鍾江音與二類近故次之陽唐音近冬鍾故次之庚耕清青音近陽故次之是爲一類眞臻先質櫛屑音近耕清故次之諄文欣

魂痕音近眞故次之元寒桓刪山仙音近諄故次之是爲一類脂微齊皆灰術物迄月沒曷末黠鎋薛音近諄元二部故次之支佳陌麥昔錫音近脂故次之歌戈麻音近支故次之是爲一類易大傳曰方以類聚物以羣分是之謂矣學者誠以是求之可以觀古音分合之理可以求今韵轉移不同之故可以綜古經傳假借轉注之用可以通五方言語淸濁輕重之不齊輒依其類表於左

弟一類

弟一部

平聲之咍上聲止海

去聲志代入聲職德

弟二類

弟二部

平聲蕭宵肴豪上聲篠小巧晧去聲嘯笑效号

弟三部

平聲尤幽上聲有黝去聲宥幼入聲屋沃燭覺

弟四部

平聲矦上聲厚去聲候

弟五部

平聲魚虞模上聲語麌姥去聲御遇暮入聲藥鐸

第三類

第六部 平聲蒸登上聲拯等去聲證嶝

第七部 平聲侵鹽添上聲寑琰忝去聲沁豔㮇入聲緝葉怗

第八部 平聲覃談咸銜嚴凡上聲感敢豏檻儼范去聲勘闞陷鑑釅梵入聲合盍洽狎業乏

第四類

第九部 平聲東冬鍾江上聲董腫講去聲送宋用絳

第十部 平聲陽唐上聲養蕩去聲漾宕

第十一部 平聲庚耕清青上聲梗耿靜迥去聲映諍勁徑

第五類

第十二部 平聲眞臻先上聲軫銑去聲震霰入聲質櫛屑

第十三部 平聲諄文欣魂痕上聲準吻隱混很去聲稕問焮慁恨

第十四部 平聲元寒桓刪山仙上聲阮旱緩潸産獮去聲願翰換諫襇線

第六類

第十五部 平聲脂微齊皆灰上聲旨尾薺駭賄去聲至未霽祭泰怪夬隊廢入聲術物迄月沒曷末黠鎋薛

第十六部 平聲支佳上聲紙蟹去聲寘卦入聲陌麥昔錫

第十七部 平聲歌戈麻上聲哿果馬去聲箇過禡

古合韵說

古本音與今韵異是無合韵之說乎曰有聲音之道同源異派弇侈互輸協靈通氣移轉便捷分爲十七而無不合不知有合韵則或以爲無韵如顧氏於谷風之嵬萎怨思齊之造士抑之告則瞻卬之鞏後易象傳之文炳文蔚順以從君是也或指爲方音顧氏於毛詩小戎之參與中韵七月之陰與沖韵公劉之飲與宗韵小戎之音與膺弓滕興韵大明之興與林心韵易屯象傳之民與正韵臨象傳之命與正韵離騷之名與均韵是也或以爲學古之誤江氏於離騷

之同調是也或改字以就韵如毛詩匏有苦葉改軓爲軌以韵牡無將大車改疷爲痻以韵塵劉原甫欲改烝也無戎之戎爲戍以韵務是也或改本音以就韵如毛詩新臺之鮮顧氏謂古音徙小雅杕杜之近顧氏謂古音悸是也其失也誣矣

古合韵次弟近遠說

合韵以十七部次弟分爲六類求之同類爲近異類爲遠非同類而次弟相附爲近次弟相隔爲遠

古異平同入說

入爲平委平音十七入音不能具也故異平而同入

職德二韵爲弟一部之入聲而弟二部弟六部之入音卽此也屋沃燭覺爲弟三部之入聲而弟四部及弟九部之入音卽此也藥鐸爲弟五部之入聲而弟十部之入音卽此也質櫛屑爲弟十二部之入聲亦卽弟十一部之入音術物迄月沒曷末黠鎋薛爲弟十五部之入聲亦卽弟十三部弟十四部之入音陌麥昔錫爲弟十六部之入聲而弟十七部之入音卽此也合韵之樞紐於此可求矣

一弟二部與弟一部同入說

弟二部與弟一部合用最近毛詩儦儦俟俟韓詩作

駓駓騃騃說文作伾伾俟俟儦在弟二部駓伾在弟一部也史記太史公自序幽厲昏亂既喪酆鎬陵遲至赧洛邑不祀祀在弟一部鎬在弟二部合韵也漢書序傳元后娠母月精見表遭成之逸政自諸舅陽平作威誅加卿宰母宰弟一部表弟二部舅弟三部合韵也弟二部入音同弟一部如太史公自序子羽暴虐漢行功德以弟二部之虐合韵弟一部之德讀如匿上林賦以弟二部之約弱削皪藐字合韵弟一部之飾服郁側字約讀如薏削讀如息弱讀如食皪讀如力藐讀如墨此其同入之證也古音多斂自音

後變爲肴豪韵鮮能知其入音矣

弟六部與弟一部同入說

弟六部與弟一部合用最近其入音同弟一部如得來之爲登來螟蟘之爲螟螣得蟘在弟一部登螣在弟六部也陸韵以職德配蒸登非無見矣

弟四部與弟三部同入說

弟四部與弟三部合用最近其入音同弟三部

弟九部與弟三部同入說

弟九部入音同弟三部故陸韵以屋沃燭覺配東冬鍾江也

弟十部與弟五部同入說

弟十部入音同弟五部故陸韵以藥鐸配陽唐也

弟十一部與弟十二部同入說

弟十一部與弟十二部合用最近其入音同弟十二部如今文尚書辨秩史記作平程屈賦九章亦以程韵匹叉儀禮古文鼏皆爲密今文尚書惟荆之謐哉史記作惟荆之靜程鼏靜在弟十一部秩匹密謐在弟十二部也陸韵以陌麥錫昔配庚耕淸靑於音理未審

弟十三部弟十四部與弟十五部同入說

弟十三部弟十四部與弟十五部合用最近其入音同十五部如黽勉爲蠠沒亦爲蜜勿𩴣𩴣爲壹鬱勉𩴣弟十三部沒勿鬱弟十五部也毛詩以按徂旅孟子作以遏徂莒呂荆其罰百鍰史記作其罰百率按鍰弟十四部遏率弟十五部也

弟十七部與弟十六部同入說

弟十七部與弟十六部合用最近其入音同弟十六部

古諧聲偏旁分部互用說

諧聲偏旁分別部居如前表所列矣閒有不合者如

裘字求聲而在第一部朝字舟聲而在第二部牡字土聲而在第三部侮字每聲而在第四部股字殳聲而在第五部仍字乃聲而在第六部參字彡聲而在第七部葉字世聲而在第八部送字𠊱聲而在第九部彭字彡聲而在第十部嬴字𣎆聲而在第十一部矜字今聲而在第十二部存字才聲而在第十三部憲字害省聲而在第十四部徹字隺聲而在第十五部狄字亦省聲而在第十六部𨙸字拜聲而在第十七部此類甚多即合韵之理也

古一字異體說

凡一字異體者卽可徵合韵之條理以弟十六部言之鶂或爲鷊逖古爲逷兒聲鬲聲狄聲易聲同在本部也芰或爲茤鬄或爲髢舓或爲䑛輗或爲⿰車宜弛或爲⿰弓虒支聲易聲兒聲虒聲在十六部多聲也聲宜聲在十七部此可見次弟相近合用之理鷊或爲⿰赤鳥說本相如速改爲迹起於李斯鬲聲朿聲在十六部赤聲亦聲在弟五部此可見次弟相遠合用之理他部皆準此求之

古異部假借轉注說

古六書假借以音爲主同音相代也轉注以義爲主

同義互訓也作字之始有音而後有字義不外乎音故轉注亦主音假借取諸同部者多取諸異部者少轉注取諸同部異部者各半十七部爲假借轉注之維綱學者必知十七部之分然後可以知十七部之合知其分知其合然後可以盡求古經傳之假借轉注而無疑義異部假借如常棣借務爲侮大田借螣爲蟘文王有聲借減爲洫雨無正借荅爲對之類異部轉注如愛隱也曾重也蒸塵也之類方言如萌蘖之蘖秦晉之閒曰肄水火之火齊言曰㷄此同部轉注假借之理也如關西曰迎關東曰逆荊郊之鄙謂淫曰遙齊魯之閒鮮聲近斯趙魏之東

實寔同聲此異部合韵之理也

六書說

文字起於聲音六書不外謠俗六書以象形指事會意爲形以諧聲轉注假借爲聲又以象形指事會意諧聲爲形以轉注假借爲聲又以象形指事會意諧聲轉注假借爲形以十七部爲聲六書猶五音十七部猶六律不以六律不能正五音不以十七部不能分別象形指事會意諧聲四者文字之聲韵鴻殺而得其轉注假借故十七部曰音均均者勻也徧也一部之內其音勻圓如一也均韵古今字轉注異字同

義假借異義同字其源皆在音均說文解字者象形指事會意諧聲之書也爾雅廣雅方言釋名者轉注假借之書也陸灋言切韵爲音韵之書然古十七部藏蘊未悟不可以通古經傳之文今特表而出之箸其分合周秦漢人詁訓之精微後代反語雙聲疊韵音紐字母之學胥一以貫之矣

凡二千七百七十八字

詩經韵分十七部表　　六書音均表四

十七部之分於詩經及羣經導其源派也諦觀毛詩用韵弟一部弟十五部弟十六部之分弟二弟三弟四弟五部之分弟十二弟十三弟十四部之分以及入聲之分配皆顯然不辨而自明孟子曰博學而詳說之將以反說約也宋蘇氏之言曰參伍錯綜八面受敵沛然應之而莫禦焉顧氏詩本音江氏古韵標準雖以三百篇爲據依未取三百篇之文部分而彙譜之也玉裁紬繹有年依其類爲之表因其自然無所矯拂俾學者讀之知周秦韵與今韵異凡與今韵

異部者古本音也其於古本音有齟齬不合者古合韵也本音之謹嚴如唐宋人守官韵合韵之通變如唐宋詩用通韵不以本音蔑合韵不以合韵惑本音三代之韵昭昭矣凡本音鐵其字之旁以識之△凡合韵規其字之外以識之○

弟一部 陸韵平聲之咍上聲止海厺聲志代入聲職德

絲治訧 邶綠衣三章 霾來來思 終風二章 思來 雄雉三章 淇思姬謀 泉水一章 異貽 靜女三章 尤思之 鄘載馳四章○此篇分章從朱 蚩絲絲謀淇丘期媒期 衛氓一章 思哉 六章 淇思之 竹竿一章 期哉塒來思 王君子于役一章 佩思來 鄭子衿二章

鋂偲齊盧令三章　哉其之之思哉其之之思魏園有桃一二章

期之秦小戎二章　梅裘哉終南一章　思佩渭陽二章　梅絲

騏曹鳲鳩二章　貍裘豳七月四章　騏絲謀小雅皇皇者華三章

疚來采薇三章　來疚杕杜四章　來又南有嘉魚四章　臺萊基期

南山有臺一章　來期思白駒三章　時謀萊矣十月之交五章　(膴)謀

小旻五章　箕謀巷伯二章　丘詩之七章　來疚大東二章　裘試

四章　梅尤四月四章　期時來頍弁二章　能又時賓之初筵二章

(呶)僛郵四章　牛哉黍苗二章　(膴)飴謀龜時茲大雅緜三章

絲基抑九章　富時疚茲召旻五章　牛右周頌我將　之思哉

茲敬之　紑(俅)基牛鼒絲衣　駓伾騏伾期才魯頌駉二章　○以

上平聲

采友〇周南關雎四章〇此分章從鄭　否母葛覃三章　苢采苢有芣苢一章

苢苢二章三章同　趾子麟之趾一章　沚事召南采蘩一章　子子

子殷其靁一二三章　汜以以悔江有汜一章　矣李子何彼襛矣二章

裏已邶綠衣一章　子否否友匏有苦葉四章　沚以谷風三章

久以旄丘二章　子耳四章　齒止止俟鄘相鼠二章　右母衛竹

竿二章〇從唐石經遠兄弟父母今本誤爲遠父母兄弟則非韵　背痗伯兮四章　李

玖木瓜三章　涘母母有王葛藟二章　李子子玖丘中有麻三章

子里杞母鄭將仲子一章　洧士褰裳二章　晦已子喜風雨三章

畝母齊南山三章　子已止魏陟岵一章　屺母二章　食食唐有杕之

社一二章　采已涘右沚秦蒹葭三章　鯉子陳衡門三章　已矣
墓門一章　耜趾子畝喜豳七月一章　止杞母小雅四牡四章　杞
母杕杜三章　鯉有魚麗三章　有時六章　杞李子母子已南山
有臺三章　載喜右彤弓二章　沚喜菁菁者莪二章　里子六月二章
喜祉久友鯉矣友六章　芑畝試采芑一章　止試三章　有
俟友右子吉日三章　海止友母沔水一章　士止祈父二章　仕
子已殆仕節南山四章　士宰史氏十月之交四章　里痗八章
仕殆使子使友雨無正六章　止否小旻五章　克富又小宛二章
采負似三章　梓止母裏在小弁三章　祉已巧言二章　恥久
恃蓼莪三章　子子子子大東四章　紀仕有四月六章　杞子事

母北山一章　止起楚茨五章　理畝信南山一章　畝耔薿止士
甫田一章　止子畝喜右否畝有敏三章　戒事耜畝大田一章
止子畝喜四章　右有有似裳裳者華四章　友喜車舝一章　否
史恥怠賓之初筵五章　識又同上　食誨載食誨載食誨載
緜蠻一二三章　時右大雅文王一章　已子二章　止子四章　涘止子
大明四章　止右理畝事緜四章　母婦思齊一章　㊟造士五章
悔祉子皇矣四章　芑仕子文王有聲八章　祀子敏止生民一章
祀子二章　字翼三章　秠芑秠畝芑負祀六章　時祀悔
八章　時子既醉五章　士士子八章　紀友士子假樂四章　里
有公劉六章　饎子母泂酌一章　止士使子卷阿七章　式止晦

蕩五章　時舊七章　友子抑六章　李子八章　否事耳子
十章　子止悔十二章　里喜能忌桑柔十章　紀宰氏右止
里雲漢七章　事式崧高二章　子里韓奕四章　理海江漢三章　子
似祉四章　子巳六章　誨寺瞻卬三章　倍事四章　富忌五章
茂止召旻四章　里里舊七章　鮪鯉祀福周頌潛　祀子
雝　祉母同上　以婦士耜畝載芟　耜畝良耜　始有
子魯頌有駜三章　子耳閟宮三章　熾富背試五章○此篇分章從朱
喜母士有祉齒八章　有始子商頌元鳥　里止海同上　子
士長發七章○以上上聲
得服側周南關雎三章　革緎食召南羔羊二章　側息殷其靁二章

側特忒鄘柏舟二章　麥北弋桑中二章　麥極載馳四章　極德
衛氓四章　側服有狐三章　麥國國食王丘中有麻二章　飾力直
鄭羔裘二章　食息狡童二章　克得得極齊南山四章　棘服魏葛
屨一章　棘食國極園有桃二章　輻側直億特食伐檀二章
麥德國國直碩鼠二章　翼棘稷食極唐鴇羽二章　棘域息
葛生二章　棘息息特秦黃鳥一章　翼服息曹蜉蝣二章　翼服
候人二章　棘忒忒國鳲鳩三章　繆麥豳七月六章　克得伐柯一章
福食德小雅天保五章　翼服戒棘采薇五章　牧來載棘出車
一章　棘德湛露三章　飭服急國六月一章　則服二章　翼服服
國三章　翼奭服革采芑二章　菑特富異我行其野三章　翼棘

革斯干四章　特克則得力正月七章　輻載意九章　德國雨無
正一章　蜮得極側何人斯八章　食北卷伯六章　德極蓼莪四章
載息大東三章　來服四章　息國北山四章　息直福小明五章
棘稷翼億食祀侑福楚茨一章　祀食福式稷敕極億四章
備戒告五章　翼彧穡食信南山三章　螣賊大田二章　祀
黑稷祀福四章　翼福鴛鴦二章　棘極國青蠅二章　福德賓之
初筵四章　息暱極菀柳一章　側極緜蠻三章　翼國大雅文王三章
億服四章　德福七章　翼福國大明三章　直載翼緜五章
載備祀福旱麓四章　德色革則皇矣七章　亟來囿伏靈臺二章
式則下武三章　德服四章　北服文王有聲六章　匐嶷食生民四章

背翼福行葦八章此分章從鄭○德福既醉一章子德假樂一章

福億二章翼德翼則卷阿九章息國極慝德民勞三章克

服德力蕩三章國德德側四章告則抑二章賊則八章

國忒德棘十二章穡食桑柔六章賊國力七章極背

克力十五章德直國崧高八章則德烝民一章德則色翼

式力二章棘極江漢三章德國六章戒國常武一章翼克

國五章塞來六章忒背極慝識織瞻卬三章稷極周頌思文

德則魯頌泮水四章德服馘五章稷福穋麥國穡閟宮一章

忒稷三章國福商頌殷武四章翼極五章○以上入聲

古本音

訧尤聲在此部詩綠衣一見今入尤尤尤聲在此部詩載馳四月二見周易六見今入尤郵郵聲在此部詩賓之初筵一見今入尤謀某聲在此部詩泉水氓皇皇者華巷伯緜五見左傳三見今入尤丘丘聲在此部詩氓巷伯二見左傳一見戰國策齊謠輿箕頤能韵今入尤裘裘聲在此部詩終南七月大東三見左傳一見學記一見今入尤疚久聲在此部詩采薇杕杜大東召旻四見今入宥又又聲在此部詩南有嘉魚小宛賓之初筵四見今入宥牛牛聲在此部詩黍苗我將絲衣三見易一見屈賦二見今入尤龜龜聲在此部詩緜一見易頤初九與頤韵漢褚少孫所引古傳下有靈龜與上有兔絲韵今入尤始見於史記龜策傳班固幽通賦李尤辟雍賦宋讀曲歌紑不聲在此部詩絲衣一見今入尤富畐聲在此部詩我行其野小宛瞻卬召旻閟宮五見易三見今入宥友友聲在此部詩關雎匏有苦葉六月吉日沔水雨無正車舝假樂抑九見左傳閔二年與右韵屈賦橘頌與理韵今入有否否聲在此部詩葛覃匏有苦葉小旻甫田賓之初筵抑七見易二見今入有有又聲在此部詩芣苢葛藟魚麗吉日四月甫田裳裳者華公劉有駜閟宮元鳥十二見屈賦一見今入有右右聲在此部詩竹竿蒹葭彤弓吉日甫田裳裳者華文王緜雲漢我將十見左傳一見今入有宥玖久聲在此部詩木瓜丘中有麻二見說文云讀若芑今入有久久聲在此部詩旄丘六月蓼莪三見

易二見今入有

負 負聲在此部詩小宛生民二見周書金縢丕子之責史記作負子古負音近丕今入有

婦 婦聲在此部詩思齊載芟二見屈賦一見今入有

秠 丕聲在此部詩生民二見今入有

侑 有聲在此部詩楚茨一見今入宥

舊 舊聲在此部詩蓼召旻二見今入宥

服 艮聲在此部詩關雎有狐葛屨蜉蝣候人采薇六月采芑大東文王下武文王有聲蕩泮水十六見易四見士冠禮三見公冠篇一見武王踐祚篇一見爾雅釋訓一見今入屋

輻 畐聲在此部詩伐檀正月二見今入屋

福 畐聲在此部詩天保小明楚茨大田鴛鴦賓之初筵文王大明旱麓行葦既醉假樂潛閟宮殷武十四見易五見士冠禮一見公冠篇一見考功記梓人一見爾雅釋訓一見今入屋

牧 牧聲在此部詩出車一見易一見屈賦一見今入屋

彧 或聲在此部詩信南山一見公冠篇與祿服德福極韵今入屋

囿 有聲在此部詩靈臺一見讀如弋司馬相如封禪文與喜韵張衡東京賦與事備韵讀如以今入宥韵屋韵葢昉於景差大招劉向九歎

伏 伏聲在此部詩靈臺一見易一見今入屋

葍 畐聲在此部詩我行其野一見今入屋

匐 畐聲在此部詩生民一見今兼入屋

祐 右聲在此部易二見今入宥

○**母** 毋聲在此部詩葛覃竹竿葛藟將仲子南山陟岵四牡杕杜南山有臺河水小弁蓼莪北山思齊泂酌雝閟宮十七見今入厚

畞 本作畮每聲在此部詩南山七月采芑信南山甫田大田緜生民載芟良耜十二見今入

厚○能㠯聲在此部詩賓之初筵一見易二見今兼入登等○敏每聲在此部詩甫田生民二見今入軫䀛匿聲在此部詩菀桺一見今入質○霾貍聲在此部詩終風一見今入皆始見於顏延之和謝靈運一首韵迷萋泥淮偕懷等字鋂每聲在此部詩盧令一見今入灰媒某聲在此部詩緜一見屈賦二見今入灰梅每聲在此部詩終南鳲鳩四月三見今入灰龜龜聲在此部今又入脂始見於曹植七啓與歸機飛韵駓丕聲在此部詩駉一見招魂與釐牛災韵今入脂伾丕聲在此部詩駉一見今入脂否否聲在此部今又入旨悔每聲在此部詩江有汜皇矣生民抑四見屈賦二見今入賄入隊洧有聲在此部詩褰裳一見今入旨晦每聲在此部詩風雨蕩二見今入賄入隊秠丕聲在此部今又入脂入旨鮪有聲在此部詩潛一見今入旨佩佩聲在此部詩子衿渭陽二見屈賦四見今入隊痗每聲在此部詩伯兮十月之交二見今入隊戒戒聲在此部詩采薇楚茨大田常武四見易一見屈賦二見秦泰山刻石文與治誨志事嗣韵今入怪背北聲在此部詩伯兮行葦桑柔瞻卬閟宮五見今入隊誨每聲在此部詩緜蠻瞻卬四見左傳一見秦泰山刻石文與治志事嗣戒韵今入隊每母聲在此部左傳僖二十八年與謀韵今入灰鄙啚聲在此部屈賦一見今入旨怪圣聲在此部屈賦二見今入怪

九百二十五　表四

䩉貍聲在此部左傳一見今入皆　備葡聲在此部詩楚茨旱麓二見易一見屈賦一見今入至　憊備聲在此部易二見今入怪

○革革聲在此部詩羔羊采芑斯干皇矣四見易三見秦琅邪臺刻石文與得極福殖賊式韵今入麥　麥麥聲在此部詩桑中載馳丘中有麻碩鼠閟宮五見今入麥　馘或聲在此部詩泮水一見今入麥

古合韵

俅本音在第三部絲衣以韵紑基牛鼒　造本音在第三部乾象傳與道咎(久)首韵是也思齊以韵士此正古合韵而顧氏云無韵矣考古弟一部與弟三部合用不可枚數如老子持而盈之節已保守咎道爲韵屈原惜往日佩好代意爲韵遠遊疑浮爲韵賈誼鵩鳥賦憂疑爲韵班彪北征賦憂嶲灾爲韵班婕妤自悼賦以時思詩郵茲滋灾期韵周求幽流休又以綦期之韵流憂浮休曹全碑以首韵里紀市圮皆之咍與尤幽合韵而支脂二部合尤幽者絕少是以之咍部內字多轉入於尤韵而支脂二部內字未嘗轉入於尤韵知古合韵即音轉之權輿也顧氏之與脂與支三部尤與蕭二部皆混合不分於思齊之造士召旻之茂止七月之穋麥抑之告則楚茨之備戒告皆不得其韵於漢人合用皆指爲混讀以爲誤之最多者無若班婕妤自悼賦惉惟不知其分又以不知其合矣　茂本音在弟三部詩五見召旻以韵止正古合韵而顧氏亦云無

韵

告本音在弟三部入聲詩四見楚茨以韵備戒抑以韵則爾雅釋訓以韵忒食則慝正古合韵顧氏於抑二章則云無韵於楚茨五章則以備戒位爲韵不知備戒字今韵在弟十五部古韵在弟一部弟一部與弟三部音近是以備戒與告合韵位字古今音皆在弟十五部與弟一部備戒字次第相遠而少通矣

穋本音在弟三部七月以韵麥閾宮以韵稷福麥國稿讀如力

祿本音在弟三部公冠篇以韵彧服德極讀如力

毒本音在弟三部爾雅釋訓以韵德忒食讀如極

鞠本音在弟三部爾雅釋訓以韵慝職匿賦懷沙以韵默讀如亟

○膴本音在弟五部小旻以韵謀膴以韵飴謀龜時茲古合韵也韓詩小旻作民雖靡膴膴作周原膴膴則用本韵而非合韵

呶本音在弟五部賓之初筵以韵僛郵讀如疑

○螣本音在弟六部音螣大田假借爲蟘字以韵賊此合韵也說文引詩作去其螟蟘則在本韻

○急本音在弟七部六月以韵飭服熾國爾雅釋訓以韵福極德直力服息讀如亟

○用本音在弟九部易剝象傳以韵災尤載豐象傳以韵災志事讀如以亦古合韵

○節本音在弟十二部離騷合韵服字讀如側此今韵即唧字入職韵之所因也

○世本音在弟十五部讒鼎銘且顯爲韵世息合韵錢辛楣詹事說

出本音在弟十五部屈賦思美人合韵佩異態萩

沬本音在弟十五部離騷合韵茲字

○氏本音在弟十六部十月之交以韵士宰史雲漢以韵紀宰右止里亦古合韵也荀子寶珍隨珠

七百三十五 表四 八

不知俾兮俾亦弟十六部字而以韵異媒之亦弟一部與弟十六部合韵

弟二部 陸韵平聲蕭宵肴豪上聲篠小巧晧去聲嘯笑效号

芼樂 周南關雎五章 藻潦 召南采蘋一章 悄小少摽 邶柏舟四章 旄郊
暴笑敖悼 終風一章 夭勞 凱風一章 籥翟爵 簡兮三章
鄘干旄一章 綽較謔虐 衛淇奧三章 敖郊驕鑣朝勞 碩人四章
勞朝暴笑悼 氓五章 刀朝 河廣二章 桃瑤 木瓜二章 苗
搖 王黍離一章 樂樂 君子陽陽一二章 消麃喬搖 鄭清人二章
漂要 蘀兮一章・樂謔藥樂謔藥 溱洧一二章 倒召 齊東方未明一
章 驕忉 甫田一章 (宵)儦敖 載驅四章 桃殽謠驕 魏園有桃一章
苗勞郊郊號 碩鼠三章 鑿襮沃樂 唐揚之水一章 鑣驕 秦駟

韱三章 櫟駮樂晨風二章 巢苕忉陳防有鵲巢一章 皎僚糾(圈)
悄月出一章 炤燎紹慘(圈)三章 搖朝忉檜羔裘一章 膏曜悼
三章 飄嘌弔匪風一章 苗膏勞曹下泉一章 葽蜩(圈)豳七月四章
譙(圈)消翹搖嘵鴟鴞三章〇消作翛譌 蒿昭恌傚敖小雅鹿鳴二章
郊旄旐出車二章 罩樂南有嘉魚一章 苗囂旐敖車攻三章
嗷勞驕鴻鴈三章 苗朝搖白駒一章 沼樂炤虐殽正月十一十二
章 勞囂十月之交七章 盜暴巧言三章 蒿勞蓼莪一章 號勞
北山五章 刀毛膋信南山五章 鷮教車舝二章 的爵賓之初筵一章
藻鎬魚藻一章二三章同 教傚角弓二章 瀌消驕七章 苗膏
勞黍苗一章 沃樂隰桑二章 高勞朝漸漸之石一章 燎勞大雅旱麓

五章 廟保思齊三章 翟翯沼躍靈臺三章 舟瑤刀公劉二章

寮囂笑蕘板三章 虐謔蹻耄謔熇藥板四章 昭樂懆藐教

虐耄抑十一章○吳棫曰開元中修五經文字我心慘慘爲懆 削爵濯溺桑柔五章

藐蹻濯崧高四章 到樂韓奕五章 苗麃周頌載芟 樂樂樂

魯頌有駜一二三章 藻蹻蹻昭笑教泮水二章○以上平聲

古本音

襮暴聲在此部詩唐揚之水一見今入沃 暴暴聲在此部詩終風岻巧言三見今兼入屋 沃芺聲在此部詩唐揚之水隰桑二見韓詩外傳載夏桀之歌與樂蹻樂韵今入沃 熇高聲在此部詩板一見今入沃 翯高聲在此部詩靈臺一見今入覺

較爻聲在此部詩淇奧一見今入覺 駮交聲在此部詩晨風一見今入覺 濯翟聲在此部詩靈臺桑柔崧高三見爾雅釋魚蜃小者珧陸德明曰珧衆家本皆作濯知濯古音同珧也今入覺第二部古多平聲今多轉入他部爲入聲矣 樂樂聲在此部詩關雎

溱洧唐揚之水晨風南有嘉魚正月隰桑抑韓奕九見離騷與邈韵遠遊與撟韵今入覺　邈貌聲在此部屈賦一見今入覺　藐貌聲在此部詩抑崧高二見今入覺　○龠龠聲在此部詩簡兮一見今入藥　爵爵聲在此部詩簡兮賓之初筵桑柔三見今入藥

綽卓聲在此部詩洪奧一見今入藥　虐虐聲在此部詩洪奧正月板抑四見今入藥　謔虐聲在此部詩洪奧溱洧板四見今入藥　藥樂聲在此部詩溱洧板三見今入藥　櫟樂聲在此部詩晨風一見今入藥　濯翟聲在此部今又入藥

躍翟聲在此部詩靈臺一見今入藥　蹻喬聲在此部詩板崧高泮水四見今兼入藥　溺弱聲在此部詩桑柔一見今入藥　削肖聲在此部詩桑柔一見今入藥　鑿糳聲在此部詩唐揚之水一見宋玉九辨與固教樂高韵今入鐸　樂樂聲在此部今又入鐸　熇高聲在此部今又入鐸　襮㬥聲在此部今又入鐸○按簡兮三章淇奧三章溱洧一二章唐揚之水一章靈臺三章板四章抑十一章皆弟二部平聲苟列之弟五部入聲斯鉏鋙而不類矣　○翟翟聲在此部詩簡兮一見今入陌　趯翟聲在此部詩草蟲首二句喓喓趯趯爲韵今入錫　櫟樂聲在此部今又入錫　的勺聲在此部詩賓之初筵一見今入錫

弔弔聲在此部詩匪風一見今兼入錫　溺弱聲在此部今又入錫

古合韵

滔本音在弟三部江漢與浮游求韵是也載驅四章合韵儦敖字　絿本音在弟三部月出一章合韵皎僚悄字　蜩本音在弟三部王褒九懷與州脩牛流休悠浮求儔儔怞韵是也七月四章合韵葽字　譙本音在弟三部鴟鴞以韵消翹搖曉字　保本音在弟三部詩四見思齊三章合韵廟字　舟本音在弟三部公劉二章合韵瑤刀字　◯慘本音在弟七部月出合韵照燎紹字

弟三部

陸韵平聲尤幽上聲有黝去聲宥幼入聲屋沃燭覺

鳩洲逑周南關雎一章　流求二章　逵仇兔罝二章　休求漢廣一章

舟流憂游邶柏舟一章　舟游求救谷風四章　漕悠游憂泉水四章

悠漕憂鄘載馳一章　滺舟游憂衛竹竿四章　憂求憂

求憂求王黍離一二三章　脩歗歗淑中谷有蓷二章　蕭秋采葛二章

潚膠瘳鄭風雨二章◯潚作瀟誤　休慆憂休唐蟋蟀三章　聊條

聊條椒聊一二章　周游有杕之杜二章　收輈秦小戎一章　袍矛
仇無衣一章　荍椒陳東門之枌三章　蕭周曹下泉二章　茅綯豳七
月七章　銶遒休破斧三章　裒求小雅常棣二章　柔憂采薇二章
舟浮休菁菁者莪四章　矛讎節南山八章　憂休十月之交八章　流
休雨無正五章　觩柔敖求桑扈四章　浮流髦憂角弓八章　幽
膠隰桑三章　茅猶白華一章　臭孚大雅文王七章　求孚下武二章
揄蹂叟浮生民七章　曹牢匏公劉四章　游休酋卷阿二章　休
逑怓憂休民勞二章　柔劉憂桑柔一章　浮滔游求江漢一章
游騷常武三章　苞流五章　收瘳瞻卬一章　優憂六章　觩柔
敖休周頌絲衣　陶囚魯頌泮水五章　觩搜七章　球旒休絿柔

優酓商頌長發四章○以上平聲

昴裯猶召南小星二章　包誘野有死麕一章　冒好報邶日月二章

手老擊鼓四章　軓牡匏有苦葉二章○從考工記注禮記正義唐石經作軓改爲軌以韵牡者非也　慉讎售谷風五章　埽道道醜鄘牆有茨一章　報好報

好報好衛木瓜一二三章　陶翿敖王君子陽陽二章　孚造憂覺兔爰二章　好造鄭緇衣二章　狩酒酒好叔于田二章　鴇首手

阜大叔于田三章　軸陶抽好清人三章　手醜好遵大路二章　酒

老好女曰雞鳴二章　好報三章　茂道牡好齊還二章　栲杻埽

考保唐山有樞二章　晧繡鵠憂揚之水二章　褎究好羔裘二章

好好有杕之杜二章　阜手狩秦駟驖一章　阜手小戎二章　簋飽

權輿二章　缶道翿陳宛丘三章　皓懰受慅月出二章　棗稻酒
壽豳七月六章　蚤韭八章　務戎小雅常棣四章　埽簋牡舅咎
伐木二章　壽茂天保六章　罶酒魚麗一二三章同　栲杻壽茂南山
有臺四章　草考湛露二章　櫜好醻彤弓三章　鷕老猶醜采芑四章
好阜草狩車攻二章　戊禱好阜阜醜吉日一章　苞茂好
猶斯干一章　卯醜十月之交一章　猶集咎道小旻三章　道草擣
老首小弁二章　醻究七章　好草卷伯五章　受昊六章　酒咎
北山六章　鼛洲妯猶鼓鍾三章　飽首考楚茨六章　酒牡考信南
山五章　阜好莠大田二章　首阜舅頍弁三章　首酒魚藻二章
首酒瓠葉二章三章同　首炰酒醻四章　首罶飽苕之華三章

草道何草不黃四章　槱趣大雅棫樸一章　欲孝文王有聲三章　道草
茂苞褎秀好生民五章　祝究蕩三章　酒紹抑三章　苟讎
報六章　寶好桑柔六章　寶保崧高五章　考保烝民三章　道考
韓奕一章　首休考壽江漢六章　福保烈文　牡考周頌雝　壽
考同上　壽保載見　造疚考孝閔予小子　鳥蓼小毖　糾趙
蓼朽茂良耜　牡酒魯頌有駜二章　茆酒酒老道醜泮水三章　○
以上上聲
谷谷周南葛覃二章　角族麟之趾三章　角屋獄獄足召南行露
二章　樕鹿束玉野有死麕二章　鞫覆育毒邶谷風五章　束讀
讀辱鄘牆有茨三章　祝六告干旄三章　陸軸宿告衛考槃三章

告鞫齊南山三章　曲藚玉玉族魏汾沮洳三章　匊篤唐椒聊二章
六燠唐無衣二章　驅續轂馵玉曲秦小戎一章　薁菽豳七月六章
屋穀七章　蜀宿東山一章　陸復宿九罭三章　谷木小雅伐木一章
穀祿足天保二章　穀玉鶴鳴二章　谷束玉白駒四章
穀粟穀族黃鳥一章　蓫宿畜復我行其野二章　祿僕祿屋正月三章
屋穀祿椓獨十三章　粟獄卜穀小宛五章　木谷六章
鞫畜育復腹蓼莪四章　濁穀四月五章　奧蹙菽戚宿覆小明三章
奏祿楚茨六章　霂渥足穀信南山二章　木附猷屬角弓六章
綠匊局沐采綠一章　束獨白華一章　夙育稷大雅生民一章
俶告既醉三章　祿僕七章　鹿穀谷桑柔九章　迪復毒十一

章　谷穀（垢）十二章　肅穆周頌雝　角續良耜〇以上入

聲

古本音

漕曹聲在此部詩泉水載馳二見今入豪　歗肅聲在此部詩中谷有蓷一見今入嘯　蕭肅聲在此部詩采葛下泉二見九歌山鬼與憂韵今入蕭　潚肅聲在此部詩風雨一見今兼入蕭　膠翏聲在此部詩風雨隰桑二見今入有　慆舀聲在此部詩蟋蟀一見今入豪　聊丣聲在此部詩椒聊一見戰國策民無所聊與上下相愁韵今入蕭　條攸聲在此部詩椒聊一見今入蕭　袍包聲在此部詩無衣一見今入豪　荍收聲在此部詩東門之枌一見張參五經文字云勤由反今入宵　椒叔聲在此部詩東門之枌一見今入宵　茅矛聲在此部詩七月白華二見離騷與畱韵今入肴　綯匋聲在此部詩七月一見今入豪　舀舀聲在此部詩生民或揄說文引作或舀今兼入小　曹𣍘聲在此部詩公劉一見劉安招隱士與畱咆畱韵今入豪　牢牢聲在此部詩公劉一見今入豪　匏包聲在此部詩公劉一見今入肴　滔舀聲在此部詩江漢一見今入豪　騷蚤聲

在此部詩常武一見今入豪

苞 包聲在此部詩斯干生民常武三見今入肴

陶 匋聲在此部詩君子陽陽清人泮水三見今入宵豪

昴 卯聲在此部詩小星一見今入巧

包 包聲在此部詩野有死麕一見今入肴

冒 冃聲在此部詩日月一見今入号

好 好聲在此部詩日月木瓜緇衣叔于田清人遵大路女曰雞鳴還羔裘彤弓吉日斯干巷伯大田生民桑柔十七見洪範一見今入晧号

報 報聲在此部詩日月木瓜女曰雞鳴抑六見國語一見今入号

老 老聲在此部詩擊鼓女曰雞鳴采芑小弁泮水五見今入晧

埽 埽聲在此部詩牆有茨山有樞伐木三見今入晧号

道 道聲在此部詩牆有茨還宛丘小旻小弁何草不黃生民韓奕泮水九見洪範一見易十六見左傳一見今入晧

翿 𣪊聲在此部詩君子陽陽宛丘二見今入号

造 告聲在此部詩兔爰緇衣閔子小子三見易一見今入晧号

鴇 𠂔聲在此部詩大叔于田一見今入晧

栲 考聲在此部詩山有樞南山有臺二見陸璣云許叔重讀若糗今入晧

考 丂聲在此部詩山有樞湛露楚茨信南山蒸民韓奕江漢雝閔予小子十見易二見越語上帝不考與時反時守韵今入晧

保 保聲在此部詩山有樞崧高蒸民三見今入晧

晧 告聲在此部詩唐揚之水月出二見今入晧

飽 包聲在此部詩權輿楚茨苕之華三見易一見今入巧

稻 舀聲在此部詩七月一見今入晧

覺 學聲在此部詩兔爰一見左傳哀二十一

年與皐蹈憂韵今兼入效　慅蚤聲在此部詩月出一見今入晧　棗棗聲在此部詩七月一見今入晧　蚤叉聲在此部詩
七月一見今入晧　櫜咎聲在此部詩彤弓一見今入豪　茆卯聲在此部詩泮水一見廣韵云說文作茆音栁今兼入巧
草艸聲在此部詩湛露車攻小弁巷伯何草不黃生民六見左傳襄四年輿州道擾獸牡韵今入晧　禱壽聲在此部詩吉日一見
今入晧号　卯卯聲在此部詩十月之交一見今入巧　擣壽聲在此部詩小弁一見今入晧　昊夰聲在此部詩巷伯一見
今入晧　鼛咎聲在此部詩鼓鐘一見今入豪　皁草聲在此部詩大田一見今入晧　炮包聲在此部詩瓠葉一見今入
肴　孝孝聲在此部詩文王有聲閔予小子二見今入效　寶缶聲在此部詩桑柔崧高二見今入晧　臱臱聲益在此部
詩小毖一見今入篠　蓼翏聲在此部詩良耜一見今入篠　告告聲在此部詩干旄考槃南山旣醉四見今兼入号　燠奧聲
在此部詩唐無衣一見今兼入号　奧奧聲在此部詩小明一見今兼入号　擾夒聲在此部應劭音柔左傳一見今入小　皐
皋聲在此部左傳一見今入豪　蹈舀聲在此部左傳一見今入號　竈竈聲在此部論語與奧韵周官經大祝二曰造故書作竈今入
号　巧丂聲在此部屈賦一見今入巧　嫂叜聲在此部屈賦一見今入晧　○牡牡聲在此部詩還伐木信南山雝有騤五

見左傳襄四年與州道艸擾獸韵今入厚茂戊聲在此部詩還南山有臺斯干生民良耜五見今入侯戊戊聲在此部詩吉日一見今入侯○孚孚聲在此部詩文王下武二見今入虞罦孚聲在此部詩兔爰一見今入虞務敄聲在此部詩常棣一見今入遇畀畀聲在此部詩小戎一見集韵三燭內有此字是也今入遇裕谷聲在此部易一見今入遇○逵坴聲在此部詩兔罝一見王粲從軍行與愁丘由流舟游收憂疇休留韵古馗逵同字讀若仇鮑照蕪城賦崢嶸古馗韵塗鼯狐趨雛膚字讀如衢後人誤以爲韵衰威飛依頹摧字入脂韵○顧氏以逵在脂韵爲本音讀仇如其以合之誤簋簋聲在此部詩權輿伐木二見今入旨

○戚尗聲在此部詩小明一見今入錫迪由聲在此部詩桑柔一見陸雲玉年二公詩亦音軸今入錫覿賣聲在此部易一見今入錫

古合韵

久本音在第一部詩三見易二見而臨象傳韵道乾象傳韵道咎造首大過象傳韵醜咎離象傳韵咎道凡四見此古合韵也聲音之道隨時變遷孔子贊易時與三百篇音韵稍異是以一久字而同詩者二見異詩者四見也福本音在第一部烈文合韵保字疚本音

在弟一部閔予小子合韵造考孝字 在本音在弟一部屈賦天問合韵守字 稷本音在弟一部生民合韵夙育字 ○敖本音在弟二部君子陽陽合韵陶翿字 髦本音在弟二部角弓合韵浮流憂字 趙本音在弟二部良耜與糾蓼朽茂合韵攷工記鄭注引其鎛斯𢱧則在本韵 紹本音在弟二部抑與酒合韵 ○揄本音在弟四部生民合韵蹂叟浮字說文引作或舀則在本韵 趣本音在弟四部棫樸合韵槱字 苟本音在弟四部抑與讎報合韵 驅本音在弟四部小戎合韵續轂馵玉曲字張衡東京賦亦以驅燭屬爲韵 附本音在弟四部角弓與木猷屬合韵 奏本音在弟四部楚茨合韵祿字 垢本音在弟四部桑柔合韵谷穀字 ○愀本音在弟五部民勞合韵休逑憂字 ○軌本音在弟七部匏有苦葉合韵牡字讀如阜周官經立當前疾說文作前軌 集本音在弟七部小旻合韵猶咎道字讀如就 任本音在弟七部屈賦橘頌合韵醜字讀如蹂 ○戎本音在弟九部常棣合韵務字 龍本音在弟九部屈賦天問谷合韵遊字讀如酉

弟四部 陸韵平聲侯上聲厚去聲候

蔞驅 周南漢廣三章 姝隅蹰 邶靜女一章 驅侯 鄘載驅一章 殳驅

衛伯兮一章　濡侯渝鄭羔裘一章　樞榆婁驅愉唐山有樞一章

芻隅逅逅綢繆二章　駒株陳株林一章　駒濡驅諏小雅皇皇者華二章　隅趨緜蠻二章　渝驅大雅板八章　隅愚抑一章　○以上

平聲

笱後邶谷風三章　咮媾曹候人三章　豆飫具孺小雅常棣六章

枸楰耇後南山有臺五章　餱具無羊二章　瘉後口口愈侮正月二章　笱後小弁八章　樹數口厚巧言五章　裕瘉角弓三章　駒後傴取五章　附後奏侮大雅緜九章　禡附侮皇矣八章　句

鍭樹侮行葦六章　主醹斗耇七章　厚主卷阿二章　漏覯抑七章

後鞏後瞻卬七章　后後周頌雝　后后商頌元鳥　○以上上

聲

古本音

咮 朱聲在此部詩候人一見今兼入宥 晝 晝聲在此部易一見今入宥 ○ 蔞 婁聲在此部詩漢廣一見今兼入虞

駒 句聲在此部詩漢廣株林皇皇者華角弓四見今入虞 姝 朱聲在此部詩靜女一見今入虞 偶 禺聲在此部詩靜女綢繆緜蠻抑四見今入虞

躕 廚聲在此部詩靜女一見今入虞 驅 區聲在此部詩載馳伯兮山有樞皇皇者華板五見今入虞遇

殳 几聲在此部詩伯兮一見今入虞 咮 朱聲在此部今又入虞 濡 需聲在此部詩羔裘皇皇者華二見今入虞

渝 俞聲在此部詩羔裘板二見今入虞 樞 區聲在此部詩山有樞一見今入虞 榆 俞聲在此部詩山有樞一見今入虞

婁 婁聲在此部詩山有樞一見今兼入虞 愉 俞聲在此部詩山有樞一見今入虞 芻 芻聲在此部詩綢繆一見今入虞

株 朱聲在此部詩株林一見今入虞 諏 取聲在此部詩皇皇者華一見今入虞 趨 芻聲在此部詩緜蠻一見今入虞

愚 愚聲在此部詩抑一見今入虞 具 具聲在此部詩常棣無羊二見今入遇無羊具與餱韵古韵標準云與物韵謬甚 孺

需聲在此部詩常棣一見今入遇 枸 句聲在此部詩南山有臺一見今入虞 楰 臾聲在此部詩南山有臺一見今入虞

渝 俞聲在此部詩正月角弓二見今入虞 愈 俞聲在此部詩正月一見今入虞 侮 侮聲在此部詩正月緜皇矣行葦四見左傳一見今入虞

取 取聲在此部詩角弓一見離騷一見今兼入虞 樹 尌聲在此部詩巧言行葦二見今入虞遇 數 婁聲在此部詩巧言一見今入虞遇

附 付聲在此部詩緜皇矣二見今入遇 句 句聲在此部詩行葦一見今兼入虞遇 主 丶聲在此部詩行葦卷阿二見易二見今入虞

醹 需聲在此部詩行葦一見今入虞 饇 區聲在此部詩角弓一見今入遇 羭 俞聲在此部左傳一見今入虞

儒 需聲在此部左傳一見今入虞 邾 朱聲在此部左傳一見今入虞 跦 朱聲在此部左傳一見今入虞

襦 需聲在此部左傳一見今入虞 僂 婁聲在此部左傳一見今兼入虞 傴 區聲在此部左傳一見今入虞

俯 府聲在此部左傳一見今入虞 鮒 付聲在此部易一見今入遇 誅 朱聲在此部易一見今入虞 遇 禺聲在此部易一見今入遇

皃 几聲在此部屈賦卜居一見今入虞 軀 區聲在此部卜居一見今入虞〇漢人以弟四部入弟五部合用者

如田於何所之歌以口後斗與所雨黍韵日出東南隅之曲以隅樓鉤襦頭愚躕姝趨須殊駒與敷鋤餘夫居韵

古合韵

飫本音在弟二部詩常棣合韵豆具孺字　○裕本音在弟三部角弓合韵瘉字　○禡本音在弟五部皇矣合韵附侮字　○鞏本音在弟九部瞻卬合韵後後字讀若苟

弟五部陸韵平聲魚虞模上聲語麌姥去聲遇御暮入聲藥鐸

砠瘏痡吁周南卷耳四章　華家桃夭一章　罝夫兔罝一二三章同

居御召南鵲巢一章　露夜露行露一章　牙家三章　華車何彼襛矣一章

葭豝虞虞騶虞一二章　故露邶式微一章　邪且邪且狐烏車邪且北風一二三章　旟都鄘干旄二章　瓜琚衛木瓜一章

且且王君子陽陽一二章　蒲許揚之水三章　路袪惡故鄭遵大路一章　車華琚都有女同車一章　蘇華都且山有扶蘇一章　闍荼

荼且藘娛出其東門二章 著素華齊著一章 圃瞿夜莫東方未明

三章 洳莫度度路魏汾沮洳一章 莫除居瞿唐蟋蟀一章 袪

居故羔裘一章 夜居葛生四章 渠餘輿輿秦權輿一二章 華家

檜隰有長楚二章 瓜壺苴樗夫豳七月六章 据荼租瘏家鴟鴞

三章○從毛作祖今本多作租 胡膚狼跋一章 胡膚瑕二章 華夫小雅

皇皇者華一章 家帑圖乎常棣八章 固除庶天保一章 作莫家

故居故采薇一章 華車四章 華塗居書出車四章 牙居祈父

一章 樗故居家我行其野一章 除去芋斯干三章 魚旟無羊四章

徒夫十月之交四章 圖辜鋪雨無正一章 夫夜夕惡二章

都家七章 且辜憮巧言一章○唐石經作憮誤 憮辜同上 舍車

盱何人斯五章 盧瓜菹信南山三章 蒲居魚藻三章 餘旟盱都人士五章 狐車何草不黃四章 徒家大雅緜五章 瑕（入）思齊四章 椐柘路固皇矣二章 去呱訏路生民三章○此分章從朱 呼夜蕩五章 度虞抑五章 去故莫虞怒雲漢六章 祖屠壺魚蒲車且胥韓奕三章 居譽五章 車旟舒鋪江漢一章 惡斁夜譽周頌振鷺 沮魚潛 駜魚祛邪徂魯頌駉四章 ○以上

平聲

楚馬召南漢廣二章 筥釜采蘋二章 下女三章 下處殷其靁三章 渚與與處江有汜二章 茹據愬怒邶柏舟二章 羽野雨燕燕一章 土處顧日月一章 處馬下擊鼓三章 下苦凱風三章 羽

阻雄雉一章　雨怒谷風一章　處與旄丘二章　舞處簡兮一章　俁舞虎組二章　虛楚鄘定之方中二章　雨㊀毋蝃蝀二章　組五子干旄二章　楚甫王揚之水二章　滸父父顧葛藟一章　野馬馬武鄭叔于田三章　馬組舞舉虎所女大叔于田一章　射御二章　楚女女揚之水一章　鱮雨齊敝笱二章　岵父魏陟岵一章　鼠黍女顧女土土所碩鼠一章　鼠女女二章三章同　楚戶者者唐綢繆三章　杜湑踽父杕杜一章　羽栩盬黍怙所鴇羽一章　楚野處葛生一章　苦下與采苓二章　楚虎虎禦秦黃鳥三章　鼓下夏羽陳宛丘二章　栩下東門之枌一章　紵語東門之池二章　顧予墓門二章　馬野株林二章　羽楚處曹蜉蝣一章　股羽野宇

戶下鼠戶處豳七月五章　圃稼七章　雨土戶予鴟鴞二章
野下東山一章　宇戶二章　羽馬四章　渚所處九罭二章　馬
盬處小雅四牡二章　下栩盬父三章　許藇羜父顧伐木二章　湑
酤鼓舞暇湑三章　盬處采薇三章　杜盬杕杜一章二章同　湑
寫語處蓼蕭一章　茹穫六月四章　鼓旅采芑三章　午馬麌所
吉日二章　羽野寡鴻鴈一章　野渚鶴鳴二章　栩粱處父黃鳥三章
祖堵戶處語斯干二章　雨輔予正月十章　馬處十月之交四章
土沮小旻一章　扈寡小宛五章　怒沮巧言二章　者謀虎巷伯
六章　雨女予谷風一章　夏暑予四月一章　下土北山二章　土
野暑苦雨罟小明一章　除莫庶暇顧怒二章　處與女四章

祖祜信南山四章　鼓祖雨黍女甫田二章　湑寫寫處裳裳者華
一章　扈羽胥祜桑扈一章　譽射車舝二章　女舞三章　湑寫
四章　楚旅賓之初筵一章　鼓奏祖二章　語羖四章　筥予予
馬予黼采菽一章　股下紓予三章　鱮者采綠四章　御旅處
黍苗三章　虎野暇何草不黃三章　尋祖大雅文王五章　旅野女大明
七章　沮父緜一章〇從漢書水經注作漆沮　父馬滸下女宇二章
怒旅旅祜下皇矣五章　許武祜下武五章　御斝行葦三章　渚
處湑脯下鳧鷖三章　野處旅語公劉三章　怒豫板八章　宇
怒處圉桑柔四章　沮所顧助祖予雲漢四章　馬土崧高五章
下甫蒸民一章　若賦二章　茹吐甫茹吐寡禦五章　舉舉助

四百三十五　表四　廿

補（六章） 土許甫噳虎（韓奕五章） 滸虎土（江漢三章） （士）祖父

（戎）（常武一章） 父旅浦土處緒（二章） 武怒虎虜浦所（四章）

鼛虡羽鼓圉（奏）舉（周頌有瞽） 祜嘏（載見） 馬旅馬（有客） 女

筥黍（良耜） 馬野者馬野者馬野者馬野者（魯頌駉一二三四章）

下舞（有駜一章） 武祖祜（泮水四章） 黍秬土緒（閟宮一章） 武

緒野虡女旅父魯宇輔（二章） 祖女（三章） 嘏魯許宇（八章）

鼓祖（商頌那） 祖祜所（烈祖） 武楚阻旅所緒楚（殷武一二章）

○以上上聲

莫濩綌斁（周南葛覃二章） 石席（邶柏舟三章） 落若（衛氓三章） 蓆

作（鄭緇衣三章） 擇伯（擇兮一章二章同） 薄鞹夕（齊載驅一章） 碩

獲秦駟驖二章澤戟作無衣二章穫擇貉豳七月四章駱若
度小雅皇皇者華四章奕舃繹車攻四章澤作宅鴻雁三章擇石
錯鶴鳴一章藿夕客白駒二章閣槖斯干三章惡懌節南山八章
作莫度獲巧言四章蹠碩炙莫庶客錯度獲格作楚茨
三章碩若大田一章洛洛洛瞻彼洛矣一二三章白駱駱若裳裳
者華三章柏奕懌頍弁一章炙酢瓠葉三章赫莫獲度廓宅
大雅皇矣一章席酢行葦三章炙臄咢四章懌莫板二章格
度射抑七章作獲赫桑柔十四章伯宅崧高二章碩伯八章
貊伯壑籍韓奕六章㊖作常武三章柞澤周頌載芟駱雒
繹斁作魯頌駉二章博斁逆獲泮水七章繹宅貊諾若閟宮

五百八十六　表四　三

七章　柏度尺舄碩奕作碩若九章　斁奕客懌昔作夕

恪商頌那　○以上入聲

古本音

莽莽聲在此部屈賦二見今入蕩　○戲虘聲在此部屈賦遠游一見今入支寘　綌谷聲在此部詩葛覃一見今入陌

斁睪聲在此部詩葛覃振鷺駉泮水那五見今入昔　石石聲在此部詩柏舟鶴鳴二見今入昔　席庶聲在此部詩柏舟行葦二見禮記三見今入昔

蓆席聲在此部詩緇衣一見今入昔　夕夕聲在此部詩載驅白駒雨無正那四見今入昔

碩石聲在此部詩駟驖楚茨大田崧高閟宮六見禮記一見今入昔　獲蒦聲在此部詩駟驖巧言楚茨皇矣桑柔泮水六見今入麥

澤睪聲在此部詩三見禮記一見今入陌　戟戟字葢在此部詩無衣一見今入陌　奕亦聲在此部詩車攻頍弁閟宮那四見今入昔

舄舄聲在此部詩車攻閟宮二見今入昔　繹睪聲在此部詩車攻駉閟宮三見今入昔　宅乇聲在此部詩鴻鴈皇矣崧高閟宮四見禮記一見今入陌

客各聲在此部詩白駒楚茨那三見今入陌　懌睪聲在此部詩節南山頍弁板那四

見今入昝 炙 炙聲在此部詩楚茨瓠葉行葦三見今入昝 踖 昝聲在此部詩楚茨一見今入昝 格 各聲在此部詩楚茨抑二見今入陌 白 白聲在此部詩裳裳者華一見今入陌 柏 白聲在此部詩頍弁閟宮二見今入陌 赫 赫聲在此部詩皇矣桑柔二見今入陌 射 射聲在此部詩大叔于田車攻抑三見今入昝 伯 白聲在此部詩崧高韓奕三見今入陌 貊 百聲在此部詩韓奕閟宮二見今入陌 籍 耤聲在此部詩韓奕一見今入昝 柞 乍聲在此部詩載芟一見今讀窄 逆 屰聲在此部詩泮水一見今入陌 尺 尺聲在此部詩閟宮一見今入昝 昝 昝聲在此部詩那一見今入昝○韓愈諱辨以昝昔同音不知昝本音讎也 虩 貟聲在此部易二見今入昝麥 啞 亞聲在此部易一見今入陌 坼 㡿聲在此部易一見今入陌 索 索聲在此部易一見屈賦二見今兼入陌 帛 白聲在此部禮記二見今入陌 擇 睪聲在此部左傳一見今入陌 釋 睪聲在此部屈賦二見今入昝 蹠 庶聲在此部屈賦一見今入昝○按弟五部入聲與弟十六部入聲分用漢人十九首中靑靑陵上柏磊磊澗中石一章與明月皎夜光促織鳴東壁一章可徵也晉盧諶荅魏子悌用弟十六部十二字而襍以腋昝字陶淵明移居以宅夕席昝與役析韵宋謝靈運南樓遲客詩以迫客夕與適隔擿析韵謝惠連雪賦以鉛索奕隙席白與積壁韵謝莊月賦以斁與璧韵梁江淹擬陶潛以

九百六十六　六書音均表四

陌夕隙與適役績謚韵此弟五部入聲入於弟十六部入聲之漸而法言之所因也

○**華**𠷎聲在此部詩桃夭何彼襛矣有女同車山有扶蘇著萇楚采薇出車八見易一見今入麻

家豭聲在此部詩桃夭萇楚鴟鴞常棣采薇我行其野雨無正緜行露九見左傳三見今入麻

牙牙聲在此部詩祈父行露二見今入麻

車車聲在此部詩何彼襛矣北風有女同車采薇何人斯韓奕江漢七見易二見今兼入麻

葭叚聲在此部詩騶虞一見今入麻

豝巴聲在此部詩騶虞一見今入麻

邪牙聲在此部詩北風駉四見今入麻

瓜瓜聲在此部詩木瓜七月信南山三見左傳一見今入麻

且且聲在此部詩北風山有扶蘇出其東門巧言韓奕有客八見今兼入馬

罝且聲在此部詩兔罝一見今入麻

荼余聲在此部詩出其東門鴟鴞三見今兼入麻俗書減一畫

闍者聲在此部詩出其東門一見今兼入麻

舍舍聲在此部詩何人斯一見易一見禮記一見今入馬禡

騢叚聲在此部詩駉一見今入麻

馬馬聲在此部詩漢廣擊鼓叔于田大叔于田株林東山四牡吉日十月之交采菽緜崧高有客駉十八見易一見左傳一見今入馬

下下聲在此部詩采蘋殷其靁擊鼓凱風采苓宛丘東門之枌七月東山四牡北山采菽緜皇矣鳧鷖烝民有駜十七見易十八見今入馬

瑕叚聲在此部詩狼跋一見左傳一見今入麻

塗涂聲在此部詩出車一見今兼入麻

若若聲在此部詩七見今兼入馬

霞叚聲在此部屈賦一見今入麻 野予聲在此部詩燕燕叔于田葛生株林七月東山鴻雁鶴鳴小明何草不黃公劉騶十五見左傳一見今入馬 者古文旅聲在此部詩綢繆巷伯采綠騶六見今入馬 夏夏聲在此部詩宛丘四月二見今入馬 瑕叚聲在此部詩伐木小明何草不黃三見今入禡 寡寡聲在此部詩鴻雁蒸民小宛三見易一見今入馬 嘏叚聲在此部詩載見閟宮二見今入馬 寫舄聲在此部詩蓼蕭裳裳者華車舝四見今入馬 夜亦聲在此部詩行露東方未明葛生雨無正蕩振鷺六見今入禡 炙炙聲在此部今又入禡 射射聲在此部今又入禡 柘石聲在此部詩皇矣一見今入禡 斝斝聲在此部詩行葦一見今入馬 稼家聲在此部詩七月一見今入禡 作乍聲在此部詩七見今兼入箇 詐乍聲在此部晉語一見今入禡 假叚聲在此部士冠禮一見今入馬禡 啞亞聲在此部今又入禡〇弟五部之字漢晉宋人入於弟十七部合用皆讀如歌戈韵之音至梁陳閒弟十七部音變析麻韵而皆在麻韵矣

古合韵

母本音在弟一部詩蝃蝀以韵雨此古合韵也 謀本音在弟一部詩巷伯以合韵者虎字 士本音在弟一部詩常武以

合韵祖父(戎)予禮記射義引詩以合韵舉處所射譽字 ○奏 本音在弟四部詩賓之初筵以韵鼓祖有聲以韵聲虡羽鼓圉舉
垢 本音在弟四部左傳宣十五年引諺合韵汙瑕字 ○入 本音在弟七部詩思齊合韵瑕字 ○業 本音在弟八部詩常武合韵作字 ○戎 本音在弟九部詩常武合韵祖父字 ○迎 本音在弟十部離騷合韵故字讀如魚 廣 本音在弟十部樂記合韵旅鼓武雅語古下字春秋寶乾圖移河爲界在齊呂塡闕八流以自廣

弟六部 陸韵平聲蒸登上聲拯等去聲證嶝

薨繩 周南螽斯二章 掤弓 鄭大叔于田三章 (來)贈 女日雞鳴三章 薨夢憎 齊雞鳴三章 升朋 唐椒聊一章 膺弓縢興(音) 秦小戎三章

興陵增 小雅天保三章 恆升崩承 六章 陵朋 菁菁者莪三章

陵懲興 沔水三章 興夢 斯干六章 蒸雄兢崩肱升 無羊三章

蒸夢勝憎 正月四章 陵懲夢雄 五章 騰崩陵懲 十月之交三章

兢冰小旻五章 兢冰小宛六章 弓繩采綠三章 ㊀陾薨登馮興

勝大雅緜六章 烝烝烝烝烝烝烝烝文王有聲一二三四五六七八章

登升生民八章 繩承抑六章 崩騰朋陵魯頌閟宮四章 棄縢

弓〔續〕增膺懲承五章 勝乘承商頌元鳥 ○以上平聲

古本音

弓 弓聲在此部詩大叔于田小戎采綠閟宮四見左傳一見考工記一見今入東 夢 夢聲在此部詩雞鳴斯干正月四見今入東送

馮 仌聲在此部詩緜一見今兼入東 雄 厷聲在此部詩無羊正月二見左傳一見今入東

古合韵

陾 本音在第一部詩緜六章以韵薨登馮興勝字此古合韵 來 本音在第一部女曰雞鳴合韵贈字讀如淩○凡古宮徵之爲無徵得來之爲登來耳孫之爲仍孫詩之訓爲承也上林賦葴持之音鍼懲陸法言切韵貽字之入四十七證皆第一部第六部關通之義 ○

音本音在弟七部小戎合韵膺弓縢興字 綅本音在弟七部閟宮合韵崩騰朋陵棄騰弓增膺懲承字〇凡古曾之爲替興之爲
廞堋之爲窆朋之爲鳳戴勝亦爲戴鵀仍叔亦爲任叔皆弟六部弟七部關通之義〇文言本音在弟十三部弟十四部屈賦天
問以韵勝陵字

弟七部陸韵平聲侵鹽添上聲寑琰忝去聲沁豔㮇入聲緝葉怗

覃覃周南葛覃一二章 林心兔罝三章 三今召南摽梅二章 風心
邶綠衣四章 音南心燕燕三章 南心凱風一章 音心四章 音
心雄雉二章 風心谷風一章 甚耽衛氓三章 衿心音鄭子衿一章
風林欽秦晨風一章 林南林南陳株林一章 鸞音檜匪風三
章 芩琴琴湛心小雅鹿鳴三章 驂諗四牡五章 琴湛常棣七章
音心白駒四章 簟寢斯干六章 風南心何人斯四章 錦甚

巷伯一章　欽琴音南僭　鼓鍾四章　琴心　車舝五章　林湛　賓之初筵

二章　諶心　白華四章　林興心　大雅大明七章　音男　思齊一章　心

音　皇矣四章　林林　生民三章　歆今　八章　南音　卷阿一章　僭心

抑九章　風心　桑柔六章　林譖　九章　風心　蒸民八章　深今　瞻卬

七章　玷貶　召旻三章　心南　魯頌泮水六章　林黮音琛金　八章　○

以上平聲

揖蟄　周南螽斯三章　及泣　邶燕燕二章　溼泣泣及　王中谷有蓷三章

合軜邑　秦小戎二章　隰及　小雅皇皇者華一章　合翕　常棣七章

濈溼　無羊一章　集合　大雅大明四章　楫及　棫樸三章　輯洽　板二章

○以上入聲

古本音

覃鹹聲在此部今入覃　三三聲在此部詩摽梅一見今入談　南羊聲在此部詩燕燕凱風株林何人斯鼓鍾卷阿泮水八見今入覃　湛甚聲在此部詩鹿鳴常棣賓之初筵三見今入覃　男男聲在此部詩思齊一見史記二百里任國即二百里男邦今入覃　黮甚聲在此部詩泮水一見今入感　合合聲在此部詩小戎常棣大明三見今入合　洽合聲在此部詩板一見今入洽　○風凡聲在此部詩綠衣晨風何人斯烝民谷風桑柔六見今入東

古合韻

興本音在弟六部大明以韻林心字　○耽本音在弟八部詩氓假借作媅樂字　○軜本音盇在弟十五部詩小戎以韻合邑字

弟八部陸韻平聲覃談咸銜嚴凡上聲感敢豏檻儼范去聲勘闞陷鑑釅梵入聲合盍洽狎業乏

檻菼敢王大車一章　啗儼枕陳澤陂三章　巖瞻惔談斬監小雅節南山一章　涵讒巧言二章　甘餤三章　藍襜詹采綠二章

巖詹魯頌閟宮六章　監巖濫遑商頌殷武四章　○以上平聲

葉涉邶匏有苦葉一章　葉韘甲衛芄蘭二章　業捷小雅采薇四章

業捷及大雅蒸民七章　葉業商頌長發七章　○以上入聲

古本音

枕冘聲在此部詩澤陂一見易一見今入寢　瞻詹聲在此部詩節南山一見今入鹽　襜詹聲在此部詩采綠一見今入鹽

詹詹聲在此部詩采綠一見今入鹽　葉枼聲在此部詩匏有苦葉芄蘭長發三見今入葉　涉涉聲在此部詩匏有苦葉一見今入帖　捷疌聲在此部詩采薇蒸民二見今入葉　接妾聲在此部易一見屈賦二見今入葉　韘枼聲在此部詩芄蘭二見今入帖

古合韵

及本音在弟七部詩烝民合韵業捷字○遑本音在弟十部詩殷武合韵監嚴濫字又桑柔以瞻韵相天問以嚴韵亡饗長急就章以談韵陽桑讓莊皆弟八部弟十部合韵也

弟九部陸韵平聲東冬鍾江上聲董腫講去聲送宋用絳

中宮召南采蘩二章　僮公三章　蟲螽忡降草蟲一章　墉訟訟從行露三章　縫總公羔羊三章　東公同小星一章　襛雝何彼襛矣一章　蓬豵騶虞二章　仲宋忡邶擊鼓二章　躳中式微二章　戎東同旄丘三章　中宮中宮鄘桑中二章　葑東庸中宮三章　中宮定之方中一章　東蓬容衛伯兮二章　罿庸凶聰王兔爰三章　控送鄭大叔于田二章　松龍充童山有扶蘇二章　丰巷送丰一章

雙庸庸從齊南山二章　葑東從唐采苓三章　中驂秦小戎二
章　同功豵公豳七月四章　同功七章　沖陰八章　東濛
東濛東濛東濛東山一二三四章　蟲螽忡降仲戎小雅出車五章
濃沖雝同蓼蕭四章　顒公六月三章　攻同龐東車攻一章
調同五章　同從吉日二章　聰饔祈父三章　傭訩節南山六章
誦訩邦十章　從用邛小旻一章　共邛巧言三章　東空大東二章
雝重無將大車三章　同邦瞻彼洛矣三章　同功賓之初筵一章　蓬
邦同從采菽四章　中降大雅旱麓二章　公恫邦思齊二章　恭邦
共皇矣五章　衝庸七章　樅鏞鐘廱靈臺四章　鐘廱逢公五章
功崇豐文王有聲二章　廱東六章　幪唪生民四章　融終既醉三章

潨宗宗降崇鳧鷖四章　飲宗公劉四章　諶終蕩一章　蟲

宮宗臨躳雲漢二章　邦功崧高二章　邦庸三章　同功常武六章

訌共邦召旻二章　中弘躳六章　邦崇功皇周頌烈文　工

公臣工　雝容振鷺　雝公雝　訩功魯頌泮水六章　公東庸

閟宮三章　蒙東邦同從功六章　共厖龍勇動竦總商頌長發

五章〇以上平聲

古本音

降巷雙邦龐厖字今韻析爲江絳韻卽弟九部轉入弟十部之音也

古合韻

調本音在弟三部讀如稠車攻以韵同字屈原離騷以韵同字東方朔七諫以韵同字皆讀如重此古合韵也潘岳籍田賦以茅韵農東晳勸農賦以曹韵農韓詩横由其晦毛詩作横從毛詩毌聲之毌漢書作憹史記衞青傳大當戶銅離徐廣曰一作稠離汝南鮦陽之鮦見腫韵亦見有韵皆弟三部弟九部關通之義江氏謂車攻調同非韵離騷七諫爲古人相效之誤其說似是而非○顒本音在弟四部郭璞山海經注亦音娛也○饗本音在弟六部詩六月合韵公字召旻合韵中躬字應本音在弟六部易蒙彖傳以韵中中蒙功字比彖傳韵從中竆字恆彖傳韵動騰本音在弟六部禮記月令孟春以韵降同動字孟冬以韵降通冬字○驂本音在弟七部詩小戎合韵中字陰本音在弟七部詩七月合韵沖字飲本音在弟七部詩公劉合韵宗字諶本音在弟七部詩蕩合韵終字臨本音在弟七部詩雲漢合韵蟲宮宗躬字禽本音在弟七部易屯象傳以韵竆字比象傳以韵中中終字恆象傳以韵中容終凶功字潨本音在弟七部易恆象傳以韵中容終凶功字心本音在弟七部易艮象傳合韵躬㊣終字○皇本音在弟十部詩烈文合韵邦崇功字○正本音在弟十一部易豫象傳合韵凶字艮象傳合韵躬終字

弟十部陸韵平聲陽唐上聲養蕩去聲漾宕

筐行周南卷耳一章　岡黃觥傷三章　荒將樛木二章　廣泳永
方廣泳永方廣泳永方漢廣一二三章　方將召南鵲巢二章　陽
遑殷其靁一章　裳亡邶綠衣一章　頏將燕燕二章　方良忘日月
三章　鏜兵行擊鼓一章　行臧雄雉四章　涼雱行北風一章　景
養二子乘舟一章　襄詳詳長鄘牆有茨二章　唐鄉姜桑中一章　上
上上一二三章　彊良兄鶉之奔奔一章　堂京桑臧定之方中二章
蝱行狂載馳三章○此分章從朱　湯裳爽行衛氓四章　廣杭望河廣
一章　梁裳有狐一章　陽簧房王君子陽陽一章　牆桑兄鄭將仲子
二章　黃襄行揚大叔于田二章　彭旁英翔清人一章　行英翔
將姜忘有女同車二章　狂狂褰裳二章　昌堂將丰二章　裳

行三章　瀼揚臧野有蔓草二章　明昌明光齊雞鳴二章　昌陽
狼臧還三章　堂黃英著三章　明裳東方未明一章　兩蕩南山
二章　湯彭蕩翔載驅三章　昌長揚揚蹌臧猗嗟一章　霜裳
魏葛屨一章　方桑英英行汾沮洳二章　岡兄陟岵三章　堂康
荒唐蟋蟀一章二三章同　行桑粱嘗常鴇羽三章　桑楊簧亡秦車
鄰三章　蒼霜方長央蒹葭一章　堂裳將忘終南二章　桑行
行防黃鳥二章　裳兵行無衣三章　陽黃渭陽一章　湯上望宛
上一章　魴姜衡門二章　楊牂煌東門之楊一章　翔堂傷檜羔裘二
章　稂京曹下泉一章　陽庚筐行桑豳七月二章　桑斯揚
桑三章　黃揚裳上同　霜場饗羊堂觥疆八章　場行東山

二章　斨皇將破斧一章　魴裳九罭一章　簧將行小雅鹿鳴一章
享嘗王疆天保四章　剛陽采薇三章　方彭央方襄出車三章
陽傷遑杕杜一章　桑楊光疆南山有臺二章　瀼光爽忘蓼蕭二章
藏貺饗彤弓一章　方陽章央行六月四章　鄉央衡瑲皇
珩采芑二章　央光將庭燎一章　湯揚行忘沔水二章　桑粱明
兄黃鳥二章　祥祥斯干七章　牀裳璋喤皇王八章　霜傷將京
痒正月一章　行良常臧十月之交二章　向藏王向六章　監長
巧言三章　霜行大東二章　漿長光襄五章　襄章箱明庚行六章
揚漿七章　彭旁將剛方北山三章　牀行四章　仰掌五章
將湯傷忘鼓鍾一章　蹌羊嘗亨將祊明皇饗慶疆楚茨二章

將慶(六章) 享明皇疆(信南山六章) 明芊方臧慶(甫田二章) 黃章

粱京倉箱粱慶疆(四章) 泱泱泱(瞻彼洛矣一二三章) 黃章

章慶(裳裳者華二章) 上怲臧(頍弁一章) 仰行(車舝五章) 抗張(賓之

初筵一章) 良方讓忘(角弓四章) 黃章望(都人士一章) 藏忘(隰桑

四章) 粱良(白華七章) 亨嘗(瓠葉一章) 黃傷(苕華一章) 黃行將

方(何草不黃一章) 常京(大雅文王五章) 上王方(大明一章) 商京行王(二

章) 梁光(五章) 王京行王商(六章) 洋煌彭揚王商明(八章)

伉將行(緜七章) 王璋(棫樸二章) 章相王方(五章) 兄慶

光喪方(皇矣三章) 京疆岡(六章) 陽將方王(同上) 王方(七章)

○同爾兄弟後漢書伏湛傳作弟兄入韵 王京(下武一章) 王京(文王有聲七章)

將明既醉二章　皇王忘章假樂二章　疆綱三章　康疆倉糧

囊光張揚行公劉一章　岡京三章　長岡陽五章　糧陽荒

同上　長康常卷阿四章　卬璋望綱六章　岡陽九章　康方

良明王民勞一章　明王板八章　商商商商商商蕩二三四

五六七八章　明卿四章　螗羹喪行方六章　尚亡抑四章

章兵方同上　將往競梗桑柔三章　王葬荒蒼七章　瞻相臧

腸狂八章　疆粻行崧高六章　將明烝民四章　彭鏘方七章

張王章衡錫韓奕二章　彭鏘光四章　湯洸方王江漢二章

祥亡瞻卬五章　罔亡罔亡六章　喪亡荒召旻一章　荒康行

周頌天作　方王饗我將　王康皇康方明喤將穰執競　王

章陽央鶬光享載見王忘閔予小子將明行敬之香光載芟

皇黃彭疆臧魯頌駉一章黃明有駜一章皇揚泮水六章

王陽商閟宮二章嘗衡剛將饔房洋慶昌臧方常四章

嘗將商頌那疆衡鶬享將康穰享疆嘗將烈祖商

芒湯方元鳥商祥芒方疆長將商長發一章衡王七章

鄉湯羌享王常殷武二章○以上平聲

古本音

行行聲在此部詩卷耳擊鼓雄雉北風載馳氓大叔于田有女同車丰汾沮洳鴇羽秦黃鳥秦無衣七月東山鹿鳴六月沔彼流水十月之交大東北山車舝何草不黃大明緜公劉蕩崧高天作敬之三十二見易四十六見今兼入庚映 䑬从舟黃聲俗从亢黃聲亢聲在此部詩卷耳七月二見今入庚 泳永聲在此部詩漢廣三見今入映 永永聲在此部詩漢廣三見夏小正時有養日時有養夜卽

永日永夜同音假借也今入㯳　兵兵聲在此部詩擊鼓秦無衣抑三見左傳一見今入庚　景京聲在此部詩二子乘舟一見今入㯳　兄兄聲在此部詩鶉之奔奔將仲子陟岵小雅黃鳥皇矣五見今入庚　京京聲在此部詩定之方中下泉正月甫田文王大明皇矣下武文王有聲公劉十一見左傳一見今入庚　蝱亡聲在此部詩載馳一見今入庚　彭彭字在此部詩清人載驅出車北山大明烝民韓奕駟八見今入庚　英央聲在此部詩清人有女同車著汾沮洳五見屈賦四見今入庚　明明聲在此部詩雞鳴東方未明小雅黃鳥大東楚茨信南山甫田大明既醉民勞板蕩烝民𩑚競敬之有駜十六見書一見易十五見今入庚　庚庚聲在此部詩七月大東二見今入庚　衡行聲在此部詩采芑韓奕閟宮烈祖長發五見今入庚　珩行聲在此部詩采芑一見今入庚　喤皇聲在此部詩斯干𩑚競二見今入庚　盟明聲在此部詩巧言一見今入庚　亨亯聲在此部詩楚茨瓠葉二見古亨通烹亯亨獻同字皆在此部今兼入庚　祊鬃从示彭聲或从方聲彭聲方聲在此部詩楚茨一見今入庚　慶慶聲在此部詩楚茨甫田裳裳者華皇矣閟宮七見易十二見士冠禮二見漢人始有讀入十一部者如彰皇德兮侔周成永延長兮膺天慶之類然尚讀平聲後此又讀去聲入映矣　怲丙聲在此部詩頍弁一見今入映　卿皀聲在此部詩蕩一見左傳一見今入庚　羹羹聲在此部詩蕩閟宮二見漢

人急就篇與秔薑醬香藏霜錫糧韵今入庚 競 競聲在此部詩桑柔一見左傳一見今入映 梗 㪅聲在此部詩桑柔一見今入梗 病 丙聲在此部左傳一見老子得與亡孰病亡病爲韵今入映 〓 冋聲在此部攷工記一見今兼入庚

古合韵

徵 本音在弟六部離騷以合韵常字 ○瞻 本音在弟八部詩桑柔合韵相臧狂字 嚴 本音在弟八部天問合韵亡饗長字 ○降 本音在弟九部九歌東君合韵裳狼漿翔行字○古人以弟九部入弟十部用者如老子五音令人耳聾聾讀如郎合韵盲爽狂字其合用冣多者如東方朔七諫沈江章用弟十部二十四字而以弟九部蘢同降功公曚江聰縱蓬凶容重東壄十五字合韵莊忌哀時命用弟十部二十字而以弟九部桐通容忠容凶宮竆匈𢡖十字合韵

弟十一部

陸韵平聲庚耕清青上聲梗耿靜迥去聲映諍勁徑

縈成 周南樛木一章 丁城 兔罝一章 定姓 麟之趾二章 盈成 召南鵲巢三章 星征 小星一章二章同 盈鳴 匏有苦葉二章 盈鳴 同上

旌城鄘干旄三章　青瑩星衛淇奧二章　清盈鄭溱洧二章
鳴盈鳴聲齊雞鳴一章　庭青瑩著二章　名清成正甥猗嗟二章
菁睘姓唐杕杜二章　鳴苹笙小雅鹿鳴一章　平寧生常棣五章
丁嚶伐木一章　鳴聲聲生聽平同上　定聘采薇二章
鳴旌驚盈車攻七章　征聲成八章　庭楹正冥寧斯干五章　定
生寧酲成政姓節南山六章　領騁七章　平寧正九章　程經
聽爭成小旻四章　令鳴征生小宛四章　冥熲無將大車二章　領
屏桑扈二章　營成黍苗四章　平清成寧五章　青生苕華二章　生
楨寧大雅文王三章　成生緜九章　屏平皇矣二章　營成靈臺一章
聲聲寧成文王有聲一章　正成七章　霝寧生民二章　涇寧

清馨成鳧鷖一章　鳴生卷阿九章　屏寧城板七章　刑聽傾
蕩七章　政刑抑三章　盈成十章　牲聽雲漢一章　星贏成
正寧八章　營城成崧高四章　平定爭寧江漢二章　霆驚常武
三章　平庭六章　城城瞻卬三章　成禎周頌維清　庭聲鳴聽
成有瞽　庭敬閔予小子　馨寧載芟　盈寧良耜　成聲平聲
聲商頌那　成平爭烈祖　聲靈寧生殷武五章　○以上平聲

古本音

平平聲在此部詩八見今兼入先

古合韻

極本音在第一部易未濟象傳合韻正字　○金本音在第七部周語引諺合韻城字　○中本音在第九部訟彖傳合

韻成正字○言本音在弟十部萃象傳合韻正命字乾文言傳合韻情字○令本音在弟十二部詩小宛以韻鳴征生左傳所引逸詩以韻挺扃定士冠禮亦以以歲之正以月之令爲韻此古合韻也○領本音在弟十二部詩節南山合韻騁字桑扈合韻屏字

天命淵賢信民人賓本音皆在弟十二部易象象傳合韻形成貞寧生正平精情字○睘本音在弟十四部詩杕杜合韻菁姓字一作甇甇則在本韻

弟十二部臻韻平聲眞臻先上聲軫銑去聲震霰入聲質櫛屑

蓁人周南桃夭三章 麟麟麟麟之趾一二三章 蘋濱召南采蘋一章

淵身人邶燕燕四章 洵信擊鼓五章 薪人凱風二章 榛苓人簡兮四章

人人 天人天人鄘柏舟一二章 零人田人淵千定之方中三章

人姻信命蝃蝀三章 天人天人天人王黍離一二三章

薪申揚之水一章 田人人仁鄭叔于田一章 溱人褰裳一章

薪人信揚之水二章 顚令齊東方未明二章 田人甫田一章二章同

令仁盧令一章 鄰命人唐揚之水二章 薪天人人綢繆一章

苓顚信采苓一章顚俗作巔○ 鄰顚令秦車鄰一章 天人身天

人身天人身黃鳥一二三章 榛人人年曹鳲鳩四章 薪年幽東

山三章 駰均詢小雅皇皇者華五章 田千采芑一章二章同 天千

三章 淵閵同上 天淵鶴鳴二章 年溱無羊四章 親信節南山四

章 電令十月之交三章 天人七章 天信臻身天雨無正三章

天人人小宛一章 陳人人天何人斯三章 翩人信巷伯三章

天人人五章 薪人大東三章 薪人同上 天淵四月七章

濱臣均賢北山二章 塵疷無將大車一章○一作疷無此字宋劉彝臆改疷以韵塵

亦無此字攷唐石經正作瘨與小雅白華瘨字皆甚明畫顧亭林從劉說謂石經乃從諱民滅畫之例非也

盡引楚茨六章　甸田信南山一章　賓年三章　田千陳人年甫田一章　岡薪車舝四章　榛人青蠅三章　命申采菽三章

天臻矜菀柳三章　田人白華三章　薪人四章　[illegible]矜民何草不黃二章

天新大雅文王一章　躳天七章　天莘大明六章　天人棫樸四章

天淵人旱麓三章　民嫄生民一章　堅鈞均賢行葦五章

壼年[illegible]既醉六章　人天命申假樂一章　天人命人卷阿八章

旬民填天矜桑柔一章　翩泯燼頻二章　天人臻雲漢一章　天

神申崧高一章　田人三章　身人烝民四章　甸命韓奕一章　卣

人田命命年江漢五章　田人瞻卬二章　天人三章　晉引頻

召旻五章六章 人訓刑周頌烈文 入天雝○以上平聲

實室周南桃夭二章 結襭芣苢三章 七吉召南摽有梅一章 曀曀

疐邶終風三章○從毛作疐 葛節日旄丘一章 日室栗漆瑟鄘定之方

中一章 日疾衛伯兮三章 實噎王黍離三章 室穴日大車三章

栗室即鄭東門之墠二章 日室室即齊東方之日一章 漆栗

瑟日室唐山有樞三章 七吉無衣一章 日室葛生五章 漆栗瑟

耋秦車鄰二章 穴慄穴慄穴慄黃鳥一二三章 韠結一檜素冠三

章 實室隰有萇楚三章 七一一結曹鳲鳩一章 子室豳鴟鴞一

章 實室東山二章 垤室窒至三章 實日小雅杕杜一章 至

恤四章 徹逸十月之交八章 血疾室雨無正七章 恤至蓼莪三章

珌室瞻彼洛矣二章 設逸賓之初筵一章 抑怭秩三章 實吉

結都人士三章 瓞(生)大雅緜一章 穴室同上 (洫)匹文王有聲三章

㮚室生民五章 抑秩匹假樂三章 密卽公劉六章 㞕恤(熱)

桑柔五章 挃㮚櫛室周頌良耜 ○以上入聲

古本音

卽 卽聲在此部詩東門之墠東方之日公劉三見易一見今入職 抑 抑聲在此部詩賓之初筵假樂二見屈賦一見今入職

洫 血聲在此部韓詩築城伊洫與匹韵今入職 ○矜 矜字在此部詩菀柳何草不黃桑柔三見漢韋元成戒子孫詩韵心則入侵韵晉張華女史箴韵與潘岳哀永逝文韵與承外始入烝韵 ○苓 令聲在此部詩簡兮采苓二見自漢枚乘七發韵鵠鸎鳴揚雄反離騷韵榮今韵乃專入青矣 零 令聲在此部詩定之方中一見今入青 令 令聲在此部詩東方未明盧令車鄰十月之交四見今入青 命 命聲在此部詩蝃蝀唐揚之水采菽假樂卷阿韓奕江漢六見今入映 佞 佞聲在此部晉語一見左傳佞夫公羊作年夫

今入徑畵畵聲在此部詩旣醉一見今兼入混○翩扁聲在此部詩巷伯桑柔二見易一見今入仙偏扁聲在此部今入仙○至至聲在此部詩東山杕杜蓼莪三見今入至○杕杜四章來疚弟一部平聲至恤弟十二部入聲偕近邇弟十五部上聲凡用三韵蓼莪三章矣恥久恃弟一部上聲恤至弟十二部入聲凡用二韵顧氏皆合爲一韵不能分別恤血聲在此部詩杕杜蓼莪桑柔三見今入術設設聲在此部詩賓之初筵一見今入薛徹徹聲在此部詩十月之交與逸韵今入薛毖必聲在此部詩桑柔與恤韵今入至暜暜聲在此部詩召旻與引頻韵屈賦懷沙與抑韵莊子則陽篇與世皆行而不暜與所行之備而不洫韵其字平讀如親而近汀入讀如七而近鐵也張衡東京賦韵結節譎秩潘岳西征賦韵結節閉未遑古音十六屑內僭字以暜諧聲今入霽○召旻暜與引頻爲韵不連粺爲韵懷沙黙鞫弟一弟三部合韵抑暜弟十二部入聲鄙改弟一部上聲非黙鞫抑一韵暜鄙改一韵也曀壹聲在此部詩終風二見今入霽疐疐聲在此部詩終風一見今入霽

古合韵

子本音在弟一部詩鴟鴞合韵室字淢本音在弟一部詩下武合韵四字韓詩作築城伊洫則在本韵矣○卣本音

在弟三部詩江漢合韵人田命命年字○躳本音在弟九部詩文王合韵天字○罔本音在弟十部詩車舝合韵薪字

明本音在弟十部屈賦惜誦合韵身字○荆本音在弟十一部詩烈文合韵人訓字生本音在弟十一部詩緜合韵臏字讀如瑟

正本音在弟十一部易姤象傳合韵牽賓牽民命客字平本音在弟十一部書洪範王道平平合韵偏字倩本音在弟十一部論語引詩合韵盼絢字

名本音在弟十一部離騷合韵均字哀郢合韵天字程本音在弟十一部屈賦懷沙合韵匹字○艱本音在弟十三部離騷合韵晉字學者多不得其韵矣

盼本音在弟十三部論語引詩合韵倩絢字○熱本音在弟十五部詩桑柔合韵毖恤字葛本音在十五部詩旄丘合韵節日字○疷本音在弟十六部詩無將大車合韵塵字

弟十三部

陸韵平聲諄文欣魂痕上聲準吻隱混很去聲稕問焮慁恨

詵孫振周南螽斯一章　麕春召南野有死麕一章　緡孫何彼襛矣三章

門殷貧艱邶北門一章　洒浼殄新臺二章　奔君鄘鶉之奔奔二章

倩盼衛碩人二章　隕貧氓四章　漘昆昆聞王葛藟三章

嘽璊奔大車二章　順問鄭女日雞鳴三章　門雲雲存巾員出其
東門一章　鰥雲齊敝笱一章　輪漘淪囷鶉飧魏伐檀三章　羣
錞苑秦小戎三章　勤閔豳鴟鴞一章　晨煇旂小雅庭燎三章　羣
犉無羊一章　鄰云慇正月十二章　先墐忍隕小弁六章　艱門
云何人斯一章　雲雰信南山二章　芹旂采菽二章　慍問大雅緜八
章　亹熏欣芬艱鳧鷖五章　訓順抑二章　慇辰東痻桑柔
四章　川焚熏聞遯雲漢五章　雲門韓奕四章　典禋維清
耘畛載芟　芹旂魯頌泮水一章　○以上平聲

古本音

詵先聲在此部詩螽斯一見今入臻　振辰聲在此部詩螽斯一見今入眞　麇囷聲在此部詩野有死麇一見今入眞

緡昬聲在此部詩何彼禯矣一見今入眞　痻昬聲在此部詩桑柔一見今入眞　貧分聲在此部詩北門氓二見今入眞

巾巾聲蓋在此部詩出其東門一見今入眞　囷囷聲在此部詩伐檀一見今入眞　晨辰聲在此部詩庭燎一見今入眞

辰辰聲在此部詩桑柔一見左傳一見今入眞　先先聲在此部詩小弁一見屈賦二見今入先　堇堇聲在此部詩小弁一見今入眞

忍刃聲在此部詩小弁一見今入軫　眕㐱聲在此部詩載芟一見今入軫　殄㐱聲在此部詩新臺一見今入銑

禋垔聲在此部詩維清一見今入眞　典典聲在此部詩維清一見儀禮古文腆爲殄今入銑　閔文聲在此部詩鴟鴞一見今入軫

○艱艮聲在此部詩北門何人斯鳧鷖三見今入山　般舟聲在此部詩北門一見今兼入山　員員聲在此部詩出其東門一見今兼入仙

川川聲在此部詩雲漢一見今入仙　鰥鰥字在此部詩敝笱一見今入山　盼分聲在此部詩碩人一見今入襉

○煇軍聲在此部詩庭燎一見今入微　旂斤聲在此部詩庭燎采菽泮水三見左傳一見今入微

亹亹聲在此部詩鳧鷖一見今兼入尾　錞𦎫聲在此部詩小戎一見今兼入隊　浼免聲在此部詩新臺一見今入賄

西西聲在此部禮記與巡韵劉向九歎與紛韵漢魏晉人多讀如下平一先之音今入齊　賁賁聲在此部左傳一見今兼入微

洒 西聲在此部詩新臺一見顏師古東方朔傳注音信今入薺 ○洒 今又入卦

古合韵

冰 本音在弟六部屈賦合韵門字 ○東 本音在弟九部詩桑柔合韵慇辰瘖字 ○炳 本音在弟十部易革象傳合韵蔚君字讀如份 ○倩 本音在弟十一部詩碩人合韵盼字 ○鄰 本音在弟十二部詩正月合韵云慇字 ○苑 本音在弟十四部詩小戎合韵羣錞字 ○蔚 本音在弟十五部易革象傳合韵炳君字讀如氳

弟十四部

陸韵平聲元寒桓刪山仙上聲阮旱緩潸產獮去聲願翰換諫襇線

轉卷選 邶柏舟三章 雁旦泮 匏有苦葉三章 干言 泉水三章 泉歎 四章 孌管 靜女二章 展袢顏媛 鄘君子偕老三章 反遠 載馳二章 僩咺諼僩咺諼 衛淇奧一二章 澗寬言諼 考槃一章 垣關關漣關言言遷 氓二章 怨岸泮宴晏旦反 六章 乾

歎歎難王中谷有蓷一章　館粲館粲館粲鄭緇衣一二三章　園
檀言將仲子三章　慢罕大叔于田三章　晏粲彥羔裘三章　旦爛
鴈女日雞鳴一章　言餐狡童一章　壇阪遠東門之壇一章○壇作墠者誤
漙婉願野有蔓草一章　渙蕑觀觀觀觀溱洧一二章　還閒肩
儇齊還一章　孌丱見弁甫田三章　環鬈盧令二章　孌婉選貫
反亂猗嗟三章　閒閑還魏十畝之閒一章　檀干漣廛貆餐伐檀
一章　粲爛旦唐葛生三章　旃然言焉旃然言焉旃然言
焉采苓一二三章　園閑秦駟驖三章　菅言陳東門之池三章　蕑卷
悁澤陂二章　冠欒慱檜素冠一章　泉歎曹下泉一二三章同　山
山山山豳東山一二三四章　遠踐伐柯二章　原難歎小雅常棣三章

阪衍踐遠愆伐木三章　嘽痯遠杕杜三章　汕衍南有嘉魚三章

安軒閑原憲六月五章　園檀鶴鳴一章二章同　干山斯干一章

山泉言垣小弁八章　幡言遷巷伯四章　泉歎大東三章　熯愆

(孫)楚茨四章　翰憲難(那)桑扈三章　霰見宴頍弁三章　樊言青蠅

一章　筵(秩)賓之初筵一章　筵(共)反幡遷僊三章　反遠角弓一章

遠然二章　管遠白華一章　燔獻瓠葉二章　援羨岸大雅皇矣五章

閑言連安八章　垣翰文王有聲四章　原繁宣歎巘原公劉

二章　泉原三章　泉單原五章　館亂鍛六章　澗澗上同

安殘綣反諫民勞五章　板癉然遠管亶遠諫板一章　難憲

二章　藩垣翰七章　旦衍八章　顏愆抑七章　言(行)九章

翰蕃宣崧高一章　蕃嘽翰憲七章　完蠻韓奕六章　宣翰江漢

四章　嘽翰漢常武五章　簡反反周頌執競　渙難訪落　駽燕

魯頌有駜三章　山丸遷虔梴閑安商頌殷武六章　○以上平聲

古本音

肩肩聲在此部詩還一見今入先　燕燕聲字在此部詩有駜一見今入先霰　見見聲在此部詩甫田頍弁二見今入霰

霰霰聲在此部詩頍弁一見今入霰　宴晏聲在此部詩氓頍弁二見今入霰　駽肙聲在此部詩有駜一見今入先

顯本音㬎在此部左傳一見毛詩顯顯令德中庸作憲憲今入銑　○巺巺聲在此部易象傳三見今入慁　○羨次聲

在此部詩皇矣一見今兼入脂　○番番聲在此部詩崧高一見今兼入戈　皤番聲在此部易一見今入戈　緐緐聲在此

部詩公劉一見今兼入戈　獻鬳聲在此部詩瓠葉一見今兼入歌　癉單聲在此部詩板一見今兼入箇　儺難聲在此部說

文引求福不儺與翰憲難韵今入歌

古合韻

共本音在弟九部詩賓之初筵合韻筵反幡遷僊字○行本音在弟十部詩抑合韻言字○秩本音在弟十二部詩賓之初筵合韻筵字實本音在弟十二部易蒙象傳合韻(順)巽字泰象傳合韻願願亂字翩本音在弟十二部屈賦湘君合韻淺閒字進本音在弟十二部屈賦合韻願字○孫本音在弟十三部詩楚茨合韻熯愆字順本音在弟十二部易蒙象傳合韻(實)巽字渙象傳合韻願字○那本音在弟十七部詩桑扈合韻翰憲難字說文作求福不儺則在本部

弟十五部陸韻平聲脂微齊皆灰上聲旨尾薺駭賄去聲至未霽祭泰怪夬隊廢入聲術物迄月沒曷末黠鎋薛

萋飛喈周南葛覃一章　歸私衣三章　嵬隤罍懷卷耳二章　纍綏樛木一章　枚飢汝墳一章　祁歸召南采蘩三章　薇悲夷草蟲三章

歸歸歸殷其靁一二三章　微衣飛邶柏舟五章　靁懷終風四章

遲違畿谷風二章　微歸微歸式微一二章　(歛)遺摧北門三章

喈霏歸北風二章　(頎)衣妻姨私衛碩人一章　荑脂蠐犀眉

二章　懷歸懷歸懷歸王揚之水一二三章　懷畏懷畏懷畏鄭將

仲子一二三章　衣歸丰四章　淒喈夷風雨一章　晞衣齊東方未明二

章　崔綏歸歸懷南山一章　萋晞湄躋坻秦蒹葭二章　衣

師無衣一二三章同　遲飢陳衡門一章　衣悲歸檜素冠二章　隮

飢曹候人四章　蓍師下泉三章　遲祁悲歸豳七月二章　歸歸

歸歸東山一二三四章　歸悲衣枚一章　畏懷二章　飛歸四章

衣歸悲九罭四章　騑遲歸悲小雅四牡一章　騑歸二章　威懷

常棣二章　薇歸采薇一二三章同　騤依腓五章　依霏遲飢悲

一哀六章　遲萋喈祁歸夷出車六章　萋悲萋悲歸杕杜二章

纍綏南有嘉魚三章　隮歸湛露一章　(煒)靁威采芑四章　飛躋斯干

四章　師氏維毗迷師節南山三章　夷違五章　微微哀十月

之交一章　訿哀違依底小旻二章　威罪巧言一章　麋階伊幾

六章　穨懷遺谷風二章　嵬萎(怨)三章　淒腓歸四月二章　薇桋

哀六章　喈湝悲回鼓鐘二章　尸歸遲私楚茨五章　淒祁私

大田三章〇從漢書說文王篇廣韻作淒今作萋誤　茨師瞻彼洛矣一章　摧綏鴛鴦

四章　幾幾車舝三章　維葵膍戾采菽五章　枚回大雅旱麓六章

惟脂生民七章　罍歸泂酌二章　萋喈卷阿九章　懠毗迷尸屎

葵資師板五章　壞畏七章　咨咨咨咨咨咨蕩二三四五六

七八章 騤夷黎哀桑柔二章 資疑維階三章 推雷遺遺畏摧
雲漢三章 郿歸崧高六章 騤喈齊歸烝民八章 回歸常武六章
鴟階瞻卬三章 幾悲六章 追綏威夷周頌有客 飛歸魯頌有駜
二章 枚回依遲閟宮一章 違齊遲躋遲祗圍商頌長發三章 ○
以上平聲
尾燬燬邇周南汝墳三章 瀰鷕邶匏有苦葉二章 菲體死谷風一章
薺弟二章 泲禰弟姊泉水二章 煒美靜女三章 泚瀰鮮
新臺一章 指弟鄘蝃蝀一章 體禮禮死相鼠三章 濟閟載馳二章
藟弟王葛藟一章二三章同 唯水齊敝笱三章 濟瀰弟載驅二章
弟偕死魏陟岵三章 火衣豳七月一章 火衣二章 火葦

三章 兕几狼跋一章 韡弟小雅常棣一章 偕(近)邇杕杜四章 鱧旨魚麗二章 旨偕五章 泥弟弟豈蓼蕭三章 矢兕醴吉日四章

匕砥矢履視涕大東一章 穉火大田二章 穉穧三章 旨偕賓之初筵一章 禮(至)二章 兕豈魚藻二章 濟弟大雅旱麓一章

葦履體泥行葦一章 弟爾几二章 依濟几依公劉四章 罪罪瞻卬二章 秭醴妣禮皆周頌豐年 濟(積)秭醴妣禮載芟○以

上上聲

掇捋周南芣苢二章 肄棄汝墳二章 蕨惙說召南草蟲二章 伐茇

敗愒拜說甘棠一二三章○張參徐鉉皆云愒别作憩 塈謂摽有梅三章

脫帨吠野有死麕三章 出卒述邶日月四章 闊說擊鼓四章 闊

活五章 厲揭匏有苦葉一章 潰肄塈谷風六章 㦖邁衛害泉水三章 逝害二子乘舟二章 紕四畀鄘干旄一章 活濊發揭孽朅衛碩人四章 說說氓三章 遂悸遂悸芄蘭一二章 朅桀伯兮一章 厲帶有狐二章 穗醉王黍離二章 月佸桀括渴君子于役二章 葛月采葛一章 艾歲三章 達闕月鄭子衿三章 月闥闥發齊東方之日二章 桀怛甫田二章 季寐棄魏陟岵二章 外泄逝十畝之間二章 逝邁外蹶唐蟋蟀二章 比佽比佽杕杜一二章 棣檖醉秦晨風三章 逝邁陳東門之枌三章 肺晢東門之楊二章 萃誶墓門二章○誶今本譌作訊從王逸楚詞注引詩誶予不顧廣韵六至引歌以誶止改正 發怛檜匪風一章 闋雪說曹蜉蝣三章 祋芾候人

一章 發烈褐歲 幽七月一章 烈渴 小雅采薇二章 旆瘁 出車二章

位瘁 采芑一章二三章同 依柴 車攻五章 艾晣噦 庭燎二章 惠

戾屆闋 節南山五章 (結)厲滅威 正月八章 滅戾勩 雨無正二章

退遂瘁誶(荅)退 四章○誶今本譌作訊 出瘁 五章 艾敗 小旻五章

邁寐 小宛四章 嘒淠屆寐 小弁四章 蔚悴 蓼莪二章 烈發

害 五章 律弗卒 六章 舌揭 大東七章 烈發害 四月三章 穟利

大田三章 穟艾 鴛鴦三章 舝逝渴括 車舝一章 淠嘒駟屆 采菽

二章 愒瘵邁 菀柳二章 撮髮說 都人士二章 厲蠆邁 四章

蔓謂 隰桑四章 外邁 白華五章 卒沒出 漸漸之石二章 世世 大雅

文王二章 妹渭 大明五章 拔兌駾喙 緜八章 翳栵 皇矣二章

拔兌對季季三章　類比四章　茀仡肆忽拂八章　月達
害生民二章　旆檖四章　軷烈歲七章　匱類既醉五章　位塈
假樂四章　溉塈泂酌三章　愒泄厲敗大民勞四章　蹶泄板二章
類懟對內蕩三章　揭害撥世八章　疾戾抑一章　寐
內四章　舌逝六章　僾逮桑柔六章　隧類對醉悖十二章
舌外發烝民三章　惠厲瘵屆瞻卬一章　奪說二章　類瘁五章
活達桀周頌載芟　茷噦大邁魯頌泮水一章　大艾歲害閟宮五章
撥達達烕發烈截商頌長發二章　旆鉞烈曷櫱達截伐
桀六章　○以上入聲

古本音

哀衣聲在此部詩采薇十月之交小旻四月桑柔五見今入咍豈微聲在此部詩蓼蕭魚藻二見本亦作愷今愷入海愛
㤅聲在此部詩鳲桑一見今入代僾薆聲在此部詩桑柔一見今入代溉既聲在此部詩泂酌一見今入代逮隶聲
在此部詩桑柔一見今入代○雟唯聲在此部詩有瀰濟盈有雟雉鳴瀰雟爲韻經典釋文引說文以水反字林于水反廣韻注云又
芊水切集韵五旨內有此字皆本音也今誤入三十小○牝匕聲在此部大戴禮與死韵老子谷神不死是謂元牝今兼入軫
率采芑一章二章三章皆以莅止率止爲韵今兼入質○竄竄聲在此部易訟象傳一見宋玉高唐賦班固兩都賦潘岳西征賦
張載七命各一見說文引虞書竄三苗今入換○坻氐聲在此部詩蒹葭一見今兼入紙燬毀聲在此部詩汝墳一見今入紙
邇爾聲在此部詩汝墳小雅杕杜二見今入紙凡尒聲字漢人入十六部用如故人心尙爾韵綺被解此之類是也瀰镾聲在此
部詩新臺一見匏有苦葉一見今兼入紙泚此聲在此部詩新臺一見今兼入紙凡此聲字漢人多入十六部用訿此聲在此部詩
小旻一見今兼入紙砥氐聲在此部厎或作砥詩大東作砥孟子引作厎今分別厎在五旨砥在四紙濔爾聲在此部詩載驅一見
今入紙爾尒聲在此部詩行葦一見今入紙柴此聲在此部詩車攻一見今入佳○火火聲在此部詩七月大田

四見今入果

古合韻

疑本音在第一部詩桑柔合韻資維階字○飽本音在第三部屈賦天問合韻纚蠥逢字○荅本音在第七部雨無正合韻遝遂萃誶遝字新序漢書皆作對則在本韻○結本音在第十二部詩正月合韻厲滅威字○疾本音在第十二部詩抑合韻戾字至本音在第十二部詩賓之初筵合韻禮字屈賦遠遊合韻比厲衛字閟本音在第十二部詩載馳合韻濟字○

近本音在第十三部詩小雅杕杜合韻偕邇字顧氏云近字本在脂微韻所謂以合韻惑本音也敦本音在第十三部詩北門合韻遺摧字焞本音在第十三部詩采芑合韻雷威字漢書韋元成傳引作推推則在本韻頎本音在第十三部詩碩人合韻衣妻姨私字○或以頎讀本音衣讀如殷合韻中庸戎衣鄭讀爲殷白虎通云衣者隱也裳者障也微韻與文欣二韻轉移最近微韻中軍聲翬聲斤聲㠯聲之字皆自文欣韻中轉入○鮮本音在第十四部詩新臺合韻泚瀰字顧氏亦不辨爲合韻矣怨本音在第十四部詩谷風合韻嵬萎字讀如伊此與北門之敦讀推采芑之焞讀推碩人之頎讀畿新臺之鮮讀斯杕杜之近讀幾正同釁聲之字本有收而今韻入尾分聲

之爨本在第十三部而鄭司農讀徽於弟五類弟六類觀其會通可矣

恒本音在第十四部說文恒悬同字引詩信誓悬悬是也詩隶旦以韵桀字匪風以韵發偈字此古合韵漢書王吉傳引匪風作中心制兮則在本韵

○積本音在第十六部詩載芟合韵濟秭醴妣禮字

○蛇本音在第十七部屈賦東君合韵雷懷歸字遠遊合韵妃夷飛佪字

歌本音在第十七部屈賦遠遊合韵妃夷飛佪字讀如幾

弟十六部

陸韵平聲支佳上聲紙蟹去聲寘卦入聲陌麥昔錫

支鸝鸝知衛芄蘭一章　斯知陳墓門一章　枝知檜隰有長楚一章

斯提小雅小弁一章　伎雌枝知五章　易知祇何人斯六章　篪知斯七章　卑疧白華八章　篪圭攜大雅板六章

○以上平聲

適益讁邶北門二章　翟髢揥皙帝鄘君子偕老二章　簀錫璧衛淇奧三章　提辟揥刺魏葛屨二章　甓鷊惕陳防有鵲巢二章

鵙績幽七月三章　(局)蹐脊蜴小雅正月六章　帝易大雅文王六章
辟剔皇矣二章　績辟文王有聲五章　益易辟辟板六章　帝辟
帝辟蕩一章　解易辟韓奕一章　(幭)厄二章　刺狄瞻卬五章
解帝魯頌閟宮三章　辟績辟適解商頌殷武三章　○以上入聲

古本音

觿巂聲在此部詩芄蘭二見今兼入齊　提是聲在此部詩葛屨小弁二見今兼入齊　攜巂聲在此部詩板一見今入齊
髢本作鬄易聲在此部詩君子偕老一見今入霽　揥帝聲在此部詩君子偕老葛屨二見今入祭　帝帝聲在此部詩君子偕老文王蕩閟宮五見秦琅邪臺刻石與(地)懈辟易畫韵今入霽　圭圭聲在此部詩板一見今入齊　締帝聲在此部屈賦一見今入齊霽
繫毄聲在此部左傳一見今入霽　睨兒聲在此部左傳一見今入霽

古合韵

里本音在弟一部周語富辰引言合韵里字○翟本音在弟二部詩君子偕老合韵鬄揥晳帝字讀如狄○局本音
在弟三部詩正月合韵蹐脊易字讀如具○釋本音在弟五部屈賦悲回風合韵積擊策蹟適愁適蹟益字○壞本音在弟
十五部周語彪傒引詩合韵支字幭本音在弟十五部詩韓奕合韵幭字從他經作幦則在本韵考車覆笭既夕禮玉藻少儀公羊傳說
文皆謂之幦毛詩幭厄二字皆屬假借厄卽軶毛傳厄烏蠋也个譌爲烏蠋詳見詩經小學雌本音在弟十五部詩小弁合韵伎枝知字
爲此聲字入十六部之始矣○離本音在弟十七部屈賦少司命合韵知字老子載營魄抱一能無離乎合兒疵爲雌知韵又常德不
離合離谿兒韵離字入支韵蓋久矣螭本音在弟十七部屈賦涉江合韵知字

弟十七部

陸韵平聲歌戈麻上聲哿果馬去聲箇過禡

皮紽蛇召南羔羊一章沱過過歌江有汜三章爲何爲何爲
何邶北門一二三章離施新臺三章河儀他鄘柏舟一章珈佗
河宜何君子偕老一章皮儀儀爲相鼠一章猗磋磨衛淇奧一章

阿邁歌過考槃二章左瑳儺竹竿三章離靡王黍離一章二三章
同羅爲罹吪兔爰一章麻嗟嗟施丘中有麻一章宜爲鄭緇
衣一章加宜女曰雞鳴二章吹和蘀兮二章何何齊南山三章四章同
左我唐有杕之杜一章何多何多何多秦晨風一二三章差
原麻娑陳東門之枌二章池麻歌東門之池一章陂荷何爲沱
澤陂一章縭儀嘉何豳東山四章錡吪嘉破斧二章何何伐柯
一章鯊多小雅魚麗一章多嘉四章椅離儀湛露四章莪阿
儀菁菁者莪一章駕猗馳破車攻六章何羆蛇斯干六章羆蛇
七章地裼瓦儀議罹九章阿池訛無羊二章猗何瘥多
嘉嗟節南山二章河他小旻六章罹何何小弁一章掎杝佗

六章　禍我可何人斯二章　議爲北山六章　左宊裳裳者華四章

羅宊鴛鴦一章　何嘉他頍弁一章　俄僛賓之初筵四章　嘉儀同上

阿（難）何隰桑一章　阿何緜蠻一章　波沱他漸漸之石三章　莪

宊大雅棫樸二章　阿池皇矣六章　賀左下武六章　何嘉儀既醉四章

沙宊多嘉爲鳧鷖二章　阿歌卷阿一章　多馳多歌十章

儀嘉磨爲抑五章　嘉儀八章　（寇）可詈歌桑柔十六章　皮

羆韓奕六章　犧宊多魯頌閟宮三章　河宊何商頌元鳥○以上平

聲

古本音

地也聲在此部詩斯干一見屈賦天問與歌韵橘頌與過韵上林賦與河馳韵讀如沱今入至○考地字周秦人亦入於十六部如莊子接

輿歌禍重如地莫之知避秦琅邪臺刻石文陵水經地韵帝解辟易畫字司馬相如子虛賦揜草蔽地韵絶乎心繫元命包日地者易也皆讀如狄

𢀩 差聲在此部詩東門之枌一見今兼入皆

○

皮 爲聲在此部詩羔羊相鼠韓奕三見左傳一見今入支

蛇 它聲在此部詩羔羊斯干三見屈賦二見今兼入支

爲 爲聲在此部詩北門相鼠兔爰緇衣澤陂北山鳧鷖抑十見易一見今入支寘

離 离聲在此部詩新臺湛露二見屈賦四見今入支寘

施 也聲在此部詩新臺丘中有麻二見屈賦三見今入支寘

義 我聲在此部書一見易一見大戴禮一見今入寘

儀 義聲在此部詩柏舟相鼠東山湛露菁莪斯干賓之初筵既醉抑十見今入支

宜 多聲在此部詩君子偕老緇衣女曰雞鳴褰裳著華鴛鴦棫樸鳧鷖閟宮元鳥九見士冠禮一見易一見今入支

猗 奇聲在此部詩淇奧車攻節南山三見今入支紙

靡 麻聲在此部詩黍離三見易一見今入紙

羅 羅聲在此部詩兔爰斯干小弁三見今入支

吹 吹聲在此部詩蘀兮一見老子或呴或吹與隨嬴墮韵今入支

𢀩 差聲在此部今又入支佳卦

池 也聲在此部詩東門之池無羊皇矣三見屈賦一見今入支

陂 皮聲在此部詩澤陂一見莊子生於陵陂與施爲韵今入支寘唐元宗不知洪範遵王之義義讀俄而改頗爲陂以合之又不知陂之本讀坡也

縭 离聲在此部詩東山一見今入支

錡 奇聲在此部詩破斧一見今入支紙

椅 奇聲在此

部詩湛露一見今入支　馳也聲在此部詩車攻卷阿二見屈賦二見今入支　罷罷聲在此部易一見今入支蟹　羆羆省聲在此部詩斯干韓奕三見今入支　議義聲在此部詩斯干北山二見今入寘　掎奇聲在此部詩小弁一見今入紙　杝也聲在此部詩小弁一見今入紙　詈詈聲葢在此部讀如羅詩桑柔一見今入寘　哆多聲在此部詩巷伯與侈韵今入紙　侈多聲在此部詩巷伯與哆韵今入紙　儀義聲在此部詩閟宮一見今入支　墮隓聲在此部書一見今兼入支　隨𡐦聲在此部論語季隨與季騧韵今入支　騧咼聲在此部論語季騧與季隨韵今兼入佳

古合韵

弱本音在弟二部易大過傳本末弱也合韵大者過也○陸本音在弟三部易漸上九合韵儀字讀如羅○宋人改陸爲逵以韵儀不知今韵逵在脂儀在支古韵逵音仇儀音莪也○寇本音在弟四部詩桑柔合韵可詈歌字讀如科○路本音在弟五部大戴禮驪駒詩合韵駕字讀如羅爲漢以後弟五部入弟十七部合用之始　虧雐聲字葢在弟五部屈賦離騷以韵離字天問以韵加字葢古合韵○儺本音在弟十四部詩竹竿合韵左瑳字　原本音在弟十四部詩東門之枌合韵差麻娑字古獻尊之爲犧尊若

干之爲若柯磐娑之爲婆娑嘽嘽駱馬之爲瘏瘏駱馬皆此類難本音在弟十四部詩隰桑合韵阿何字○裼本音在弟十六部詩斯干以韵地瓦儀議羅字讀如拕此爲次弟最近之合韵江氏改易地字古音謂地裼一韵瓦儀議羅一韵其說疏矣

凡二萬八千一百七十九字

表四終

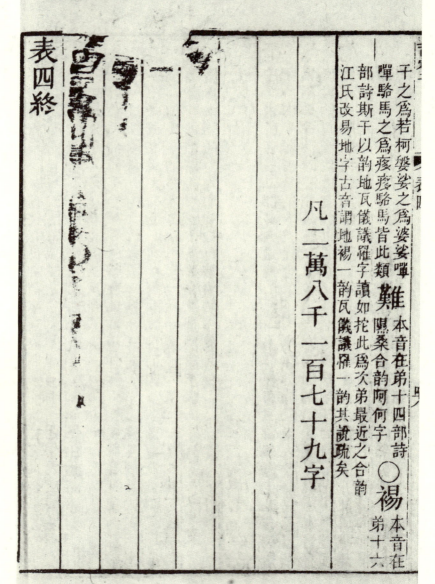

羣經韻分十七部表　六書音均表五

第一部陸韻平聲之咍上聲止海去聲志代入聲職德

災牛災周易上經无妄六三　龜頤頤初九　來思下經咸九四　期時歸妹九四　丘思渙六四　治事始象上傳蠱　志富載疑象上傳小畜　志備祐大有　疑尤喜志賁　災尤載用剝

志富災之試災无妄　災尤志喜大畜　災志僾事否志疑象下傳遯　待尤之蹇　志志疑喜祐志損　事來之志之志辭來益　志喜疑事志富升　之志革　之尤鼎　災志事用豐　災尤旅　疑治巽　疑志兌

僾疑時來久既濟　來能謀能繫辭下傳象事知器已下　事試

治災治文言傳乾　時災來息襍卦傳　○喜起熙尚書皐陶謨帝舜歌

○時來之士冠禮醮辭　○時財能大戴禮公冠篇祝雍祝成王冠辭　時

財時武王踐阼篇牖銘　○思辭哉禮記曲禮上首節　裘箕學記○按列子

云古詩言良弓之子必先為箕良治之子必先為裘知韵語也　○姬旗丘春秋左傳僖十五年

晉嫁伯姬筮辭　每謀二十八年晉輿人誦　思來宣二年宋城者謳　裘駘

襄四年魯人誦　謀志哉昭十二年鄉人言南蒯將叛　薶謀之哀五年萊人歌

○疑基晉語叔詹引諺　怠來災之越語范蠡引所聞　○基時孟子公孫

丑篇引齊人言○附　能佩離騷　時態同上　茲詞同上　佩詒同上

之之同上　異佩同上　疑之同上　媒疑同上　茲沫同上

待期同上　來思九歌湘君　辭旗少司命　貍旗思來山鬼

謀之天問　牛來同上　尤之期之同上　識喜同上　佑

喜同上　肬之九章惜誦　志咍同上　尤之同上　持之哀郢

時已之同上　期志抽思　思媒同上　貽詒思美人　詒志

同上　之旹期同上　能疑同上　詩疑娭治之否欺思之

尤之惜往日　牛之同上　之疑辭之同上　志喜橘頌　右

期悲回風　怪來遠遊　疑浮同上　○以上平聲

字字周易上經屯六二　否否喜否上九　福母下經晉六二　趾

否子鼎初六　道已始象下傳恆　子婦家人　起止始襍卦傳

久止同上　○備字士冠禮字辭　事嗣士昏禮醮子命　○理釐里

始大戴禮保傅篇易曰正其本以下　負趾否曾子制言上篇行則爲人負三句

嶷士（五帝德篇其色郁郁四句）○始釐里（禮記經解引易）起海子（孔子閒居）

（言五起）○友右（春秋左傳閔二年卜辭）子止（僖二十五年衛禮至銘）子

使（襄四年魯人誦）誨殖嗣（襄三十一年鄭輿人誦子產）(世)息（昭三年讒鼎銘）

杞子鄙恥已士（昭十二年南蒯鄉人歌）○紀止（越語范蠡引所聞嬴縮以

爲常節）起始（范蠡對越王人事不起弗爲之始）○已殆（論語微子篇楚狂接輿歌）

賚富（堯日篇）○（附）在茝（離騷）畝芷（同上）茝悔（同上）悔

醢（同上）在理（同上）汜里（天問）子在（同上）在里（同上）趾

在止（同上）止殆（同上）止子（同上）子婦（同上）市姒佑試

（同上）戒殆（同上）恃代（九章惜誦）志態（同上）以醢（涉江）鄙

改（懷沙）怪態采有（同上）佩異態竢(出)（思美人）佩(好)代

意置載備異再識憎往日友理橘頌恃止同上紀止
悲回風意事卜居○以上上聲
子克周易上經大有九三纆棘得坎上六翼食下經明夷初九食
來祀困九二食惻福井九三革塞食鼎九三忒服象上
傳豫忒服觀革息得革象下傳革福則震昃食息
豐克則直克得象上傳同人牧得服則服得國謙
得德則蠱食則得意息國則象下傳明夷得直福困
惻福井福則震得戒同上塞極節革得極
則文言傳乾食色伏飭襍卦傳○極極福極極德極尚書洪範
五皇極已下色德福極而康而色已下側直極極無反無側已下

德直克克直克克克克福食食食國忒六三德已下○服
德福士冠禮始加緇布冠祝辭服德福再加皮弁祝辭服德三加爵弁祝辭
○食福考工記梓人祭侯辭極國則㮚氏量銘○司職大戴禮哀公問五義
篇若天之司二句直黑曾子制言上篇蓬生麻中四句服德武王踐阼篇劍銘
直得子張問入官篇枉而直之二句祿彧服德福極公冠篇孝昭冠辭○
彧作或誤○職極服則禮記禮運篇禮行於郊以下得翼國孔子閒居言五
起○置置德服晉語公子縶引所聞稷殖叔詹引諺服國鄭語宣王
時童謠德力食殛越語范蠡對越王王其且馳騁弋獵節○食食息慝
孟子梁惠王篇今也不然節來直翼得德滕文篇引放勳言○福極德
直力服急息德毒忒食告則慝職鞫爾雅釋訓穰穰福也已下○

附服則離騷 息服同上 節服同上 極服同上 極翼同上

極息側九歌湘君 極識天問 得殛同上 億極同上 極

得同上 側佑同上○二句一韵 䆳服同上 牧國同上 服直

九章惜誦 極得哀郢 北域側得息抽思 默鞫懷沙 戒得

惜往日 服國橘頌 默得悲回風 得則遠遊 息德同上

食翼卜居○以上入聲

弟二部陸韵平聲蕭宵肴豪上聲篠小巧晧去聲嘯笑效号

咷笑周易上經同人九五 號笑下經萃初六 巢笑咷旅上九○憍

逃大戴禮武王踐阼篇觴豆銘○巢遙勞驕春秋左傳昭二十五年童謠○撓

逃朝孟子公孫丑篇北宮黝節 濯暴滕文公篇引曾子言○附遙姚離騷

邈樂（同上）　笑窕（九歌山鬼）　到照（天問）　燿鶩（遠遊）　撟樂（同上）

○以上平聲

弟三部（陸韵平聲尤幽上聲有黝去聲宥幼入聲屋沃燭覺）

柔憂求（周易襍卦傳）　柔憂（同上）○游救（大戴禮武王踐阼篇盥盤銘）矛蓋（矛銘）　柔求（子張問入官篇優而柔之二句）○猶臭（春秋左傳僖四年繇辭）

湫攸（昭十二年）○遊休（孟子梁惠王篇晏子引夏諺）　流憂（梁惠王篇引晏子言）○（附）游求（離騷）　留茅（同上）　流啾（同上）　猶洲修舟流（九歌湘君）　蕭憂（山鬼）　龍游（天問）　流求（同上）　告救（同上）　憂求（同上）　浮懮（九章抽思）　救告（同上）　悠憂（思美人）　流昭幽聊由廚（惜往日）　憂求游（同上）　求流（橘頌）　聊愁（悲回風）

游浮遠遊霤由同上○以上平聲

道咎周易上經小畜初九酒缶牖咎坎六四首醜離上九裕

咎下經晉初六狩首明夷九三酒咎首未濟上九道(八)象上傳臨

道咎造(八)首象上傳乾咎道同人考道咎蠱道醜

道觀咎道考道復(八)醜咎大過咎道(八)離咎

道象下傳睽咎道醜咎解咎道咎夬咎飽醜道保

漸咎道節咎道既濟保(母)繫辭下傳无有師保二句○好道

尚書洪範無有作好二句○晧壽大戴禮將軍文子篇常以晧晧是以眉壽○雔保春秋

左傳僖五年士蔿引所聞州道草擾獸牡襄四年周箴皁覺蹈憂

哀二十一年齊歌○就憂狃咎晉語引商銘狃咎輿人誦惠公報

臭國人誦改葬共世子　考守越語范蠡引所聞上帝不考時反是守　牡道究
范蠡引所聞凡陳之道以下　○奧竈論語爲政篇王孫賈問　○附　好巧離騷
道考天問　任守同上　嫂首同上　仇讎保道九章惜誦　好
就同上　任醜橘頌　○以上上聲
告瀆告周易上經蒙　復輹目小畜九二九三○輹作輻譌　肉毒噬嗑
六三　輹逐牿大畜九二九三六四　逐復下經睽初九　復夙解
木谷覿困初六　足餗渥鼎九四　陸復育漸九三　木桷
六四　屋覿豐上六　○族睦尙書堯典以親九族二句　○目腹復春秋左傳
宣二年宋謳　蹴目成十六年筮辭　卜卜昭三年引諺　鵒辱昭二十五
年引童謠　鵒哭同上　○濁足孟子離婁篇引孺子歌　○附　育腹天問

竺燠同上　欲祿同上　復慼九章哀郢　木足思美人　屬轂

遠游○以上入聲

弟四部陸韻平聲侯上聲厚去聲候

須濡周易上經賁六二九三○侯侯考工記梓人祭侯辭○渝輸春秋左傳僖四

年繇辭　儒邾襄四年魯人歌　誅侯襦昭二十五年引童謠　韻踰哀十

七年衛繇辭○附　駒鳧軀卜居○以上平聲

寇媾周易上經屯六二　寇媾賁六四　寇媾下經睽上九　鮒漏

井九二　主蔀斗豐初九六二　蔀斗主九四　聚聚象下傳萃

樹數繫辭下傳不封不樹二句　晝誅遇襍卦傳○呴口大戴禮武王踐阼篇

機銘○僂傴俯走侮口春秋左傳昭七年引正考父鼎銘　主藪昭七年引

武王告諸侯○附詬厚離騷屬具同上屬數天問厚取同上

○以上上聲

弟五部陸韻平聲魚虞模上聲語麌姥去聲御遇暮入聲藥鐸

輿盧周易上經剝上九穫畬无妄六二牙衢大畜六五上九華夫大過九五孤夫膚下經睽九四九五孤塗車弧弧上九譽故蹇初六六二膚且夬九四魚膚且魚瓜姤九二九三九四九五徐車困九四魚虛象下傳中孚一居虛繫辭下傳變動不居二句度懼故其出入以度三句譽懼二多譽二句居著襍卦傳○惡路尚書洪範無有作惡二句○魚徒大戴禮子張問入官篇水至清以下○瑕家春秋左傳閔元年引諺去餘狐僖十五年筮辭狐弧姑逋家虛伯姬嫁秦筮辭

汙瑕垢宣十五年伯宗引諺　詐虞宣十五年宋盟楚書　家夫襄四年引虞箴　豬豭定十四年宋野人歌　虛瓜夫辜哀十七年衛侯夢渾良夫歌○吾烏枯晉語優施歌　詐賂晉語輿人誦惠公○豫助豫度孟子梁惠王篇引夏諺○如余且爾雅釋天月名　辜涂同上○附　度路離騷　路步同上　迎故同上　狐家同上　車疏同上　都居同上　華居疏九歌大司命　錯洿故天問　衢居如同上　故懼同上　如居九章涉江　如蕪哀郢　姑徂抽思　故慕懷沙　莫故同上　錯懼同上　度路思美人　度暮故同上　紆娛居悲回風　都如遠游　居戲霞除同上　予居都閭同上　路度同上　顧路同上○以上平聲

雨處周易上經小畜上九般馬下經明夷六二輔序艮六五處斧
旅九四下若巽九二下斧巽上九土下象上傳離下與女
象下傳咸下與恆所與艮下普象上傳乾與下隨
下與下剝下與輔下大過處下象下傳咸下與困
下舍與井雨暑女繫辭上傳鼓之以雷霆以下處語繫辭上傳或出
或處以下凡用三韵馬下下傳服牛桒馬以下處宇雨上古穴居以下虎
覩下文言傳乾下舍同上故旅下寡處襍卦傳○祖社女
尚書甘誓用命賞于祖以下女女赦湯誓予其大賚女以下怒戮敘洪範
我聞在昔以下敘廡五者來備以下雨夏雨庶民惟星以下○湑脯序
祜士冠禮再醮辭楚俎三醮辭假甫字辭○所女考工記梓人祭矦辭

○賈野旅大戴禮曾子制言上篇近市無賈三句　馬下五帝德篇春夏乘龍以下

土雨所古祜公冠篇上天祝辭　土雨者下下土祝辭　○舍固禮記曲禮上將適舍二句　戶下將入戶二句　武虎怒前朱鳥節　土戶禮運後聖有作節　戶下俎鼓嘏祖㊀子下所祜禮運元酒在室節　旅

㊀廣鼓武雅語古下樂記子夏對魏文侯　夏露孔子閒居天有四時以下皆如詩句　舉㊀士處所射譽射義引詩○大戴禮投壺篇同惟曾孫侯氏下四正具舉上有今日大射四字又誤衍十一字　○社輔春秋左傳閔二年卜辭　父所筮辭　羽

野馬昭二十五年童謠　者伍與襄三十一年鄭人誦　○黍蕪晉語叔詹引諺

所禦野與越往予蠡引所聞所以下　○夜夏論語微子篇八士二叔

○附與莽序暮離騷　武怒舍故同上　予野同上　輔土

同上 圃暮同上 夜御下予佇妬同上 馬女同上 下女
同上 固惡寤古同上 女女同上 舉輔同上 女下同上
與予同上 渚下浦女與九歌湘君 渚予下湘夫人 浦者
與同上 下女予大司命 下予少司命 鼓簴姱舞東君
渚下浦予河伯 下雨予山鬼 馬鼓壄國殤 鼓舞與古
禮魂 所處羽天問 輔緒同上 怒固同上 下所九章惜誦
雨宇涉江 姱怒抽思 莽土懷沙 下舞同上 莽草思美人
處慮曙去悲回風 語曙遠遊 ○以上上聲
虩啞周易下經震 虩啞初九 索矍上六 作坼象下傳解 柝
客繫辭下傳重門擊柝二句 薄射錯逆說卦傳雷風相薄以下 ○度索大戴

禮子張問入官篇揆而度之二句　射莫投壺篇命射辭○席諾禮記曲禮上必愼唯

諾與母踖席爲韵　席作尺將卽席以下韵語也　炙酪帛朔禮運以炮以燔

下　席帛炙醜莫腥其俎節　宅斁作澤郊特牲大蜡辭　惡碩

大學引諺○度擇春秋左傳隱十一年引諺　索獲昭二十七年公子光引上國言○

作客越語范蠡對越王天時不作弗爲人客○附索妒離騷　鑕度同上

迫索同上　宅惡同上　若柏作九歌山鬼　度作天問　射若

同上　釋白惜誦　薄薄同上　蹠客薄釋哀郢　作穫同上

莫斁遠遊○以上入聲

弟六部陸韵平聲烝登上聲拯等去聲證嶝

陵興周易上經同人九三　陵孕勝下經漸九五　升陵象上傳坎　凝

冰象上傳坤　薿興陵賁　恆承象下傳歸妹　○弓興考弓記弓人下
栩之弓二句　○興崩大戴禮武王踐阼篇劍銘　○薿弓朋春秋左傳莊二十二年引
詩　陵雄襄十年繇辭　滬陵興昭十二年齊侯投壺辭　○登崩周語
引諺　徵興晉語輿人誦惠公　○附　弓徵凌雄九歌國殤　興膺天問
(言)勝陵(文)同上　膺仍九章悲回風　○以上平聲

弟七部陸韻平聲侵鹽添上聲寑琰忝去聲沁豔㮇入聲緝葉怗
心金周易繫辭上傳二人同心二句　○黔心春秋左傳襄十七年宋謳　愔音金
心昭十二年引祈招之詩　○附　心淫離騷　風林九章涉江　心風哀郢
潭心抽思　○以上平聲
附　急立離騷　悒急天問　○以上入聲

弟八部陸韵平聲覃談咸銜嚴凡上聲感敢豏檻儼范去聲勘闞陷鑑釅梵入聲合盍洽狎業乏

坎窞周易上經坎初六　坎枕窞六三　○附　敢憺九章抽思　○以上平聲

法接周易象上傳蒙　○附　甲接九歌國殤　接涉九章哀郢　○以上入聲

弟九部陸韵平聲東冬鍾江上聲董腫講去聲送宋用絳

龍用周易上經乾初九　墉攻同人九四　中應中蒙功象上傳蒙

窮中功需　從中應窮比　通同泰　通邦否　中功坎　動應象下傳恆　同通睽　中窮功邦蹇　眾中

功解 窮終夬 中窮困 窮中功凶井 功邦中
窮漸 窮同中功渙 中窮通節 中邦中孚 中窮
既濟 中終(應)未濟 中窮終象上傳坤 (禽)窮屯 中終需
凶寵邦功師 功邦同上 中(禽)中終比 凶(正)豫
凶功中窮隨 凶中功坎 容公邦離 (深)中容
(禽)終凶功象下傳恆 窮中大壯 (心)躬(正)終艮 中窮功
中窮凶巽 中窮節 凶功繫辭下傳三多凶二句 終窮襍卦
傳 ○邦雍尚書堯典協和萬邦二句 ○容恭大戴禮武王踐阼篇帶銘 ○容恭
同(王)禮記曲禮上正爾容節 降(騰)同動月令孟春 (騰)降通冬月令
孟冬 從同邦孔子閒居言五起 ○中融春秋左傳隱元年鄭莊公歌 茸

公從僖五年士蔿賦○功庸越語范蠡引所聞聖人之功節皆韵語也○躳中竆
終論語堯日篇○附庸降離騷縱巷同上同調同上降中
竆爞九歌雲中君堂宮中河伯功同天問從通同上躳
降同上逢從同上沈封同上中竆行九章涉江江東同上
同容抽思豐容懷沙江洶悲回風讒從卜居忠竆
同上凶從同上○以上平聲

弟十部陸韵平聲陽唐上聲養蕩厺聲漾宕

囊裳黃周易上經坤六四六五上六荒亡行泰九二亡桑否九五
光王觀六四亨尙坎壯罔下經大壯九三往亨損
良望歸妹六五筐羊上六望亡中孚六四防戕小過九二疆

亨疆行常行慶疆象上傳坤　行亨往行小畜　剛亨明履

明行亨大有　亨明行謙　亨明章行噬嗑　亨往賁

剛長象行剝　行長復　養養頤　行往亨大過

亨行長象下傳遯　上明行晉　行明行剛睽　上行往

亨行損　疆光慶行疆方行益　剛光夬　剛長章

行姤　亨慶行升　當亡革　明行剛亨鼎　行明

艮　當剛歸妹　剛明旅　行剛巽　亨行小過　亨當

既濟　方光象上傳坤　剛常屯　明光長同上　行常需

長明訟　常行當師　傷上比　明行當剛行當慶

履　當行當長否　剛行同人　當行剛亡長豫　當

長當臨 行剛當光當明噬嗑 慶行大畜 光上慶頤

罔往當詳長象下傳大壯 行當慶光晉 當剛行慶

亡睽 當明光長夬 當光上萃 明慶剛祥困

當行同人上 剛當光行喪震 常當行良行筐歸妹 當

明行慶翔藏豐 傷喪旅 當慶當光兌 當上當

長中孚 當長上亢小過 當行未濟 象像繫辭下傳易者象也以下

彰剛望君子知微三句 方常行初率其辭以下 藏明行文言傳乾

剛方常光行慶殃文言傳坤 剛行襍卦傳 ○明良康尚書

皋陶謨皐陶賡載歌 喪亡往湯誓時日曷喪以下 黨蕩洪範皇極之敷言

明昌無虐煢獨以下 行光王是訓是行以下 明章康百穀用成以下 ○

疆慶儀禮士冠禮三加爵弁祝辭　芳祥忘士冠禮醴辭　慶疆士冠禮三

醮辭　○強防黨考工記弓人維幹強之六句　○強亡強枉大戴禮武王踐阼篇

丹書⊙按今本大戴禮作敬勝怠者吉怠勝敬者滅
義勝欲者從欲勝義者凶學記正義以此四語爲瑞
書之辭引大戴禮敬勝怠者強怠勝敬者亡則知今
本乃後人所改從正義所引爲是凡事不強則枉不
敬則不正枉古平聲強枉爲韵敬正爲韵　傷長楹銘　杖杖觴豆銘　張良

常讓讓堂行張投壺篇命射辭　○堂揚小戴禮曲禮上將上堂將入戶將卽席等

皆韵語也　仰放檀弓上子貢聞泰山其頹之歌而言　亨羊羹祥禮運然後退而

合亨以下　當昌祥當綱樂記天地順而四時當以下　方將明孔子閒居

言五起　○鏘萋昌卿京春秋左傳莊二十二年繇辭　亡昌閔二年卜辭

競病僖七年引諺　羊盍筐貺償相僖十五年筮辭　上堂文二

年狼瞫引周志 商亡昭二十六年引詩 翔廣昭五年箴辭 唐常方

行綱亡哀六年引夏書 陽兵姜商九年卜辭 ○ 綱上周語單襄公引諺

嘗傷太子晉引諺 祥殃亡越語范蠡引所聞上帝不考以下皆韵語也

荒荒常范蠡對越王馳騁弋獵以下皆韵語也 皇常行陽匡常行陽

剛范蠡引所聞 ○ 揚疆張光孟子滕文公篇引大誓 ○ 陽明藏英爾雅釋天

祥 相壯陽釋天月名 ○ 附 英傷離騷 裳芳同上 荒章常

徵同上 殃長同上 當浪同上 桑羊同上 當芳同上 央

芳同上 長芳同上 行粻同上 鄉行同上 良皇琅芳漿

倡堂康九歌東皇太一 芳英央光章雲中君 望張卜湘夫人

堂房張芳衡同上 翔陽坑大司命 方桑明東君 裳

狼(降)驤翔行同上　望蕩河伯　行傷國殤　明藏尚行天問
揚光同上○二句一韵　方桑同上　堂臧同上　尚匠同上
饗喪同上　臧芊同上　兄長同上　行將同上　方狂同上
將長同上　亡(嚴)饗長同上　長彰同上　杭旁九章惜誦　糧
芳同上　英光湘涉江　陽傷同上　當行同上　亡行哀郢
傷長抽思　亡光一作(完)○同上　章明懷沙　量臧同上　強像
同上　將當思美人　揚章同上　長像橘頌　傷倡忘長芳
章芳貺芊明悲回風　湯行同上　行鄉陽英壯放遠遊
行芒同上　涼皇同上　鄉行同上　長明(通)居十○以上平
聲

弟十一部陸韻平聲庚耕清青上聲梗耿靜迴去聲映諍勁徑

盈平周易上經坎九五　井井井井瓶下經井　元天形成天

命貞寧象上傳乾　元生天坤　生貞盈寧屯　中成正

淵訟　正賢天大畜　生平象下傳咸　成成恆　正定家人

亨正命萃　信正革　成命人同上　成民節　貞

天中孚　正民象上傳屯　聽正需　正敬訟　正命臨

賓民平觀　正命正象下傳晉　井正成井　正聽艮

極正未濟　精生繫辭下傳男女搆精二句　平傾危者使平二句　亨情

正精情天平文言傳乾　正定襍卦傳　○姓明虞書堯典平章百姓二句

○正令士冠禮三加爵弁祝辭　○敬正大戴禮武王踐祚篇丹書　聲旃投壺

篇命射辭 寧靈 公冠篇下土祝辭 經刑 易本命篇東西爲緯以下 ○清省

爭 禮記曲禮冬溫而夏凊三句 成貞 文王世子篇引語 成生經清平

寧 樂記小大相成以下 正定定聲 紀綱既正以下 霆形生 孔子閒居地載

神氣以下 正清寧成生成政姓 緇衣引詩 ○挺扃(令)定 春秋左傳

襄五年引逸詩 幸幸 宣十六年引諺 ○城(金) 周語伶州鳩引諺 聽誠刑

生貞傾 晉語國人誦改葬共世子 成榮 叔詹引諺 生形征成刑 越語

范蠡對越王逆節萌生以下 成形 范蠡引所聞聖人之功節 ○清纓 孟子離婁篇引

孺子歌 ○生贏成寧正 爾雅釋天祥 ○附 情聽 離騷 正征 同上

征庭旌靈 九歌湘君 青莖成 少司命 旍星正 同上 冥

鳴 山鬼 聽刑 天問 營成傾 同上 營盈 同上 寧情 同上

情正九章惜誦　情(路)正聽抽思　星營同上　盛正懷沙　征

(零)成情程遠游　縈(入)征同上　耕名(身)生(眞)(入)清楹卜居

清輕鳴名貞同上　醒清漁父　清纓同上○以上平聲

弟十二部陸韻平聲眞臻先上聲軫銑去聲震霰入聲質櫛屑

田人周易上經乾九二　淵天人九四九五　翩鄰泰六四　身人

下經艮　人神象下傳豐　身仁象上傳復　辛賓辛民(正)命(吝)

象下傳姤　信身繫辭下傳尺蠖之屈四句　天田文言傳乾上不在天二句　天

田人上不在天三句　親新信襍卦傳　進親顛同上○偏(平)尚書

洪範○天田年引少牢饋食禮祝嘏主人○人淵大戴禮武王踐阼篇盥盤銘

民年公冠篇祝雍祝成王冠辭一作近於仁遠於佞○新新新禮記大學湯盤銘

○佞田晉語輿人誦惠公人○倩盼絢論語八佾篇引詩親人人堯曰篇○附名均離騷艱暜同上轔天人九歌大司命民嬪天問鰥親同上人身九章惜誦明身同上天名哀郢鎮人抽思顛天悲回風○以上平聲

血穴周易上經需六四實疾下經鼎九二實血歸妹上六吉失象上傳需吉失訟吉失比吉失室小畜吉失隨失節象下傳家人實節蹇實節鼎吉節未濟○節節春秋左傳成十五年子臧引志○附節日九歌東君抑節九章懷沙匹程同上一逸遠游○以上入聲

弟十三部陸韵平聲諄文欣魂痕上聲準吻隱混很去聲稕問焮慁恨

文文周易象上傳賁　君羣象上傳否　炳蔚君象下傳革　焚聞旅
存門繫辭上傳成性存存二句　緼醇繫辭下傳天地絪緼二句○訓訓尚書
洪範全篇多用韵語今略分見之各部中是彝是訓二語亦疊字爲韵也○純循大戴禮哀公問
五義篇穆穆純純以下六句三韵　聞孫武王踐阼篇矛銘　門存大戴禮驪駒詩
見漢書服虔注○西巡禮記祭義日出於東四句　神先雲孔子閒居清明在躬六句
○晨辰振旂賁焞軍奔春秋左傳僖五年童謠外傳同○附忍隕離騷
門雲九歌湘夫人　門雲塵大司命　雲先國殤　分陳天問
賓墳同上　云先同上先字非○無　貧門九章惜誦　聞忳同上
忍軫同上　聞患九章抽思　還聞悲回風　雰媛同上　勤
聞遠游　傳垠然存先門同上　門冰同上　天聞鄰同上　○

以上平聲

弟十四部 陸韻平聲元寒桓刪山仙上聲阮旱緩潸産獮去聲願翰換諫襉線

邅班周易上經屯六二　班漣上六　皤翰賁六四　園戔六五

反連下經蹇九三六四　變面革上六　干言漸初六　磐衎六二

(順)(實)巺(順)象上傳蒙　願亂履　(實)願願亂泰　變巺

象下傳家人　亂變巺萃　巺願亂漸　(順)願渙　變願

中孚　言蘭繫辭上傳同心之言二句　變倦繫辭下傳通其變以下四句用二韵

遠遷易之爲書以下凡用六韵　言見言遷八卦以象告以下　散烜說卦

傳雷以動之四句　爛反褋卦傳　綏難同上　○言愆鞶士昏禮庶母命

女　○然善大戴禮哀公問五義百姓淡然二句　殘然武王踐阼篇盥銘　○安

顔言禮記曲禮上坐必安以下韵語也　斑拳檀弓下原壤登木而歌　旦患
坊記引逸詩　○　旦顯左傳昭三年讒鼎銘　愆言昭四年子產引逸詩　○　然遷
越語范蠡引所聞得時無怠節　遠反遠范蠡引所聞聖人之功節　○　反遠論語子罕
篇引逸詩　○　附　然安離騷　反遠同上　遷盤同上　淺翩閒九歌
湘君　蘭言淺湘夫人　閒蔓閒山鬼　反遠國殤　暖寒言
天問　安遷同上　變遠九章惜誦　拌援同上　言然同上　遠
壇同上　愆遷哀郢　霰見同上　反遠同上　願進抽思　摶
爛橘頌　仙延遠遊　○　以上平聲

第十五部陸韵平聲脂微齊皆灰上聲旨尾薺駭賄去聲至未霽祭泰怪夬隊廢入聲術物迄月沒曷末黠鎋薛

師尸周易上經師六五　係維隨上六　稊妻大過九二　咨洟下經

萃上六　藜妻困六三　次資旅六二　○頹壞萎禮記檀弓上孔子歌

綏衰檀弓下成人語　違遲悲孔子閒居言五起　○水瑰歸懷春秋

左傳成十七年子叔嬰齊歌　淮坻師昭十二年晉侯投壺詞　○懷歸違哀

微依妃晉語國人誦改葬共世子　○衰追論語微子篇接輿歌　○附　幃祇離騷

雷蛇懷歸九歌東君　歸懷河伯　懷肥天問　依譏同上　○二

句一韵　衰嵬九章涉江　懷悲遠遊　妃歌夷蛇飛佪同上　○

以上平聲

視履尾周易上經履六三　胏矢噬嗑九四　死棄離九四　藟卼

下經困上六　娣履視娣歸妹初九九二六三　濟尾未濟　○死牝大戴

禮易本命篇高者爲生四句 ○罪罪春秋左傳桓十年引周諺 尾幾文十七年引古人言 尾裔哀十七年繇辭 ○附 死體天問 底雉同上 涕弭遠游

○以上上聲

大利周易上經坤六二 退遂利下經大壯上六 遂饋家人六二 曳掣劓睽六三 厲貝震六二 沛沬豐九三 內外義謂象下傳家人 發大害象上傳坤 外敗需 竄掇訟 外大際泰 害敗害哲大有 謂內臨 貴類悖頤 際大歲坎 外害象下傳咸 害大末說同上 位愛謂家人 內貴蹇 位退悖解 悖貴鼎 位快逮旅 外大位害渙 契察夬繫辭下傳上古結繩以下 大廢其道甚大二句 位氣說卦

傳天地定位二句 逮悖氣物 水火相逮以下 外內類退 襍卦傳 ○
發網網發 考工記工人爲梢而發四句 ○廢世 大戴禮武王踐阼篇丹書 害
大 檻銘 ○撥蹶越 禮記曲禮上衣毋撥以下 悖佛 學記其施之也悖二句 ○
外泄 春秋左傳隱公元年鄭武姜歌 類(異) 成四年引史佚之志 蔽萃匱 成九
年引詩 器罪 昭七年楚僕區之法 ○骨猾捽 晉語伐驪戎兆 蔽察蓺
醆語范蠡引所聞嬴縮以爲常節 ○達适突忽 論語微子篇周八士凡用三韵 ○慧
勢 孟子公孫丑篇引齊人言 察斂決 孟子盡心篇 ○附 刈穢 離騷 蔽
折 同上 艾害 同上 枻雪末絕 九歌湘君 裔澨逝蓋 湘夫人
帶逝際 少司命 繼(飽)蠥達 天問 醆活 同上 害敗 同上
擧說 同上 會殺 同上○二句一韵 沬滯 九章涉江 慨邁 哀郢

歲逝抽思　濟示懷沙　汩忽同上　喟謂愛類同上　發
逢思美人　至比厲衛遠游　○以上入聲

弟十六部陸韵平聲支佳上聲紙蟹去聲寘卦入聲陌麥昔錫

儀卦易繫辭傳易有大極四句　○闚里周語富辰引人言　支壞壞支周語
虒傒引詩　危埤晉語醫緜引所聞　○附　蘂纚離騷　離知九歌少司命
知蟵九章涉江　○以上平聲

益擊周易下經益上九　易適繫辭下傳上下無常四句　○哲役春秋左傳襄十七年宋謳　繠繫睨哀十三年乞糧辭　○附　隘績離騷　畫歷天問
解締九章悲回風　積擊策蹟適悐適蹟益釋同上　軛蹟卜居　○以上入聲

第十七部陸韻平聲歌戈麻上聲哿果馬去聲箇過禡

離歌嗟周易上經離九三沱嗟六五(陸)儀下經漸上九和靡

中孚九二罷歌六三過離小過上六過(弱)象上傳傳過爲嘉

象下傳革義何鼎何過小過地宜繫辭下傳仰則觀象于天四句

化宜神而化之二句○脞隋墮尚書皋陶謨賡歌頗義洪範○頗唐開

元中改爲陂○嘉宜士冠禮字辭○義過大戴禮武王踐阼篇弓銘(路)駕

大戴禮驪駒詩見漢書服虔注○皮多那皮何春秋左傳宣二年宋謳何多

羅襄八年引詩○隨騧論語微子篇八士二季○附他化離騷差頗

同上化離同上馳蛇同上離(虧)同上可我同上被離

爲九歌大司命何離爲同上池阿歌同上○或多河波二韵河猗章語也

河波蠵河伯阿羅山鬼爲化天問加虧同上施化同上多何同上歌地同上宜嘉同上○嘉作喜非嘉嚱施何同上儀施九章抽思化爲思美人過地橘頌○失過一作過失誤儀爲悲回風馳蛇遠遊麾波同上移波醨爲漁父○

以上平聲

凡八千五百五十五字

表五終

乾隆丙申鐫於富順官廨

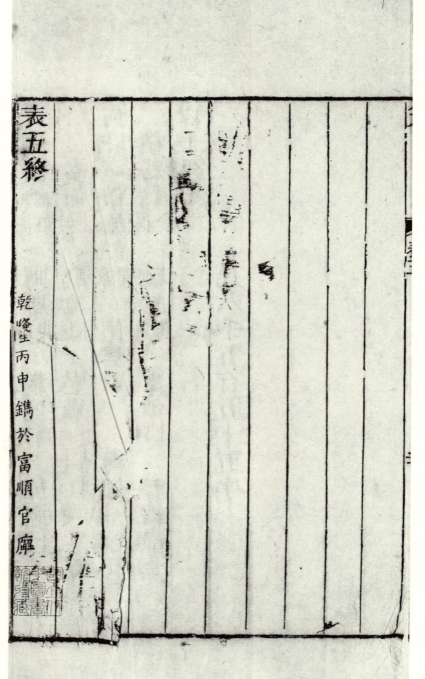

音序檢字表

bēn
奔 1989
běn
本 1005
畚 2562
bèn
笨 771
bēng
髼 29
嗙 250
榜 1068
崩(𡺏) 1775
繃 2601
絣 2659
běng
琫 66
菶 164
唪 243
紺 2657
bèng
堋 2781
bī
皀 877
楅 1089
陛 2344
螕 2675
bí
鼻 561
鵖 625
bǐ
祉 32
彼 316
筆 481
敉 517
髀 671
箄 783
啚 934
柀 980
鄙 1147
秕 1315
粺 1331
疕 1407
帔 1448
俾 1517
匕 1550
比 1556
妣 2472
紕 2659
bì
璧 59
珌 68
碧 81
薜 135
蔽 172
苾 179
必 209
趩 279
壁 283
避 304
詖 376
鞑 446
斁 513
䀣 536
皕 562
畢 643
臂 690
鷩 764
箅 781
篳 805
畀 811
飶 896
韠 949
椑 989
柲 1066
梐 1076
賁 1130
貱 1134
邲 1167
鼊 1187
腷 1284
枈 1337
痺 1414
痹 1414
幣 1443
㡀 1468
敝 1468
佖 1485
毖 1556
裨 1592
襞 1593
髲 1720
𠨘 1734
邲 1735
辟 1741
𨐨 1741
廦 1787
庳 1792
庇 1793
駜 1868
獘 1916
熚 1934
煏 1943
奰 1984
奰 2009
愊 2025
泌 2199
潷 2297
鮅 2337
閟 2366
閉 2371
婢 2477
嬖 2501
彃 2577
弼 2579
縪 2602
繴 2648
堛 2748
壁 2752
坒 2762
陛 2955
醳 3017
biān
萹 115
趨 270
邊 314
鞭 454
籩 787
箯 788
牑 1285
砭 1823
猵 1923
鯾 2320
甂 2567
編 2643
蝙 2705
biǎn
扁 355
𥇑 531
甹 1114
貶 1140
窆 1399
褊 1590
辡 2043
辡 2980
biàn
釆 211
徧 319
變 507
辨 731
昪 1236
覍 1636
汳 2151
閞 2364
抃 2429
揙 2451
辮 2600
緶 2657
辯 2980
biāo
藨 141
蔈 163
彪 854
標 1011
杓 1056
旚 1256
穮 1311
幖 1450
儦 1486
髟 1714
驫 1889
猋 1923
熛 1937
爂 1949
滮 2200
瀌 2247
飆 2722
鏢 2853
鑣 2863
biǎo
表 1570
biào
𠬪 652
biē
鷩 633
蟞 2640
鼈 2729
bié
𠔁 208
蹩 341
別 669
䏶 704
biè
彆 2578
bīn
虨 850
賓 1136
邠 1154
豳 1154
份 1484
豩 1835
汃 2075
bìn
殯 663
髕 673
儐 1498
覾 1646
鬢 1714
bīng
兵 429
栟 978
仌 2294
掤 2454
bǐng
鞞 445
秉 474
餅 887
稟 933
柄 1066
邴 1190
炳 1951
怲 2065
鮩 2336
丙 2974
bìng
寎 1403
病 1404
併 1501
偋 1521
并 1555
庰 1788
並(竝) 2015
bō
癶 284
剝 733
帗 1442
袚 1601
磻 1822
波 2206
鮁 2338
撥 2430
播 2443
紴 2631
bó
薄 175
嚗 233
趠 276
迹 293
310
鷒 333
踄 341
踣 346
博 367
暴 408

轉 450
鸔 463
鼥 625
髆 670
艊 723
簙 805
亳 922
榑 1027
欂 1028
郣 1207
䊵 1332
瓟 1360
帛 1465
伯 1479
䴬 1546
襮 1571
艴 1739
瞉 1831
駁 1861
駮 1887
犻 1913
怕 2040
搏 2399
䊇 2629
勃 2815
鑮 2847
鎛 2849
bǒ
簸 808
尳 1992
bò
譒 391
檗 991
糪 1340
擘 2438
bū
逋 307
誧 390
餔 893
bú
轐 2907
bǔ
哺 234
卜 520
䮉 618
補 1595
捬 2447
捕 2450
bù
荹 188
步 285
䏒 712
篰 774
錇 912
部 1160
布 1459
怖 2070
抪 2401
瓿 2568
附 2948
C
cāi
趀 270
偲 1491
猜 1911
cái
䞗 941
材 1021
才 1100
財 1129
裁 1566
cǎi
采 1083
㥒 2049
cài
蔡 174
菜 174
cān
餐 893
傪 1490
驂 1871
cán
奴 655
殘 665
殂 666
慙 2071
㨻 2419
戔 2540
蠶 2709
cǎn
噆 255
朁 823
黲 1963
憯 2061
慘 2061
㜗 2509
càn
謲 398
粲 1335
㛑 2499
cāng
蒼 171
鶬 627
倉 906
滄 2266
凔 2296
匨 2558
cāo
操 2399
cáo
蓸 196
曹 823
槽 1070
䡵 1096
褿 1597
漕 2277
蠤 2711
cǎo
艸 100
懆 2060
cè
萴 134
蔌 138
蓛 188
冊 354
敇 518
策 795
㬺 821
畟 945
側 1503
惻 2062
測 2209
簎 2450
𡍤 2773
cēn
篸 771
cén
岺 907
梣 975
岑 1770
涔 2245
䲋 2326
céng
鄫 1204
層 1615
蹭 2015
chā
叉 471
差 814
杈 1007
臿 1349
插 2407
㛼 2508
䶪 2562
鍤 2835
chá
詧 380
秅 1324
察 1370
庛 1790
chà
奼 2466
chái
祡 27
齜 327
柴 1021
儕 1500
豺 1842
䍘 2931
chǎi
茝 114
chài
瘥 1422
蠆 2673
chān
㢟 322
梴 1015
㾆 1416
襜 1581
覘 1646
摻 2456
㚲 2489
婈 2489
鉆 2840
chán
嚵 233
躔 341
讒 412
劖 738
鄽 1191
儃 1504
儳 1531
廛 1789
嶃 1816
毚 1901
天 1938
澶 2163
纏 2599
蟬 2684
鑱 2841
鋋 2853
孱 2987
chǎn
㫃 95
犍 218
讇 395
產 1108
幝 1453
獑 1908
燀 1940
滻 2108
闡 2366
繵 2595
繟 2625
蚩 2689
鏟 2833
䤘 3015
chàn
羼 601
顫 1697
硟 1820
chāng
昌 1236
倀 1524
倡 1530
閶 2360
cháng
萇 117
腸 686
嘗 821
常 1445
償 1510
長 1824
鱨 2322
場 2784
chǎng
敞 506
chàng
瑒 62
蘠 167
唱 240
鬯 879
韔 954
悵 2060
暢 2803
chāo
嘮 251
超 266
訬 409
魈 1756
弨 2573

cuò
莝 188
遳 296
剉 737
厝 1801
挫 2397
措 2407
銼 2828
錯 2834
D
dá
荅 102
達 304
靼 441
羍 593
笪 797
炟 1931
䵣 1963
怛 2061
dà
罘 539
大 1980
亣 2006
dài
逮 301
待 318
蹛 341
戴 432
隶 482
隸 482
殆 665
貸 1132
帶 1443
代 1511
岱 1762
黱 1968
怠 2050
紿 2593
dān
單 263
眈 537
殫 666
簞 782
丹 873
鄲 1171
儋 1496
襌 1590
覘 1645
耽 2377
聃(耼)
2377
聸 2377
媅 2493
匰 2560
酖 3008
dǎn
膽 686
亶 933
疸 1418
黕 1966
黵 1967
黮 1968
抌 2448
紞 2622
dàn
禫 47
藺 148
啗 233
嘾 247
啖 248
誕 406
鴠 611
膻 695
觛 758
旦 1245
窞 1393
癉 1418
僤 1488
但 1539
憺 2040
憚 2069
澹 2215
淡 2262
撣 2402
彈 2577
醰 3005
dāng
蟷 2678
當 2800
鐺 2865
dǎng
郶 1210
黨 1966
攩 2414
dàng
璗 88
簜 768
篡 788
盪 864
宕 1380
碭 1808
像 2050
惕 2052
蕩 2122
潒 2197
甞 2566
dāo
刀 723
裯 1578
dǎo
禱 38
禂 42
蹈 341
導 498
島 1763
擣 2433
壔 2771
dào
道 313
翿 573
稻 1301
纛 1318
儔 1524
盜 1669
燾 1956
悼 2069
到 2351
dé
德 315
得 320
㝵 1643
悳 2021
dēng
璒 80
登 284
簦 793
豋 843
鐙 2832
děng
等 775
dèng
鄧 1180
隥 2940
dī
趆 272
鞮 443
羝 595
祇 1578
氐 1983
㢟 1993
滴 2232
紙 2587
隄 2946
dí
苖 130
蔋 168
迪 298
油 319
蹢 337
敵 509
翟 565
鸐 634
笛 802
糴 908
樀 1033
糴 1344
伄 1499
馰 1861
狄 1918
炟 1950
滌 2264
嫡 2493
鏑 2857
dǐ
牴 221
呧 249
迡 304
詆 414
柢 1006
邸 1148
底 1791
抵 2397
氐 2525
堤 2762
軧 2929
阺 2949
dì
帝 19
禘 34
玓 83
蔕 165
遞 298
遰 302
适 314
踶 341
諦 380
睇 546
第 808
弟 957
棣 994
杕 1016
的 1225
甍 2028
摕 2411
娣 2473
締 2601
螮 2706
地 2739
鈦 2841
軑 2914
diān
趚 279
蹎 344
槙 1010
瘨 1405
顛 1676
滇 2091
貼 2377
diǎn
蕇 193
敟 504
典 811
鉆 914
點 1964
diàn
唸 252
殿 490
刮 739
簟 779
奠 813
竅 1380
佃 1525
耆 1605
厴 1609
驔 1862
黗 1968
澱 2259
電 2300
霸 2309
蜓 2669
坫 2756
墊 2767
甸 2795
diāo
琱 74
鵰 543
雕 582
鳥 1588
祒 1601
舠 1628
彫 1710
貂 1845
凋 2295
鯛 2337

蛁 2667

diǎo

矪 1307
扚 2446

diào

藋 117
莜 186
窵 1394
弔 1544
掉 2422
釣 2864

diē

跌 345

dié

苵 156
迭 305
蟄 342
詄 405
諜 418
眣 550
䟡 615
胅 699
疊 1264
牒 1285
㦅 1360
褋 1577
褺 1588
耋 1604
跌 1825
瓞 2526
戥 2534
絰 2656
蜨 2681
堞 2766
垤 2780

dīng

玎 75
虰 444
釘 2823
町 2953
丁 2974

dǐng

鼎 1287
頂 1676

dìng

訂 379
定 1368
鋌 2825
錠 2832

dōng

苳 197
東 1096
涷 2078
冬 2295

dǒng

董 140

dòng

迵 305
眮 536
筒 800
棟 1026
駧 1879
洞 2210
湩 2273
凍 2295
挏 2415
戙 2487
蝀 2706
動 2812

dōu

吺 249
篼 793
兜 1638
覴 1651

dǒu

斗 2881

dòu

逗 302
豇 450
鬥 467
鬭 468
脰 683
豆 840
桓 841
𩋚 915
郖 1161
竇 1390
鋀 2829
㪷 2887

dū

督 545
都 1146
禱 1579
闍 2363

dú

毒 99
蕅 114
犢 215
遺 295
讀 374
讟 420
韇 453
殺 489
殰 658
髑 670
櫝 1044
牘 1285
裻 1586
獨 1914
黷 1967
瀆 2229
嬻 2501
匵 2558
隫 2946

dǔ

睹 539
篤 929
睹 1222
篤 1874
竺 2737
堵 2751

dù

度 477
斁 512
殬 666
杜 971
秺 1425
渡 2235
妒(妬) 2502
蠹 2713

duān

剬 727
觽 755
稿 1308
耑 1357
褍 1585
端 2011

duǎn

短 920

duàn

躖 338
段 491
毈 954
緞 2734
鍛 2824
斷 2880

duī

崔 1780
鐜 2870
𠂤 2933

duì

對 487
祋 487
懟 1358
倒 1547
兑 1632
碓 1822
憝 2011
憞 2057
懟 2059
錞 2855
陮 2939

dūn

蹲 345
敦 511
惇 2024
弴 2570

dùn

遁 299
遯 307
盾 556
笹 788
頓 1688
庉 1786
鈍 2870

duō

咄 241
多 1275

duó

敓 509
奪 588
剫 731
痥 1421
襗 1583
領 1676
掇 2432
鐸 2847

duǒ

朵 1012
椯 1064
鞣 2000
垛 2755
埵 2771

duò

鵽 620
隋 702
柮 1088
痑 1421
褙 1579
墮 1771
墯 1775
惰(憜) 2050
觽 2312
嫷 2483
媣 2504
鏅 2839
陊 2945

E

ē

痾 1405
娿 2475
婀 2480
婹 2505
阿 2937

é

莪 151
吪 254
訛 389
譌 408
鵝 621
囮 1126
俄 1531
頟 1677
峨 1775
硪 1817
涐 2084
娥 2480
蝨 2709
鈋 2870

ě

厄 1735
騀 1874
閜 2369

è

啞 240
音 249
呃 258
咢 262
遌 298
遏 309
諤 377
鞥 450
歺 657
剽 724
餩 900
餓 901
鄂 1184
瘂 1415
頞 1677

鄗 1181
帢 1456
佮 1507
匌 1745
霍 2305
閤 2361
閣 2367
挌 2452
盒 2694
隔 2950

gě

哿 827
駒 1878

gè

各 255
箇 789

gēn

跟 335
根 1006

gěn

頣 1679

gèn

樞 1091
艮 1554

gēng

鬻 460
耕 747
搄 2432
緪 2647
庚 2977

gěng

哽 248
骾 676
梗 1001
郠 1194
鯁 2332
耿 2377
綆 2647
埂 2776

gèng

更 507
鮔 2315

gōng

公 209
龏 429
龔 431
厷 471
攻 514
觵 758
工 815
宮 1382
躳 1385
恭 2026
弓 2570
功 2808

gǒng

廾 426
鞏 442
珙 466
礦 1806
碧 1811
烘 2070
拱 2391
拲 2396
拳 2453

gòng

贛 129
共 431
箽 785
貢 1131
贛 1134
供 1496
贑 2556

gōu

句 363
鉤 364
刨 724
篝 784
韝 952
溝 2228
緱 2638

gǒu

玽 80
苟 193
笱 364
耇 1605
狗 1904
蚼 2704

gòu

茩 143
遘 298
詬(訽) 418
雊 579
冓 645
構 1025
購 1141
覯 1645
媾 2476
彀 2576
垢 2779
穀 2983

gū

苽 156
呱 230
觚 762
箛 804
柧 1086
罛 1433
奈 1982
沽 2178
泒 2183
姑 2471
嫴 2496
蛄 2676
辜 2978
孤 2985
酤 3004

gǔ

古 366
詁 382
鼓 513
瞽 552
殳 596
鶻 610
骨 670
股 693
鼓 835
盬 860
夃 960
縠 995
賈 1138
穀 1317
罟 1433
兆 1638
淈 2214
汩 2279
谷 2292
鹽 2356
縎 2600
蠱 2718
轂 2910

gù

苗 127
牿 219
故 503
棝 1079
梏 1092
固 1125
痼 1421
顧 1686
錮 2824

guā

苦 138
昏 256
鴰 627
骺 674
劀 734
刮 736
瓜 1359
騧 1860
緺 2627
銽 2868

guǎ

丫 590
冎 669
寡 1375

guà

諣 398
詿 401
卦 520
挂 2450

guāi

乖 590
乖 2456

guài

夬 473
叕 1276
怪 2050

guān

莞 122
棺 1093
冠 1423
倌 1519
觀 1643
鰥 2316
關 2371
綸 2628
絲 2663
官 2934

guǎn

輨 450
筦 777
管 801
館 898
輨 2914

guàn

祼 36
瓘 52
遦 295
矔 534
雚 589
盥 863
毌 1276
貫 1276
爟 1956
悹 2034
懽 2041
灌 2135
涫 2256
摜 2416

guāng

桄 1085
侊 1526
光 1954
洸 2206

guǎng

廣 1787
獷 1909
彉 2006

guàng

亞 485
侹 1547
狂 2053

guī

瑰 85
歸 283
鬹 456
巂 576
桂 748
邽 1160
鄢 1211
傀 1483
賕 1684
騩 1857
廖 1897
規 2010
閨 2361
嫣 2463
嫢 2491
螝 2668
龜 2725
圭 2786

guǐ

祪 28
詭 413
觤 756
簋 785
桅 1003
晷 1231
宄 1379
鬼 1750
厬 1797

hòng
訌 406
鬨 468
澒 2278
hóu
喉 228
𧲿 567
餱 888
矦(侯) 917
猴 1921
鯸 2337
鍭 2856
hǒu
呴 1729
hòu
後 319
郈 930
厚 930
鄇 1167
郈 1202
候 1510
后 1729
hū
呼 236
嘑 243
評 392
謼 392
虍 584
膴 709
曶 822
乎 828
虍 847
虖 850
槢 1015
昒 1221
寣 1403
幠 1454
歑 1654
虎 1755
昦 1836
奉 2002
惒 2042
忽 2051
淴 2220
匫 2558
𩗺 2723
hú
瑚 87
鬻 460
鵠 618
胡 704
鬍 764
餬 896
隺 925
黏 1331
狐 1923
鼯 1929
焀 1943
檓 1992
壺 1994
湖 2227
搰 2441
搰 2442
弧 2572
穀 2604
斛 2882
hǔ
琥 60
虎 852
鄠 1210
汻 2222
hù
祜 21
芐 140
嚛 234
殼 256
護 390
韄 454
扈 584
笠 792
楛 987
枑 1076
鄠 1155
扈 1155
瓠 1361
罟 1437
岵 1768
居 1800
穀 1921
縠 1978
怙 2035
户 2358
婟 2503
沍 2504
huā
譁 408
雩 1110
華 1111
竵 2013
huá
䶤 333
劃 734
𠩢 941
芣 1045
滑 2216
姡 2490
huà
蘳 162
話 386
諣 407
㚌 467
畫 482
觟 756
稞 1314
匕 1548
化 1550
傀 1756
崋 1767
鱯 2322
鱢 2322
魤 2338
嫿 2485
絓 2587
㕦 2657
黊 2805
huái
踝 335
槐 995
褱 1581
裹 1581
懷 2032
淮 2141
瀤 2180
huài
壞 2777
huān
讙 408
鴅 630
酄 1199
歡 1655
貛 1844
驩 1867
huán
環 59
瓛 63
萈 125
萑 194
還 300
雈 588
桓 1041
寏 1366
戌 1789
豲 1833
貆 1843
馬 1854
莧 1903
狟 1912
奞 1982
洹 2161
組 2629
垸 2764
鍰 2844
huǎn
緩 2662
huàn
逭 307
嚻 358
奐 427
幻 651
肒 699
宦 1372
豢 1833
患 2068
渙 2199
澣 2269
鯇 2324
擐 2432
换 2455
轘 2932
huāng
荒 172
肓 683
衁 866
萠(萠) 1269
穢 1319
帨 1443
駹 1880
巟 2286
絖 2587
huáng
皇 50
璜 60
瑝 76
喤 230
翌 572
篁 773
簧 799
雞 948
𡕒 1102
程 1317
煌 1954
惶 2070
湟 2104
潢 2226
蟥 2679
蝗 2684
黄 2804
鍠 2850
隍 2958
huǎng
謊 408
櫎 1059
晄 1225
怳 2053
huī
䜑 410
睢 541
翬 569
暉 1230
徽 1449
褘 1574
灰 1939
煇 1953
恢 2026
揮 2436
撝 2438
麾 2454
婎 2508
徽 2639
隓 2944
隳 2953
huí
回 1120
洄 2236
蛕 2668
huǐ
毇 1347
烜 1931
燬 1932
悔 2059
擊 2448
嫛 2511
虫 2664
虺 2668
毁 2777
huì
薈 170
薉 172
卉 190
喙 228
嘒 243

kāo
尻 1612
kǎo
祰 29
攷 514
丂 825
栲 981
考 1606
kào
靠 2344
kē
薖 157
苛 172
髁 672
榼 1057
柯 1066
科 1321
窠 1391
kě
歁 516
可 827
濈 1661
顆 1685
渴 2250
坷 2777
軻 2927
kè
嗑 250
課 384
刻 729
克 1291
客 1376
礉 1603
礊 1817
愙 2034
勀 2813
kěn
齦 331
肎 721
豤 1833
kēng
牼 222
硜 1775
硻 1815
摼 2448
輷 2925
鏗 2927
阬 2945
kōng
空 1390
涳 2211
kǒng
恐 2070
孔 2347
kòng
控 2405
kōu
摳 2388
彄 2573
kǒu
口 227
叩 1158
kòu
訌 405
寇 512
敂 514
鷇 639
縠 909
佝 1530
滱 2183
扣 2455
釦 2833
kū
哭 264
殆 667
刳 731
䓛 941
枯 1018
絝 1356
頊 1695
堀 2753
圣 2770
鼀 2781
陪 2953
kǔ
苦 120
kù
酷 184
嚳 226
庫 1786
焅 1956
絝 2630
酷 3005
kuā
咼 256
誇 406
侉 1536
夸 1982
kuǎ
丆 960
kuà
跨 340
跨 346
胯 693
kuǎi
蔽 132
kuài
噲 228
髖 679
膾 717
鄶 1193
郶 1212
旝 1253
檜 1310
廥 1788
獪 1911
快 2022
巜 2284
凷 2748
kuān
髖 673
寬 1375
kuǎn
款 1655
kuāng
邼 1168
恇 2069
洭 2126
匡 2555
kuáng
誑 398
狂(狴)
1917
軭 2926
軖 2932
kuàng
曠 1225
穬 1304
廣 2029
況 2202
纊 2649
壙 2776
kuī
茥 124
蘬 199
刲 737
虧 830
窺 1394
闚 1646
顝 1682
悝 2052
闚 2373
kuí
葵 105
跻 347
㚇 429
暌 539
夔 946
楑 974
郲 1168
倎 1518
頯 1678
騤 1875
奎 1981
揆 2430
戣 2532
圭 2672
魁 2884
馗 2966
kuǐ
跬 275
頍 1685
魌 1696
kuì
蕢 187
喟 236
殨 664
䯊 674
饋 894
樻 983
鬢 1722
憒 2056
潰 2217
聵 2381
媿 2515
kūn
琨 81
蘽 155
鶤 615
罤 957
昆 1244
幝 1445
歔 1663
顐 1694
髡 1726
焜 1954
蚰 2709
坤 2740
kǔn
踊 347
梱 1037
壼 1122
稇 1313
悃 2025
kùn
困 1125
kuò
适 297
䶎 333
鞹 440
栝 1069
頢 1685
髻 1720
鬠 2053
漷 2155
霩 2306
闊 2375
括 2437
L
lā
柆 1087
㕇 1800
拉 2397
là
瑓 55
䶛 331
臘 700
楋 989
剌 1117
瘌 1422
剌 1451
lái
峚 54
萊 195
蔾 225
來 935
秾 1306
騋 1866
淶 2184
lài
睞 550
籟 800
賚 1134
賴 1135
覩 1644
瀨 2221
鯠 2326
勑 2808
lán
藍 112
蘭 112

鶩 3017
mǔ
牡 214
拇 2386
母 2470
姆 2476
畮 2794
mù
莫 203
鞪 446
牧 518
目 530
睦 541
木 965
楘 1075
穆 1297
幕 1447
帑 1460
鼻 1711
慔 2038
慕 2039
沐 2266
霂 2303
坶 2743
墓 2782
募 2816
N
ná
䋈 1594
拏 2403
拿 2452
nà
図 1124
貀 1843
鰟 2314
納 2593
軜 2916
nǎi
乃 824
nài
柰 969
鼐 1233
鼐 1289
耏 1828
渿 2243
nán
詽 403
鸛 616
柟 968
南 1107
掆 2401
男 2805
nǎn
㬮 1238
赧 1978
戁 2023
湳 2185
nàn
羼 1239
náng
囊 1118
蠰 2678
nǎng
曩 1235
náo
瓔 52
呶 251
譊 394
夒 945
猱 1763
怓 2055
撓 2418
蟯 2668
鐃 2847
nǎo
㛴 1552
獿 1908
嫋 2515
nào
臑 690
橈 1014
淖 2218
婥 2515
nè
㕯 363
訥 394
疒 1403
鬢
néi
㜸 1457
něi
餒 900
nèi
內 907
錗 2871
néng
能 1929
ní
齯 330
戉 517
腝 711
觬 752
郳 1206
倪 1517
㞾 1559
尼 1612
麑 1897
泥 2185
霓 2308
鯢 2323
婗 2470
蜺 2684
輗 2928
nǐ
薿 164
闟 469
柅 989
檷 1060
儗 1524
鬍 1717
擬 2430
孴 2988
nì
逆 297
屰 360
說 405
睨 537
膩 715
昵(暱)1242
和 1331
䡾 1642
惄 2041
惕 2066
休 2239
匿 2552
縌 2627
niān
拈 2404
nián
鮎 895
秊 1160
季 1317
黏 1331
鮎 2325
niǎn
反 1613
淰 2260
撚 2450
嬋 2509
輾 2923
輦 2931
niàn
廿 368
念 2022
沏 2188
嬿 2465
niàng
蘸 108
釀 3001
niǎo
蔦 137
鳥 603
褭 1602
嫋 2487
嬈 2511
niào
尿 1621
niè
㚔 284
齧 332
躡 340
喦 352
讘 411
聿 480
敜 512
籋 793
臬 1070
櫱 1086
䡾 1104
糵 1338
䶅 1766
䭃 1877
卒 1996
涅 2219
瀎 2275
闑 2364
聶 2383
蠥 2706
轙 2921
省 2934
隉 2943
孼 2984
níng
甯 127
薴 172
嚀 262
寧 826
寍 1368
冰 2294
䰾 2711
nìng
甯 525
濘 2225
佞 2502
niú
牛 213
niǔ
莥 103
耶 1209
狃 1911
紐 2628
鈕 2836
杻 2891
肚 2990
niù
鈕 891
nóng
農 435
盥 867
癑 1417
襛 1586
濃 2247
醲 3004
nǒng
癑 1905
nóu
獳 1910
nǒu
溛 2188
nòu
槈 1045
nú
笯 789
砮 1808
奴 2477
怒 2057
nǔ
弩 2576
nuán
奻 2516
nuǎn
煗 1955
渜 2255
nuàn
麌 1893
nuó
挪 1188
儺 1486
魌 1756
婳 1805

澤 2245
縟 2620

ruán

瞑 2791

ruǎn

萸 158
甏 500
偄 1522
碝 1808
耎 2008
媆 2513
緛 2636
蝡 2689

ruí

蕤 164
桵 982
豨 1108
緌 2624

ruǐ

繠 2073

ruì

瑞 64
芮 169
叡 656
汭 2198
蜹 2687
鋭 2841

rún

犉 217
瞤 540

rǔn

毴 1607

rùn

閏 49
潤 2252

ruó

挼 2434

ruò

蒻 123
若 185
膈 716
箬 770

叒 1101
弱 1711
爇 1933
熱 1954
溺 2094

S

sǎ

靸 443
灑 2271

sà

徶 317
趿 344
卅 369
檕 1345
馺 1876
泧 2254
颯 2723
鈒 2853

sāi

鰓 751

sài

簺 804
塞 2770

sān

三 48
犙 215
箾 785

sǎn

饊 887
糂 1339

sàn

歡 586
散 718
椒 1355
帴 1445

sāng

桑 1102

sǎng

顙 1677

sàng

喪 264

sāo

臊 713
傜 1529
騷 1882
慅 2063
鱢 2333
搔 2417
繅 2585

sǎo

薮 140
嫂 2474
埽 2760

sè

瑟 72
蔷 197
澀 284
穽 817
嗇 934
穡 1295
色 1738
寋(塞)2031
濇 2216
涑 2241
瑟 2547
轖 2903

sēn

森 1099

shā

殺 493
椴 991
沙 2221
魦 2329
鎩 2835

shà

萐 102
翜 569
翣 574
篓 791
歃 1663
澳 2265

shāi

簏 780

篵 783

shài

曬 1241

shān

珊 86
芟 181
苫 183
蕿 190
羴 601
脠 711
删 732
笘 797
邖 1211
痁 1413
裖 1602
彡 1708
山 1761
潸 2275
挻 2408
姍 2511
纔 2618
縿 2639

shǎn

睒 535
獑 1908
煔 1960
夾 1986
閃 2373
陝 2506
陜 2951

shàn

禪 40
訕 398
譱 419
膳 702
鄯 1149
疝 1409
傓 1492
僐 1531
狦 1908
汕 2231
鱓 2327

扇 2358
擅 2429
嬗 2496
繕 2637
蝙 2690
蟺 2697
墠 2774

shāng

商 363
譶 458
殤 659
觴 761
煬 920
賫 1139
傷 1535
慯 2065

shǎng

餳 892
賞 1134

shàng

丄 18
尚 207

shāo

莦 169
籍 781
箾 781
梢 989
稍 1319
燒 1934
捎 2427

sháo

韶 421
柖 1013

shǎo

少 205
邵 1191

shào

哨 254
卲 522
鄁 1149
邵 1166
袑 1584

卲 1735
娋 2504
紹 2595
劭 2810

shē

賒 1136
奢 1999

shé

跅 190
舌 358
揲 2398

shě

捨 2404

shè

社 43
蔎 179
設 390
赦 510
舍 903
躲 916
韘 953
麝(麋)1897
懾 2069
涻 2187
楙 2281
攝 2400

shēn

蓡 118
蔘 123
呻 253
詵 371
扅 473
侁 506
胂 688
燊 1011
槮 1015
甡 1108
曑 1263
宷 1388
侁 1504
伸 1521
傳 1546

tū		**tuī**		佗 1495	**wán**
突 1395		蓷 124		袉 1582	玩 75
禿 1639		推 2396		驒 1888	芄 113
厶 2988		**tuí**		沱 2082	刓 738
tú		藬 407		鮀 2325	完 1370
荼 198		積 1640		鼉 2730	頑 1684
稌 216		魋 587/1756		**tuǒ**	丸 1804
迖 293		隹 1794		橢 1057	紈 2603
腯 703		隤 2942		妥 2516	**wǎn**
箊 770		**tuǐ**		**tuò**	琬 61
圖 1120		僓 1486		萚 173	菀 153
鄜 1159		**tuì**		唾 235	脘 708
郤 1196		復 319		槖 1017	盌 858
稌 1302		駾 1879		椊 1020	㲋 944
瘏 1406		悈 2039		檡 1040	晚 1231
屠 1614		娧 2485		**W**	宛 1376
盫 1778		蛻 2690		**wā**	婗 2486
駼 1889		**tūn**		哇 249	婉 2486
涂 2092		吞 229		窪 1387	娩 2494
捈 2451		啍 236		窊 1392	綩 2567
酴 3001		焞 1951		歄 1664	綰 2612
鵌 3017		黗 1964		洼 2226	睕 2797
tǔ		涒 2263		媧 2479	輓 2931
吐 247		**tún**		娃 2506	**wàn**
土 2739		籵 797		鼃 2728	堅 80
tù		屍 1612		**wǎ**	薍 146
兔 1901		朜 1839		瓦 2563	翫 563
tuān		軘 2895		**wà**	贎 1130
貒 1844		**tuō**		喎 247	鄤 1187
湍 2209		託 391		韤 955	忨 2054
鶨 2805		脫 696		聉 2381	擊 2387
tuán		梲 1065		聉 2381	萬 2969
嫥 185		佗 1542		䎹 2381	**wāng**
麉 628		袥 1582		**wài**	尢 1991
篿 783		涶 2187		外 1274	汪(洭)2201
團 1119		魠 2324		頯 1684	**wáng**
黸 1705		捝 2430		額 1697	王 49
摶 2441		扡 2451		**wān**	芏 136
tuǎn		**tuó**		剜 842	亡 2548
疃 2802		詑 396		婠 2485	**wǎng**
tuàn		乾 455		彎 2574	往 316
彖 1838		橐 1117			尣 515

柾 1013	幃 1454	
网 1431	嶶 1507	
蜿 2702	褘 1585	
wàng	䑏 1646	
迋 294	崣 1759	
誆 413	巋 1797	
眶 1237	獼 1832	
望 1562	奯 1990	
忘 2051	惟 2032	
妄 2503	洈 2125	
望 2549	濰 2168	
wēi	潿 2209	
薇 107	濻 2213	
透 303	闈 2360	
微 317	媁 2508	
鰃 753	維 2643	
椳 1036	**wěi**	
威 1044	蔿 153	
倭 1486	芛 162	
覣 1642	葦 194	
巍 1760	唯 240	
危 1805	躗 290	
煨 1940	諉 387	
娃 1940	矮 657	
溾 2240	骫 679	
溦 2244	椲 972	
威 2472	韡 1110	
隈 2950	寪 1367	
wéi	痏 1408	
珪 80	痿 1414	
薳 107	疿 1416	
蓶 165	瘣 1416	
違 304	偉 1484	
為 464	僞 1529	
敥 511	尾 1619	
䩂 587	頠 1685	
薇 769	屵 1804	
韋 949	魋 1805	
口 1118	猥 1908	
圍 1125	煒 1952	
韑 1280	洧 2148	
帷 1447	鮪 2315	
	闍 2365

委 2488
娓 2493
緯 2590
鮪 2805
鍡 2866
隗 2939
wèi
蔚 151
菋 154
萎 188
䡺 221
味 234
衛 325
躗 342
謂 370
諉 597
胃 686
餵 899
犚 1105
罻 1436
位 1497
褽 1593
畏 1757
磑 1822
彙 1837
䲁 1839
尉(尉)1944
熭 1958
黵 1962
慰 2036
懲 2056
渭 2097
媦 2474
緭 2603
蝟 2703
蟁 2715
颹 2723
鏏 2830
軎 2912
未 2997
wēn
殟 659
昷 863
温 2088
輼 2894
wén
閺 530
偁 1478
彣 1711
文 1712
駮 1867
聞 2380
蟁 2713
wěn
吻 228
wèn
問 239
饂 895
餛 896
汶 2170
揾 2452
紊 2598
wēng
翁 566
篛 771
鰯 2326
螉 2667
wěng
滃 2240
wèng
罋 912
瓮 2566
wō
喔 258
踒 347
蝸 2696
wǒ
婐 2489
我 2542
wò
瞃 544
臤 553
臒 873
楃 1041
偓 1499
臥 1563
鸑 1880
渼 2233
渥 2246
揞 2394
握 2402
擭 2429
斡 2883
wū
誣 399
烏 639
巫 817
杇 1036
鄔 1170
屋 1614
歍 1657
洿 2251
汙 2251
弙 2575
wú
璑 56
蕪 172
莃 196
吾 238
梧 999
森 1097
郚 1203
吳 1987
浯 2169
毋 2517
無 2549
隲 2952
wǔ
瑦 80
趨 270
鴞 635
舞 947
䍢 1437
伍 1506
侮 1533
廡 1786
憮 2036
煤 2037
潕 2139
嫵 2483
武 2539
隖 2958
五 2964
午 2996
啎 2996
wù
芴 194
物 223
誤 401
誈 410
敄 502
鶩 621
晤 1224
寤 1375
寤 1401
痦 1406
舠 1625
兀 1631
嵍 1776
勿 1826
鶩 1879
悟 2036
霚 2307
扤 2443
婺 2491
務 2809
鋈 2820
阢 2949
戊 2975
X
xī
禧 22
莃 129
悉 212
犀 222
犧 223
吸 236
唏 240
吚 252
傒 318
誒 402
譆 402
斯 416
誓 515
嘻 532
睎 545
翕 568
鰶 757
兮 827
羲 828
虛 846
醯 861
橞 983
析 1088
槲 1093
郋 1178
酅 1203
晞 1241
昔 1241
夕 1272
稀 1297
穸 1400
澌 1408
瘜 1412
晳 1466
僖 1515
俙 1534
裼 1596
犀 1614
欯 1659
歖 1660
欷 1661
歙 1665
鬄 1719
郄 1735
豯 1831
豨 1834
騱 1889
鼷 1928
熄 1940
熹 1941
熙 1958
奚 2008
息 2019
惜 2062
潝 2204
淅 2257
谿 2292
西(卤)2353
垔 2354
扱 2446
媐 2477
娭 2492
緆 2654
蜥 2669
螇 2685
錫 2820
鑴 2827
xí
蓆 180
謵 410
習 563
鰼 762
覡 818
槢 972
檄 1074
郎 1178
席 1455
襲 1575
騽 1863
鰼 2323
飁 2730
隰 2941
xǐ
䢍 299
躧 348
諰 390
謑 418
鞿 444
喜 831
憙 832
枲 1353
屣 1800
洒 2264
彈 2575

纚 2621
壐 2763

xì

呬 235
咥 240
肸 367
舄 394
鬩 469
盻 547
虩 855
蠹 869
郤 1168
郤 1210
氣 1344
㟆 1467
係 1537
覤 1652
㱔 1653
欯 1659
歖 1662
歙 1665
忥 2056
愾 2060
汹 2146
戲 2534
匸 2551
系 2581
細 2597
綌 2652
墍 2758
釳 2859
鎎 2866
隙 2956

xiā

呷 242
蝦 348
鰕 2334

xiá

祫 35
瑕 73
瑋 80
齸 332
舝 947
鍜 954
柙 1093
暇 1235
瘕 1412
俠 1504
厥 1802
碬 1809
癹 1838
騢 1857
狎 1911
黠 1965
搳 2419
匣 2559
蠚 2712
鍜 2858
轄 2922
陜 2940

xiǎ

閜 2366

xià

丅 20
罅 914
夏 944
墟 2777

xiān

騫 639
枯 1003
韱 1359
僊 1546
仚 1546
先 1638
憸 2042
思 2043
鮮 2329
鱻 2338
攕 2387
掀 2424
孅 2487
姈 2489
嬐 2495
纖 2596
𩌏 2804
銛 2837

xián

莖 128
嗛 231
咸 245
㖅 254
䝨 268
誠 384
瞯 549
鷴 629
胘 704
賢 1130
稴 1303
癇 1406
㡉 1459
伭 1528
次 1668
騆 1855
麙 1897
燅 1960
慈 2045
憪 2048
慊 2055
鹹 2356
閑 2370
嫺 2492
嫌 2504
嫌 2508
弦 2580
銜 2863

xiǎn

赻 290
跣 347
譣 382
鑾 448
㬎 1239
毨 1607
顯 1700
獫 1906
獮 1914
燹 1932
洗 2267
銑 2822
險 2939

xiàn

莧 108
哯 247
䞁 270
晵 532
睍 534
䏹 719
晛 1227
臽 1350
僩 1490
羨 1668
獫 1907
獻 1916
鼸 1928
憲 2023
霰 2301
䱤 2326
綫 2635
蜆 2679
垷 2757
限 2939
陷 2941

xiāng

相 543
箱 794
皀 1214
香 1332
襄 1590
驤 1870
湘 2131

xiáng

祥 23
詳 379
翔 571
夅 959
栙 1069
庠 1783
洋 2166
瓨 2567

xiǎng

響 420
饟 894
餉 894
饗 894
亯 927
想 2033
蠁 2667

xiàng

珦 55
樣 984
郒 1214
鄉 1216
曏 1235
向 1364
像 1512
襐 1591
項 1680
象 1849
闀 2370
勨 2812

xiāo

蘬 113
蕭 152
蒿 168
嘵 251
哮 258
唬 259
嚻 357
囂 458
鴞 613
膮 713
簫 800
虓 855
枵 1012
梟 1095
宵 1373
痟 1407
歊 1658
驍 1865
獢 1906
獟 1908
消 2250
霄 2301
綃 2586
蛸 2678
蠨 2687
銷 2823

xiáo

殽 491
恔 2025
洨 2173

xiǎo

小 205
篠 768
曉 1223
皢 1466
鐃 2825

xiào

芍 152
嘯 244
效 503
肖 694
笑 806
皛 1467
孝 1606
歗 1659
鶵 1890
斆 2526

xiē

歇 1654
猲 1905

xié

瑎 81
龤 353
諧 386
讗 404
鞵 444
覣 455
𥄎 536
脅 688
膎 707
偕 1500
衺 1597

紻 2624
蛘 2690
坱 2778

yàng

詇 376
煬 1943
鰑 1963
怏 2059
恙 2064
漾 2098
羕 2291

yāo

祅 46
葽 157
要 434
幺 646
枖 1009
夭 1988
媄 2502
紗 2581

yáo

瑶 82
珧 84
蘨 178
嗂 244
踰 344
䍃 384
爻 525
肴 703
榣 1013
繇 1361
窯 1387
傜 1532
倄 1535
僥 1547
歋 1659
顤 1683
嶢 1776
摇 2422
姚 2462
媱 2488
䌛 2573
䌛 2583
垚 2787
堯 2787
銚 2829
軺 2895

yǎo

齩 331
窅 534
鷕 636
杳 1022
㫐 1234
旟 1255
舀 1349
㝔 1364
窅 1398
窈 1398

yào

藥 180
鷂 629
窔 1398
覞 1648
覞 1651
獟 1917
燿 1953
旭 1992
纅 2588

yē

噎 247
暍 1238

yé

䓉 147
邪 1204
釾 2853

yě

冶 2296
也 2522
野 2789

yè

葉 162
喝 254
謁 371
業 423
䈎 773
饁 894
餲 899
枼 1090
曄 1111
鄴 1171
曅 1229
夜 1272
僷 1482
裛 1598
廅 1795
焆 1950
爗 1953
液 2263
擪 2404
抴 2451
掖 2455
堨 2753
鍱 2833
曳 2999

yī

一 15
噫 234
鷖 622
椅 978
檹 1014
伊 1480
依 1502
月 1565
衣 1566
猗 1906
黳 1963
黟 1969
壹 1995
揖 2390
嫛 2470
妶 2481
繄 2638
蛜 2682
𡓁 2779
阫 2951
陭 2952
醫 3013

yí

珆 79
荄 164
咦 235
台 244
迻 299
遺 307
徲 317
詒 397
羠 596
鸃 634
飴 886
椸 975
桋 977
栘 993
枱 1047
䣡 1202
暆 1230
移 1305
宧 1364
宐(宜) 1373
痍 1417
儀 1511
㐌 1548
歋 1658
欥 1669
㠖 1764
狋 1909
夷 1985
怡 2027
沂 2165
𦣞 2384
𦣝 2384
姨 2475
嫛 2492
乁 2522
義 2543
匜 2555
瓵 2566
彝 2661
圯 2785
疑 2986

yǐ

苢 125
迆 303
齮 330
敧 456
攺 517
矣 921
檥 1025
旖 1255
倚 1502
顗 1694
㥴 2027
悠 2062
乙 2347
扆 2359
蛾 2676
螘 2677
錡 2834
輢 2902
轙 2916
乙 2972
㠯 2995
酏 3016

yì

玴 79
萛 105
薏 121
虉 142
藝 184
嗌 229
嶷 231
呭 241
趯 272
齸 333
跇 344
音 375
議 379
誼 387
詣 393
詍 402
譯 418
羿 427
异 428
弈 430
異 432
埶 466
肄 480
殹 490
毅 492
役 492
斁 509
豛 511
羿 568
翊 570
翳 574
隿 586
鷧 624
鶂 625
殪 663
殔 664
肊 687
劓 740
㷷 855
號 855
益 862
饐 899
槸 979
杙 984
槷 1018
棭 1051
圛 1121
貤 1135
邑 1143
昌 1213
晹 1227
曀 1233
㝖 1369
寱 1403
痬 1418
疫 1420
仡 1489
億 1517
伿 1530
佚 1531
偒 1533
裔 1587

猶 1919
油 2132
沋 2188
輶 2895
尤 2973

yǒu

鋈 88
莠 104
友 477
羑 600
槱 1090
有 1267
牖 1285
歈 1661
欿 1665
蚴 1665
庮 1794
黝 1963
魩 2321
酉 2999

yòu

祐 23
藡 128
右 245
趙 270
又 470
右 470
幼 646
盍 859
柚 965
囿 1123
宥 1373
疚 1409
頄 1696
尥 1758
貁 1845
鼬 1928
忧 2064
婠 2498

yū

菸 173
迂 312
瘀 1409
尪 1993
淤 2260
扜 2454
紆 2596

yú

瑜 53
玗 81
萸 160
余 210
衾 210
趯 271
逾 296
衙 324
踰 338
諛 395
謣 408
舁 433
軒 450
羭 595
腴 692
竽 798
亏 829
虞 847
盂 857
餘 897
榆 1000
楰 1003
邘 1165
旟 1250
窬 1394
伃 1481
褕 1568
衧 1583
俞 1623
覦 1648
歟 1654
嵎 1764
惆 2041
愉 2048
愚 2049
湡 2172
澞 2187
渝 2276
雩 2309
魚 2312
鮝 2339
瀀 2339
擧 2423
揄 2429
嬩 2481
娛 2492
螸 2689
蝓 2696
堣 2742
畬 2793
輿 2897
隅 2938
臾(蕢) 2999

yǔ

瑀 76
萬 119
噳 260
齬 329
語 370
與 433
敔 516
羽 563
予 650
篽 805
楀 977
圄 1125
郷 1181
鄅 1194
瓜 1361
宇 1365
窳 1392
俁 1488
傴 1540
褔 1599
頨 1694
庾 1788
貐 1842
圉 1997
悪 2039
雨 2298
霱 2305
匬 2558
鋣 2834
与 2872
斞 2883
禹 2969

yù

禦 40
玉 51
芋 109
薁 131
菁 156
蒮 192
噊 244
嗃 251
趫 274
遇 298
遹 303
御 321
矞 363
諭 376
譽 391
弆 429
鬻 462
聿 480
拏 593
鬻 612
鷸 623
馭 632
鴥 633
薁 780
鬱 880
飫 896
鐬 913
棫 983
鬱 1097
賣 1142
郁 1155
昱 1237
鱊 1268
寓 1377
瘉 1422
儥 1510
裕 1593
歋 1654
欲 1656
昳 1666
籲 1699
禺 1757
礜 1809
豫 1850
驈 1859
龣 1897
狢 1914
獄 1924
煜 1952
黬 1968
悆 2047
淯 2112
減 2200
澳 2230
浴 2267
昃 2286
霱 2310
閾 2364
嫗 2470
或 2535
緍 2610
繘 2647
蟠 2679
蜮 2700
颶 2723
鋊 2832
育 2989
醧 3008

yuān

菀 134
遖 302
鞔 445
眢 541
鸙 603
鴛 619
鳶 628
剈 734
蘙 837
痟 1419
肙 1450
冤 1902
悁 2056
淵 2214
嬛 2485
蜎 2697
輐 2930

yuán

元 16
芫 155
蒝 164
趄 277
邍 312
謜 375
爰 652
圜 1119
圓 1119
園 1123
員 1127
邧 1194
袁 1588
沅 2093
驫 2290
援 2433
嫄 2480
蚖 2669
蝝 2675
蝯 2703
黿 2729
垣 2750
轅 2914
阮 2952

yuǎn

遠 311
訑 414
頵 1685

yuàn

瑗 59
苑 175
肙 721
餶 897
夗 1272

傆 1508
顯 1676
願 1683
愿 2025
怨 2057
掾 2405
媛 2499
緣 2630
院 2958
yuē
噦 247
曰 821
約 2599
yuè
礿 33
蘥 144
𤛕 217
趯 267
越 267
𧾍 273
𨑨 311
𧿒 338
躍 339
䟑 348
龠 352
鬻 463
䂅 544
鸑 606
鳿 617
敫 651
刖 738
籥 774
篗 777
䋤 801
粵 830
樂 1071
月 1264
𥦬 1390
𥨈 1390
䫁 1684
嶽 1761
屵 1802
爚 1937
黦 1964
瀹 2260
闟 2371
閱 2374
抈 2443
妜 2506
娍 2507
戉 2541
䋐 2632
𥎺 2662
軏 2915
yūn
頵 1681
熅 1950
壼 1994
yún
芸 138
𦓘 748
囩 1119
䞫 1127
鄖 1185
袀 1569
勻 1744
悁 2064
溳 2144
沄 2203
澐 2207
雲 2311
妘 2464
縜 2634
yǔn
荺 165
喗 229
䞨 269
齳 330
𤸫 1406
允 1631
䪳 1681
磒 1812
会 1983
䩵 2003
霣 2299
抎 2420
鈗 2853
阭 2939
隕 2943
yùn
薀 173
運 299
韗 441
餫 898
鄆 1164
䚋 1642
惲 2024
慍 2057
緷 2590
縕 2659
孕 2982
醞 3001
Z
zā
帀 1103
zá
雥 603
襍 1593
zāi
哉 241
烖 1950
巛 2287
𢦏 2537
zǎi
宰 1372
𦖋 2381
zài
䎒 466
再 645
栽 1022
𢧢 1209
洅 2244
在 2760
載 2919
酨 3015
zān
鐕 2841
zǎn
寁 1375
儹 1501
zàn
瓚 55
饡 892
贊 1131
暫 1236
灒 2273
𡤨 2486
鏨 2836
zāng
臧 486
牂 595
zǎng
駔 1883
zàng
葬 203
奘 1910
弉 2007
zāo
遭 298
糟 1341
傮 1543
𤏃 1949
záo
鑿 2837
zǎo
璪 70
璅 79
藻 195
早 1221
棗 1283
澡 2267
繰 2617
蚤 2710
zào
草 200
趮 267
造 295
喿 352
譟 407
竈 1386
燥 1956
zé
嘖 252
迮 296
𪘓 327
齰 331
諎 395
則 727
笮 778
簀 779
責 1138
幘 1444
澤 2216
𣳚 2233
擇 2408
嫧 2494
稓 2890
zè
庂 1231
仄 1802
夨 1987
zéi
鰂 2330
賊 2533
zēn
𤩅 79
先 1634
zèn
譖 412
zēng
曾 207
譄 405
矰 916
罾 1433
䎖 1942
憎 2058
繒 2603
增 2769
zèng
䣱 457
贈 1133
甑 2565
zhā
齇 328
謯 397
皻 473
觰 756
樝 966
柤 1038
䕢 1276
溠 2125
抯 2431
zhá
札 1073
霅 2299
zhǎ
䖳 1939
鮺 2333
zhà
吒 251
䛽 397
詐 410
柵 1040
槎 1087
乍 2548
zhāi
齋 26
摘 2419
zhái
宅 1363
zhài
𨜒 1162
瘵 1405
zhān
詹 208
邅 268
鬻 459
占 522
瞻 542
鸇 631
饘 888
旃 1254
氈 1608

驙 1881
沾 2117
霑 2305
鱣 2318
蛅 2679
鉆 2840
zhǎn
䁪 538
琖 817
樿 972
展 1611
顫 1692
驏 1882
嫸 2505
皽 2710
鳣 2868
斬 2932
醆 3006
zhàn
虥 854
棧 1062
襢 1568
袒 1594
棧 1772
戰 2534
組 2636
zhāng
璋 61
蔁 137
章 421
彰 1710
麞 1895
漳 2119
張 2574
zhǎng
不 465
鄣 1201
掌 2386
zhàng
丈 367
杖 1065
帳 1447
墇 2772
障 2950
zhāo
啁 249
釗 738
盄 860
昭 1224
朝(鞘)1246
佋 1545
招 2415
鉊 2840
zhǎo
瑵 68
爪 464
叉 471
沼 2226
zhào
召 239
趙 273
踔 341
兆 522
罹 587
䂃 594
旐 1248
罩 1433
照 1952
鮡 2338
肁 2358
肇 2528
垗 2783
陹 2954
zhē
遮 309
zhé
哲 239
謺 397
讋 410
謫 412
牒 717
磔 961
橐 1009
杘 1058
乇 1109
晢 1223
幯 1461
尾 1613
猲 1913
悊 2026
慴 2070
耴 2376
抓 2404
摺 2420
蟄 2697
釽 2841
輒 2902
zhě
者 559
赭 1979
zhè
蔗 127
嗻 250
樜 990
柘 999
浙 2083
蟅 2683
zhēn
禛 22
禎 23
珍 75
葴 132
蘣 137
蓁 169
唇 251
貞 521
鷏 628
箴 798
亲 970
榛 981
楨 1020
真(眞)1549
駗 1881
溱 2127
湞 2128
澧 2152
臻 2351
甄 2564
鍼 2835
斟 2885
轃 2929
zhěn
診 415
殳 488
凮 494
眕 538
胗 698
枕 1044
稹 1297
袗 1569
辰 1613
顆 1680
彡 1687
今 1709
紾 2599
畛 2798
軫 2906
zhèn
踬 343
鴆 638
朋 699
栚 1058
賑 1130
舼 1626
震 2300
門 2374
抯 2413
振 2426
紖 2645
鎮 2840
zhēng
苸 172
蒸 189
征 293
延 322
爭 654
箏 803
徵 1561
崝 1775
烝 1934
綒 2641
紅 2643
埩 2772
鉦 2846
錚 2851
隕 2953
zhěng
整 503
拯 2424
zhèng
正 289
証 383
諍 392
證 413
政 503
鄭 1157
zhī
祇 24
禔 24
芝 102
蕺 184
支 479
隻 576
雉 586
鵡 618
胑 694
胝 698
脂 714
知 921
枝 1007
楮 1027
之 1102
卮 1732
駁 1868
汥 2228
汁 2263
戠 2540
織 2589
鼅 2730
醬 3004
zhí
樴 270
齸 331
跖 336
蹢 342
蹠 343
殖 667
蘱 939
植 1034
樴 1064
稙 1295
帙 1448
值 1542
懾 1882
執 1997
慹 2070
漸 2216
職 2379
拓 2431
姪 2475
直 2547
埴 2746
墌 2768
zhǐ
祉 23
止 281
只 362
䛗 412
敱 512
旨 821
夂 959
枳 994
積 1112
疻 1415
黹 1468
襧 1595
咫 1618
底 1798
恉 2021
洔 2218
沚 2223
泜 2248
指 2386

抧 2416
抵 2447
紙 2649
坻 2761
軹 2912
阯 2947

zhì

璏 68
菿 178
茵 185
嚌 238
迣 309
齸 333
躓 344
鞊 447
矫 560
雉 578
鷙 631
疐 648
制 739
觶 752
觶 759
觶 843
致 942
櫛 1045
桎 1092
質 1137
郅 1173
穉 1296
秩 1313
窒 1395
痔 1414
置 1438
偫 1496
製 1600
庢 1793
庤 1793
彘 1838
豸 1840
騭 1853
鷙 1881
廌 1889
狾 1917
炙 1975
戴 1983
志 2020
忮 2050
滍 2142
滯 2248
至 2350
摯 2399
擿 2416
摭 2422
挃 2443
擲 2443
埶 2495
紩 2636
蛭 2671
畤 2799
銍 2840
鍪 2864
贄 2926
陟 2941
阤 2944

zhōng

中 94
苹 127
螽 1446
伀 1481
衷 1591
終 1927
忠 2022
汷 2189
霊 2303
終 2602
螽 2710
鍾 2825
鐘 2849

zhǒng

踵 282
徸 320
踵 341
腫 699
瘇 1415
冢 1746

zhòng

種 1295
仲 1479
眾 1560
重 1563
憧 2023

zhōu

周 246
舟 263
譸 399
鬻 460
鵃 610
侜 1525
舟 1623
匊 1745
盩 1997
州 2288
婤 2482
輈 2914
輖 2922

zhóu

軸 2908

zhǒu

肘 691
疛 1409
帚 1455

zhòu

噣 227
咮 258
詛 400
晝 482
胄 695
籀 772
宙 1381
冑 1428
驟 1877
甃 2568
紂 2645
縐 2652
酎 3003

zhū

珠 82
藷 127
茱 159
諸 372
誅 416
筞 797
朱 1006
株 1006
邾 1185
袾 1591
豬 1830
洙 2163
絑 2611
鼄 2731
銖 2842

zhú

茿 115
茶 154
躅 269
逐 308
躅 342
竹 767
筑 803
鬻 954
欘 1049
瘃 1415
舳 1624
燭 1946
泏 2215
孎 2493
斸 2879

zhǔ

鬻 463

zhǔ

主 870
枓 1055
宔 1381
罜 1434
屬 1620
麈 1896
渚 2173
陼 2953
斲 2963

zhù

祝 37
苧 116
邅 302
眝 546
翥 568
羜 593
箸 783
壴 832
齜 847
宔 860
、 870
築 1024
柱 1026
杼 1061
柷 1072
貯 1136
羿 1862
駐 1880
狂 1906
注 2232
紵 2653
助 2808
鑄 2823
宁 2962

zhuā

築 795
髽 1727

zhuān

跧 339
諯 412
專 498
叀 647
顓 1687
嫥 2494

zhuǎn

膞 718
腨 1732
竱 2011
縳 2318
闟 2370
轉 2922

zhuàn

孨 2987

zhuàn

瑑 69
譔 375
篆 772
饌 890
僎 1475
僝 1485
傳 1519
顛 1700
吧 1736
隊 2957

zhuāng

莊 100
裝 1598
妝 2500

zhuàng

壯 93
狀 1910
戇 2049
撞 2437

zhuī

萑 200
追 308
隹 575
離 609
腄 698
騅 1858
錐 2841

zhuǐ

沝 2281

zhuì

諈 386
叕 475
笍 795
餟 901
槌 1058
贅 1137
硾 1812
惴 2064
娷 2515
縋 2642

筆畫檢字表

一畫

一 15
丨 94
丿 2520
丶 870
乀 2522
乁 2521
乙 2972
乚 2547
亅 2545
𠄌 2545
𡿨 2283
乙 2347

二畫

二 2735
丅 20
丁 2974
十 366
厂 1796
𠂇 478
匸 2551
匚 2554
丂 825
七 2965
丄 18
卜 520
冂 923
𠂆 2521
八 206
入 907
人 1471
乂 2520
勹 1742
几 494
𠘧 2873
九 2966
儿 1630
匕 1550
乜 1548
冖 1423
了 2986
凵 261
丩 365
刀 723
力 2807
乃 824
厶 1758
亼 865
又 470
廴 321
马 1277
巛 2284

三畫

三 48
亍 321
干 359
亏 829
工 815
土 2739
士 92
才 1100
寸 495
廾 426
丌 809
大 1980
丈 367
兀 1631
尢 1991
与 2872
幵 960
丮 1736
弋 2522
厹 2988
矢 1987
少 284
小 205
冃 1425
口 227
囗 1118
巾 1440
山 1761
千 367
乇 1109
川 2285
彳 315
彡 1708
亼 902
亡(亾) 2548
勺 2872
久 960
夕 1272
凡 2737
丸 1804
夂 959
夊 941
及 474
广 1781
宀 1362
之 1102
卂 2344
尸 1609
己 2975
弓 2570
巳 2994
子 2982
孑 2986
屮 97
孓 2987
卩 1733
也 2522
女 2459
刃 744
叉 471
彑 1838
幺 646

四畫

丰 1107
王 49
井 875
天 16
夫 2009
元 16
丐 826
廿 368
木 965
朩 1353
五 2964
帀 1103
市 1461
协 368
支 479
丏 1703
不 2349
不 465
仄 1802
犬 1904
友 477
尤 2973
厷 471
厄 1735
匹 2553
巨 816
牙 334
屯 98
戈 2526
比 1556
旡 1669
先 1634
切 728
瓦 2563
止 281
攴 501
少 205
尐 205
冃 1426
丹 1827
日 1219
曰 821
中 94
水 2075
内 907
内 2967
午 2996
牛 213
手 2386
气 91
毛 1606
壬 1561
壬 2980
升 2888
夭 1988
仁 1472
什 1506
片 1284
仆 1535
仇 1541
化 1550
仍 1502
斤 2878
爪 464
丯 745
反 475
兮 827
介 208
从 1555
仌 908
仌 208
夨 2294
父 472
爻 525
今 903
凶 1350
分 206
公 209
乏 289
月 1264
乌 1552
产 1804
氏 2523
弗 1107
勿 1826
勾 1745
欠 1652
匃 1744
丹 873
匀 1744
卬 1553
邝 1210
殳 486
亣 2006
六 2965
文 1712
亢 2000
方 1628
火 1931
斗 2881
户 2358
冘 924
心 2018
丮 465
尹 473
尺 1617
夬 473
引 2574
弔 1544
丑 2990
阝 2953

百 560
有 1267
存 2985
而 1828
匠 2554
夸 1982
灰 1939
戍 2533
尫 1993
尥 1993
歾 664
列 731
死 668
成 2975
歧 1552
夷 1985
邪 1204
邨 1211
攷 514
丳 1734
至 2350
朩 1356
此 286
虍 847
邺 1191
劣 2812
光 1954
早 1221
吁 251
吋 830
吐 247
吃 248
吒 251
吚 252
吸 236
邑 1234
邷 1188
曳 2999
虫 2664
曲 2560
吅 262
吕 1383
同 1426
因 1124
屾 1777
回 1120
屺 1768
帆 1442
帉 1456
网 1431
肉 680
朱 1006
缶 909
牝 214
先 1638
廷 322
舌 358
竹 767
兆 1638
休 1091
伍 1506
伎 1528
伏 1537
臼 1348
伐 1538
仳 1542
延 322
仲 1479
休 2239
任 1513
似 1560
价 1519
份 1484
伀 1481
仰 1505
伉 1479
仿 1494
自 557
伊 1480
由 1757
自 2933
血 866
向 1364
囟 2016
伃 1481
后 1729
行 323
彶 317
辰 2291
月 1565
舟 1623
合 902
企 1473
肖 695
爰 652
怣 2073
兇 1350
郃 1154
刖 738
肌 681
肒 711
肋 688
朵 1012
危 1805
乓 2525
夙 1274
旭 1225
旬 1744
旨 821
匈 1745
归 1737
舛 947
攰 2482
夆 959
名 238
各 255
多 1275
尯 1805
色 1738
冰 2294
亦 1986
交 1990
次 1666
邡 1175
衣 1566
辛 422
㐬 2286
队 1246
亥 3021
邟 1187
充 1632
妄 2503
羊 592
并 1555
米 1333
屰 360
炞 1210
州 2288
汗 2274
汙 2251
江 2081
汏 2256
汕 2231
汘 2189
汋 2211
汎 2203
汲 2268
汷 2189
汛 2271
汜 2224
汓 2237
池 2226
汝 2113
汈 2188
忏 2041
忓 2067
宇 1365
守 1372
宅 1363
宎 1391
字 2983
宊 1377
安 1369
肎 721
祁 1170
聿 480
艮 1554
那 1209
迅 297
弙 2575
异 428
弜 2579
丣 1736
弛 2575
改 2482
阱 875
阮 2952
阯 2947
收 513
阪 2938
艸 100
阬 2945
防 2946
丞 427
阭 2939
迆 303
奸 2514
奷 2478
妊 2466
如 2494
妁 2466
妃 2468
好 2484
妐 2516
忍 2058
劦 2817
羽 563
牟 218
厽 2960
叒 1101
糸 2585
丝 646
㣺 2287
巡 292

七畫

玗 86
玗 81
玒 54
弄 428
玓 83
玖 78
迁 294
匜 2552
形 1709
𢧀 2578
戒 429
吞 229
芺 1938
扶 2397
抎 2420
抪 2414
技 2440
抍 2401
扴 2417
扮 2427
抈 2443
抵 2447
投 2416
抗 2449
扰 2448
抉 2418
把 2402
抒 2430
坏 2779
坋 2778
坻 2761
坎 2767
均 2744
坄 2750
走 265
赤 1977
孝 1606
毐 2518
志 2020
劫 2815
瓨 2567
攻 514
玐 466
延 322
芈 593
耴 2376
邯 1171
𠦒 643
芫 155
芸 138
芰 143
芣 162

八畫

來 935
奅 1983
奃 1983
犾 1924
奔 1984
豖 1834
𣧑 666
歾 658
虒 1992
虓 1992
郕 1198
戓 2536
癹 944
疌 283
妻 2467
戔 2540
𢦏 467
殁 1635
忢 2036
到 2351
郅 1173
迖 311
砼 2569
砸 2570
非 2343
叔 475
岠 282
卓 1554
卤 824
妭 2499
虎 852
尚 207
盰 533
盱 537
具 430
退 294
明 1268
昕 1223
昄 1237
昒 1221
昅 1666
杲 1022
果 1007
昆 1244
昌 1236
易 1847
旻 1219
炅 1955
味 234
呭 241
咀 232
呷 242
呻 253
呬 235
呱 230
呼 236
呧 249
咆 257
咜 258
咈 248
咄 241
呶 251
呦 260
迪 298
迟 302
盳 2801
冉 811
忠 2022
典 811
固 1125
門 2360
岵 1768
岸 1779
岨 1769
岫 1771
帗 1442
帖 1448
帙 1448
帔 1444
叟 476
迥 312
弟 1776
困 1122
沓 823
林 2281
囷 1124
罔 1769
咼 256
制 739
邾 1185
知 921
迭 305
氛 91
忥 2056
刲 724
刮 736
迮 296
垂 2785
牪 215
牧 518
牥 222
物 223
和 240
秅 1314
季 1317
秏 1324
秎 1307
秄 1312
季 2984
委 2488
竺 2737
秉 474
佤 1501
佳 1483
侍 1503
佶 1487
佴 1502
供 1496
使 1518
佰 1507
侉 1536
例 1537
兒 1631
臾(蕢) 2999
版 1284
岱 1762
郷 1194
侊 1526
侃 2288
侗 1487
侁 1504
凭 2873
侹 1492
佸 1507
侐 1503
佪 1526
佺 1499
佮 1507
侜 1525
佻 1527
佩 1476
侚 1482
侈 1529
佳 575
侂 1542
佼 1475
依 1502
佽 1502
侅 1483
併 1501
侒 1503
郎 1178
臭 2007
帛 1465
卑 478
迫 308
自 2935
甹 867
卹 869
侔 1500
所 2881
欣 1655
邱 1202
徂 319
往 316
彼 316
所 2880
舠 1625
舍 903
金 2819
侖 903
命 239
郃 1158
肴 703
㪷 522
忩 2051
戕 2538
斧 2878
叕 526
采 1083
垩 1562
受 653
爭 654
乳 2348
欨 1658
念 2022
攽 505
忿 2056
瓮 2566
肺 684
肧 681
肽 719
肬 698
肫 682
肭 1266
肸 367
股 693
肪 687
肰 719
肤 692
朋 699
朏 2990
肥 696
服(般) 1628
周 246
昏 1231
迡 304
郇 1172
兔 1901
狋 1909
匋 909
狂 1912
狙 1920
狎 1911
狛 1922
曶 822
狐 1923
忽 2051
狗 1904
狦 1908
狌 1906
匌 1745
臽 1350
匒 1745
咎 1541
𡖖 1273
匊 1743
匊 1734
炙 1975
帑 1450
㚢 2486
京 927
亩 932
废 1792
夜 1272
㡯 1795
府 1781
底 1791
庖 1786
疛 1409
疝 1409
疚 1420
卒 1600
郊 1148
忞 2037
庚 2977
音 871
妾 422
盲 552
旂 2564
放 651
刻 729
郊 1208
劾 2816
炕 1629
育 2989

㞚 2519
並(竝) 2015
邦 1210
券 741
劵 2814
卷 1735
炊 1941
炕 1955
炎 1959
沬 2266
沫 2088
泔 2259
泄 2150
沽 2178
沭 2164
河 2076
泙 2215
泧 2254
沾 2117
沮 2090
油 2132
泱 2240
況 2202
泂 2266
泗 2160
泆 2217
泭 2234
泝(㴑) 2235
泒 2183
沴 2217
泠 2137
泜 2175
沿 2235
泡 2158
注 2232
泣 2274
泫 2200
泮 2277
泬 2204
沱 2082
泌 2199
泳 2236
泥 2185
沸 2223
泏 2215
泓 2209
沼 2226
波 2206
治 2171
泑 2078
洌 2297
怙 2035
怵 2070
怲 2065
怛 2061
怚 2046
怞 2037
怏 2059
怳 2053
性 2019
怍 2072
怕 2040
怋 2055
怫 2051
怓 2055
怪 2050
怡 2027
怮 2064
宗 1380
定 1368
宕 1380
宙 1381
官 2934
空 1390
穸 1400
穹 1397
宛 1376
宔 1381
宓 1369
宖 1367
宗 1371
郎 1199
戾 1913
肩 689
房 2358
衦 1594
衧 1583
祉 32
祊 23
祈 38
祇 24
祋 487
殺 488
建 322
隶 482
帚 1455
录 1292
居 1610
屍 1612
屆 1611
刷 735
㕞 474
屄 943
屈 1620
弦 920
弧 2572
弦 2580
弢 2575
弨 2573
承 2413
孟 2984
牀 1042
狀 1910
戕 2536
牂 2398
斨 2878
孤 2985
蚗 1659
亟 2735
降 2942
陊 2945
陙 2951
陔 2956
限 2939
柔 984
妹 2473
姑 2471
妸 2480
妭 2477
娍 2507
姑 2489
姐 2471
妯 2504
姎 2507
邺 1209
姓 2459
姁 2471
姗 2511
娃 2482
姅 2514
始 2482
帑 1458
弩 2576
袈 2475
奸 499
坴 2760
郅 1181
叕 2963
希 1836
糾 365
甾 2561

九畫

契 1984
奏 2003
珇 69
珍 75
玲 75
珣 80
珊 86
珌 68
珉 82
毒 99
型 2765
匧 2555
挂 2450
持 2398
拮 2441
拱 2391
挋 2413
挐 2405
挃 2443
批 2410
挏 2415
捆 2437
挺 2434
括 2437
挻 2408
拾 2432
挑 2418
指 2386
挌 2452
按 2404
拹 2420
拯 2424
垣 2750
城 2766
垪 2772
垤 2780
垍 2770
垢 2779
垗 2783
垛 2755
垝 2775
垎 2768
垑 2774
垓 2741
垠 2773
垚 2787
封 2762
臭 1987
壴 832
哉 241
耆 1605
郝 1157
者 1605
政 503
赴 265
赳 267
苟 1749
某 1004
甚 820
枼 1090
茉 178
荆 160
茥 124
茿 115
茸 199
茝 111
荚 138
茵 185
茜 135
茬 169
荐 181
茦 174
荊 147
荑 119
荊 147
荎 154
茱 160
茈 134
草 200
莤 188
莒 109
茵 187
茱 159
莛 162
苦 138
茷 174
荏 105
莔 197
茾 143
荃 183
荅 102
茖 115
荸 172
茭 188
茨 182
荒 172
荄 165
荓 128
荽 128
莜 119
茹 188
荔 195
茲 168
故 503

姝 2484
姺 2465
娗 2515
姡 2490
姮 2489
姶 2482
姚 2462
㛔 2504
姽 2488
姰 2498
姼 2476
姣 2484
㛍 2481
姘 2514
姦 2516
拏 2403
怒 2057
飛 2342
盈 862
臬 1353
勇 2815
瓵 2566
負 1939
急 2050
癸 2981
癹 284
柔 1020
敄 502
矜(矝) 2890
𦓐 2891
垒 2961
象 1838
紆 2596
紅 2615
紂 2645
紇 2587
紃 2632
約 2599
紈 2603
級 2598
紀 2591
紉 2640
欻 1665

十畫

耕 747
䎗 746
絜 745
挈 2398
契 745
泰 2272
秦 1320
珥 66
珛 57
玼 71
珄 79
珠 82
珽 63
珦 55
珩 65
珧 84
珣 55
班 90
珢 79
敖 651
敖 1104
珕 84
琤 76
素 2661
冓 645
匿 2552
祘 46
鬥 2374
鬥 467
栞(琹) 1008
捇 2439
拯 2404
捄 2441
捕 2450
振 2426
挾 2401
捎 2427
捉 2408
捐 2453
挹 2430
捼 2434
捈 2451
哲 239
娎 2510
挫 2397
捋 2407
捊 2412
換 2455
捀 2423
捝 2430
挪 2410
挶 2418
挨 2446
捘 2396
逝 294
埂 2776
垷 2757
埍 2780
埒 2753
垸 2764
埐 2771
埃 2778
恚 2057
欯 1653
㚇 1987
㚖 2002
袁 1588
殸 488
都 1146
耊 1604
耆 1604
赶 280
赹 270
𧺆 272
起 271
栽 1022
裁 1950
貢 1131
挐 2396
恐 2070
匪 2557
髟 1714
馬 1853
䎴 507
耹 2383
𦔭 2381
耿 2377
耽 2377
恥 2071
郰 1197
華 1111
葯 165
茞 114
莟 155
莍 160
莆 102
菩 196
莤 3014
莢 165
恭 2026
拲 2453
莽 203
莖 161
荹 188
莦 169
莫 203
莧 108
堇 117
茵 153
莪 151
莠 104
䓘 145
荷 149
莜 186
莚 107
荼 198
莃 129
莝 188
荸 128
𦯉 167
葡 524
莥 103
荵 136
莎 193
莞 122
莨 157
軏 1246
莙 124
巸 2384
莊 100
葱 116
蔓 187
韭 590
栗 1281
真(眞) 1549
桂 971
栲 1058
桔 985
郴 1189
桓 1041
栫 1063
栭 1030
栵 1030
桋 977
桎 1092
梴 1015
桄 1085
桐 1000
梠 1033
株 1006
梃 1010
栝 1070
枱 1045
桃 969
勑 2808
桅 1003
桻 1069
格 1017
栘 993
校 1082
核 1062
栟 978
栚 1058
根 1006
栩 984
述 306
索 1106
軒 2892
軑 2914
軎 2912
軕 2902
軓 2897
連 305
軔 2926
専 498
逋 307
哥 827
速 297
鬲 455
逗 302
要 1439
帢 1463
敕 518
酎 3003
酕 3006
酌 3006
逎 308
配 3006
酏 3016
辱 2994
唇 251
厝 1801
威 1956
厞 1803
夏 944
砢 1823
破 1820
恧 2072
厜 1797
原 1800
厔 1801
剞 725
郙 1198
匫 2558
逐 308
烈 1934
殊 658
郪 1177
柬 1279
柴 1337
致 942

痳 1419
疴 1405
病 1404
痁 1413
疸 1418
疽 1411
疻 1415
疾 1404
疳 1410
疴 1410
痀 1406
痂 1412
疲 1419
脊 2457
效 503
离 2968
衮 1566
紊 2598
凋 2295
恣 2052
剖 730
部 1160
竘 2013
衮 1942
旁 19
旆 1248
旄 1258
旂 1251
旅 1259
旃 1254
欬 1664
竅 492
畜 2802
玆 649
羒 595
羖 596
羑 1939
羞 2991
羔 593
恙 2064
桊 1063
拳 2387
敉 511
粉 1345
料 2883
粗 1343
益 862
兼 1329
朔 1265
瓶（缾） 912
烓 1940
烘 1941
烜 1950
烗 1952
烄 1938
剡 726
郯 1203
浙 2083
淇 2233
浾 1979
洍 2189
浦 2223
涑 2269
浯 2169
酒 3000
浝 2188
涇 2096
娑 2497
消 2250
涅 2219
涢 2179
浞 2246
涓 2197
浥 2220
涔 2245
浩 2203
涋 2214
浵 2084
海 2191
涹 2779
涂 2092
浴 2267
浮 2208
涣 2199
浼 2273
涚 2255
涕 2274
浪 2102
涒 2263
涌 2210
涘 2222
浚 2257
悈 2029
悑 2070
悟 2036
悂 2044
悄 2067
悍 2050
悝 2052
悁 2056
悒 2046
悔 2059
悛 2039
害 1378
宧 1364
宼 860
害 1375
宸 1365
家 1362
宵 1373
宴 1369
宎 1388
宦 534
窀 1400
宷 211
盜 1385
窊 1392
容 1371
窌 1393
窒 1395
窈 1398
宾 1366
宰 1372
宸 1368
宭 1372
案 1054
冢 1426
斮 2881
朗 1266
冣 1423
扆 2359
庳 2358
扇 2358
扆 2657
袪 1579
袥 1582
袚 1601
袒 1594
祖 1592
袗 1569
祗 1578
袍 1576
袢 1592
袉 1582
袑 1584
被 1590
祏 40
祫 35
祪 28
祥 23
冥 1261
隺 925
冤 1902
谥 861
書 481
隶 1947
剥 733
帬 1444
屒 1613
展 1611
屐 1622
屏 1622
屖 1614
剧 725
弲 2572
晋 554
弱 1711
陚 2953
陼 2953
陸 2936
陵 2935
陬 2938
陳 2953
娶 2505
棐 2007
陭 2952
牂 595
豗 2982
孫 2582
陖 2958
蚩 2682
翡 570
祟 46
陲 2958
陮 2939
陴 2957
陯 2958
陰 2936
斲 190
陶 2954
陷 2941
陪 2956
陮 2952
陻 2954
胥 698
烝 1934
娱 2502
姬 2462
娕 2494
娠 2469
娇 2509
娥 2510
娙 2485
娋 2504
娛 2492
娉 2500
挐 2452
怒 2027
娥 2480
娒 2476
娷 2507
娧 2485
娣 2473
娓 2493
砮 1808
娭 2492
哿 827
皰 499
脅 688
翌 572
羿 568
翍 566
通 298
能 1929
函 1277
逡 304
務 2809
桑 1102
劉 732
彖 1838
紑 2620
紘 2621
純 2586
紕 2659
納 2593
紝 2589
紟 2629
紛 2644
紙 2649
紡 2593
紞 2622
紖 2645
紐 2628
紓 2596
邕 2287

十一畫

彗 476
郪 1150
春 1348
珊 87
珽 79
球 59
理 74
琀 88
珸 80
琅 86
責 1138
彭 1710

掺 515
棄 1117
規 2010
捘 2444
掫 2453
措 2407
掎 2436
掩 2442
捷 2454
排 2397
掉 2422
掍 2455
捫 2401
揞 2440
捶 2447
推 2396
捭 2447
掀 2424
捨 2404
捡 2399
掄 2408
授 2413
掤 2454
揝 2415
掖 2455
捽 2410
掊 2406
接 2414
捲 2445
揟 2394
控 2405
探 2434
据 2419
掘 2442
掇 2432
哲 1223
悊 2026
堵 2751
埴 2746
埱 2771
埵 2771
埤 2769
堋 2781
埻 2765
培 2772
埽 2760
赦 510
赧 1978
執 1997
堆 586
碧 1811
赼 267
赾 273
赽 268
趄 271
赽 272
馬 1854
焉 641
頂 1676
埡 2758
聅 2382
聑 2377
聃(聃) 2377
聆 2379
聊 2378
聉 2381
娶 2466
堅 2771
基 2750
勘 367
萶 164
菁 110
萇 117
萁 103
聒 819
菰 201
菻 151
萊 195
菨 116
黄 2804
菽 151
莿 139
蚩 2690
菡 1430
蓮 102
萋 163
菿 178
菩 201
菲 194
菋 154
萌 161
菌 127
菌 158
萎 188
萸 160
萑 200
菕 186
荃 141
菜 174
葩 104
菔 111
萄 197
菊 110
萃 171
菩 121
萎 155
菸 173
菁 156
菏 2158
萍 2279
菹 183
菰 184
落 196
菪 160
萅 121
菀 153
莭 103
萸 119
菉 196
菎 183
菝 128
菑 177
菫 2788
靪 444
勒 451
遣 296
乾 2973
梼 1003
械 1091
婪 2509
梂 998
梗 1001
棟 1035
梧 999
梪 841
梄 1054
梜 1084
梐 1076
桱 1042
梢 989
梩 1042
梈 966
梱 1037
梯 975
榜 991
梏 1092
梅 968
椴 1051
桼 1115
麥 937
桴 989
桴 1025
梭 982
梐 1069
桷 1031
梓 979
梳 1045
棁 1065
梯 1063
梡 1089
梎 1012
梫 970
桶 1070
梭 989
救 509
軖 2932
軏 2915
軘 2895
軜 2916
斬 2932
軝 2901
較 2900
軧 2911
專 498
鄜 1177
彧 2286
曹 823
敕 507
欶 1663
副 730
敺 456
區 2551
敔 516
堅 485
毀 488
鄄 1192
酌 3007
酳 3006
酖 3008
殹 490
脣 682
欭 1663
戚 2541
帶 1443
戛 2531
硈 1815
盔 859
砥 1820
瓠 1361
匏 1748
奢 1999
匬 2558
奞 588
爽 526
悐 2069
豣 1832
豝 1832
豝 1831
裂 1316
硲 2293
盛 858
雩 2309
頃 1552
雉 586
匘 1552
韭 2778
訾 2343
斐 2512
遉 537
柴 27
背 531
逴 312
离 2969
鹵 2355
叡 656
虛 1558
虘 850
虖 850
彪 854
虗 848
雀 577
竅 1467
堂 2754
常 1445
眮 536
眽 540
眺 550
略 547
眵 548
眯 550
眼 530
鄍 1179
戝 2534
敗 512
販 1139
貶 1140
晤 1224
睍 1227
晧 1229
晦 1233
睎 1241
晚 1231
戢 2533
敕 506
暴 1238
曼 473
冕 1427
匙 1551

勖 2810
啈 243
啞 240
啄 259
唬 259
唱 240
啾 256
唾 235
唯 240
唫 238
唸 252
啁 249
啗 233
啍 236
啐 251
啖 248
啜 232
啚 934
斛 368
鄂 1184
患 2068
趼 349
跂 350
距 348
跀 348
趴 342
趽 349
趹 349
蛄 2676
蛅 2679
圉 1997
蛉 2686
蚳 2677
蚼 2704
蚰 2671
蛁 2667
畦 2796
時 2799
異 432
野 2789
略 2800
婁 2510
閈 2362
閉 2371
問 239
國 1121
豊 2561
崝 1775
崩(𡾰)1775
崞 1767
崛 1772
崖 1780
崔 1777
崟 1770
崒 1770
崇 1772
崐 1777
崱 727
帳 1447
帴 1445
帷 1447
帹 1459
眾 1560
罛 1432
罥 1846
圈 1122
過 295
铻 2996
鉆 914
覎 1650
犍 216
牼 222
牿 219
犕 216
犋 217
秳 1314
移 1305
逶 303
梨(棃) 966
動 2812
笨 771
笘 797
笪 797
笛 802
笙 799
笮 778
符 776
笭 795
笱 364
笏 723
笠 794
笵 775
笥 782
笢 771
第 808
筊 789
笞 797
虒 855
敏 502
偰 1480
偆 1515
鸟 1114
偃 1535
偭 1516
偄 1522
偕 1500
悠 2066
側 1503
偢 506
偶 1543
偲 1491
遞 310
傀 1483
偱 1533
偫 1496
偊 1506
貨 1129
進 295
傞 1533
偉 1478
偏 1524
梟 1095
鳥 603
鳦 1711
兜 1638
皎 1466
假 1508
鄓 1194
僤 1167
偓 1499
偋 1521
偉 1484
偔 1485
悤 1973
傞 1529
偨 1518
術 323
徛 320
徥 318
得 320
從 1555
乖 2456
舶 1624
船 1624
廏 1360
敘 517
斜 2885
悆 2047
釬 2857
釭 2858
鈇 2841
釦 2833
釳 2859
釣 2864
鈒 2853
郁 1172
欷 1661
教 519
埊 718
悉 212
欲 1656
谻 467
叙 655
貪 1140
貪 3005
貧 1141
脉 697
脯 707
脰 683
脜 1701
脛 693
脢 689
脪 699
脟 688
脬 686
脫 696
脘 708
脧 722
彫 1710
匐 1743
覙 1644
魚 2312
象 1849
猗 568
逸 1902
猜 1911
惩 2053
猗 1906
猨 1908
猲 1913
猚 578
猈 1906
猝 1907
舩 755
斛 2882
猛 1911
鳩 1805
馗 2966
發 1276
鲁 384
祭 26
訮 404
訦 416
訝 393
訬 409
訥 403
訥 394
許 371
訢 385
訟 411
設 390
訪 378
訧 381
夏 942
庶 1793
剫 731
麻 1355
庛 1790
庚 1788
廖 1790
庢 1794
庳 1792
痔 1414
痏 1416
痍 1417
疵 1406
痄 1417
疹 1421
痎 1414
痒 1408
痕 1417
庸 524
鹿 1891
褒 1581
亲 970
章 421
竟 421
產 1108
竫 2012
翊 570
商 363
旌 1249
族 1260
旋 1258
旐 1257
望 2549
萌(萠)1269
袤 1577
率 2664
牽 219
羝 595
羚 593
羛 1758
羕 2291
眷 545
粗 1337
粒 1338
眷 1341

詛	400	竢	2013	湎	2261	愞	2045	褆	1596	⿰女旨	2504
⿰言由	400	竣	2014	渜	2255	惻	2062	裕	1593	媢	2502
詇	376	啻	245	湝	2200	愓	2052	裞	1602	媪	2471
詷	414	⿰豖阝	1179	湞	2128	⿰忄禺	2041	祺	23	婿	2474
詄	405	涵	2296	渻	2218	愠	2057	祼	36	絮	2648
詐	410	旐	1248	湜	2212	愒	2042	禍	46	⿰女臿	2508
訴	412	⿰㫃隹	577	測	2209	惴	2064	禂	42	媿	2515
評	392	棄	644	湯	2255	⿰忄重	2023	禄	23	媮	2503
診	415	鄐	1167	湒	2242	惶	2070	鄍	1167	⿰女弇	2494
詆	414	羠	596	湡	2172	愉	2048	⿱冖託	1425	媛	2499
誂	414	⿰羊兆	594	温	2088	⿰忄卿	2042	覞	1651	媄	2483
詑	396	翔	571	渴	2250	⿰忄彖	2033	惢	2073	媊	2478
詠	392	⿰羊色	1739	渨	2240	愃	2030	畫	482	⿰女桀	2494
詞	1730	絭	2642	渭	2097	惲	2024	逮	312	嫂	2474
詘	414	普	1244	湍	2209	慨	2024	⿰示巴	2977	媥	2508
詖	376	⿱粦廾	1961	滑	2216	⿰忄耳	2072	屟	1614	媁	2508
詒	397	尊	3019	湫	2252	⿰忄胥	2036	屖	222	媚	2482
馮	1876	奠	813	湩	2273	慅	2063	屇	1613	⿰女甾	2515
溧	2297	敨	2511	淵	2214	⿰忄象	2058	孱	2987	賀	1131
滭	2297	道	313	湟	2104	割	734	弼	2579	⿱夵酉	3001
就	927	遂	307	渝	2276	⿱宀契	1369	費	1138	登	284
部	1172	⿱㕣臼	1349	⿰氵弇	2240	寒	1378	⿱弦心	2045	發	2578
高	921	孳	2984	盜	1669	富	1370	疏	2989	喬	363
敦	511	曾	207	渡	2235	寔	1368	違	304	⿱敄皿	1776
廁	1788	焯	1952	湆	2251	寓	1377	隔	2950	⿱敄巾	1460
庽	1795	焜	1954	游	1256	⿱宀惪	2034	隓	2944	婺	2491
痛	1405	焞	1951	溠	2125	寑	1374	⿰丬矦	1908	豤	2890
痞	1418	焠	1947	湔	2087	窔	1390	⿰丬彖	2262	⿱彖糸	2960
⿸疒夾	1418	欻	1658	滋	2220	窒	1391	⿰阝娄	2506	⿱白兆	1838
痙	1417	焱	1974	浚	2257	⿱穴吾	1393	⿰亞巳	485	絓	2587
痟	1407	勞	2812	渾	2211	窘	1396	⿰阝京	2956	結	2600
痤	1411	前	1448	溉	2168	⿰皃見	1651	隕	2943	絙	2629
⿸疒胥	1419	湊	2238	渥	2246	甯	525	隖	2958	絹	2647
⿸疒辛	1407	湁	2210	⿰氵耳	2265	寍	1368	⿰阝乘	2939	絝	2630
痥	1421	湛	2238	湋	2209	寐	1401	靴	2003	絰	2656
痡	1404	渫	2268	湄	2229	寎	1403	⿰冉舛	202	絑	2611
⿰缶瓦	2569	湖	2227	湑	2261	運	299	⿰壴又	475	綎	2629
滄	2296	湳	2185	湀	2225	扉	2358	隒	2949	絬	2637
竦	2012	漆	2243	⿰忄壴	2059	棨	1075	媒	2466	絥	2643
戠	2540	湘	2131	惵	2037	啓	1227	媅	2493	⿰糸𠂢	2601
童	422	湮	2239	愊	2025	雇	584	媟	2501	絟	2653
瓿	2568	涑	2275	惰(憜)	2050	補	1595	媆	2513	給	2602
啇	375	減	2276	愐	2038	裋	1598	媞	2491	絩	2603

十四畫

墫 93
增 2769
墀 2758
頡 1692
赭 1979
熱 1954
朁 1243
摯 2399
慹 2070
穀 1317
賣 1142
漀 2261
聥 2380
𦒿 405
歎 1659
鞈 451
𩋀 447
𩋃 440
鞎 446
𦑣 567
蕘 189
蕢 180
蕈 158
𦼮 184
蕨 193
薊 162
蕤 164
蔬 125
邁 292
蕒 187
蕇 193
瞢 591
蕪 172
蕛 156
蓴 166
蕉 189
薁 131
蕧 129
蕃 199
蔦 153
蕣 159
蕕 128
蓳 140
蒈 121
蕁 186
蕍 114
澫 150
薀 173
蕩 2122
藹 183
蕭 152
蕾 130
藍 172
蕁 126
蔌 138
豋 841
蔢 140
蕝 182
蒚 1289
橬 1094
槸 1018
橫 1084
樠 1002
槽 1070
樕 975
樞 1034
標 1011
槱 1090
槭 991
樗 976
樝 966
槔 990
樘 1027
樓 1034
槾 1036
槶 1063
樅 1002
樊 430
樜 990
樀 1033
樆 1057
槢 972
槮 1015
橾 1083
賚 1134
靚 1644
麩 939
麪 939
糇 937
輢 2902
輥 2910
輗 2928
槧 1073
暫 1236
摲 2419
慙 2071
輪 2909
輚 2925
輣 2895
輖 2922
輬 2895
輨 2914
輓 2930
輟 2926
輜 2893
甌 2566
歐 1660
毆 489
頤 1691
豎 485
賢 1130
遷 299
醋 3007
醆 3006
𨡀 3018
醇 3003
醉 3012
醅 3012
憋 2028
憂 943
磕 1815
碼 1823
磊 1823
磌 1812
磑 1822
磔 961
磏 1809
鴈 621
厱 1799
奭 562
厲 1797
甄 2569
遼 311
廦 1803
豬 1830
殣 664
殤 659
震 2300
霄 2301
霅 2299
霂 2303
霓 2303
遷 308
輩 2923
郒 1168
劇 729
齒 325
敹 507
勴 2813
歔 1660
慮 2018
歑 1654
鄰 1171
擎 2435
戲 2535
賞 1134
瞋 543
瞍 544
瞈 540
瞎 544
瞑 547
畀 2005
暈 2915
賦 1140
賤 1140
賜 1134
暵 1241
暴 1235
嘵 251
噴 251
噎 247
噧 250
嘾 247
噆 255
嘽 235
噪 232
噍 232
嘫 243
噂 242
嘮 251
嘺 251
嘰 233
虢 976
𩣲 2817
剸 737
𣌭 2970
遻 298
踖 337
踦 336
踐 341
踑 348
踧 337
踔 341
踝 335
𨂝 347
踒 347
踤 342
踣 346
蝘 2669
蝠 2705
蝒 2678
蝡 2689
蝑 2688
蝎 2673
𧏡 2697
蝮 2665
蝗 2684
螝 2668
蝓 2696
蝍 2680
蝯 2703
蝤 2673
蝙 2705
蝦 2698
蝟 2683
蝚 2671
蝝 2675
鄲 1183
數 504
遺 307
闇 377
閱 2374
閬 2365
鬨 2369
嶢 1776
幘 1456
嶘 1772
嵻 1781
罵 1438
睘（睘） 538
罶 1434
罷 1437
幝 1453
幠 1454
幡 1451
嶔 1774
墨 2764
𣹟 2281
骴 677
骺 674
骼 677
骹 674
骸 675
骿 671
鎡 1607
靠 2344
犛 218
頲 1685
犙 215
頢 1685
鄨 1166
稹 1297
稽 1113
稷 1298
稻 1301
黎 1332
稖 1317

糕 1314
穛 1303
稼 1294
穉 1296
覒 1642
箕 773
箱 794
範 2921
箴 798
箾 798
箟 800
篎 802
篣 788
篙 788
篍 804
箯 788
篁 773
篔 929
篅 767
篇 773
篠 780
篬 769
篆 772
箹 801
僵 1534
覞 1642
牖 1285
鋈 2821
儇 1481
儉 1515
僾 1493
儋 1496
儃 1504
億 1517
儀 1511
臱(臱) 558
黜 1104
曄 1111
髲 624
魴 614
皚 1467
縣 2583
畾 1467
雒 1466
僻 1527
蝕 2677
酤 557
質 1137
德 315
徵 1561
徹 501
徲 320
慫 2051
𢔩 497
嫑 2480
艘 1625
督 539
鈲 2841
鋪 2866
鋏 2824
鋞 2827
銷 2823
鋗 2830
鋂 2865
銼 2828
鋊 2832
鋝 2843
鋙 2868
鋭 2841
銻 2870
鋃 2865
劊 728
鄶 1193
頜 1679
頫 1690
鴒 635
虢 856
辤 2979
餗 896
餔 893
餇 897
餓 901
餒 900
餘 897
䬇 901
歙 1667
蔦 639
膊 718
膘 705
膢 700
滕 2204
膠 720
鴃 625
頩 1685
頨 1693
豎 1765
䫉 1704
魼 2338
魳 2328
魦 2329
魿 2334
魵 2328
魧 2336
魴 2320
魯 558
潁 2147
魌 2469
獟 1917
獠 1915
獢 1906
獡 1909
㺕 1909
獜 1912
颲 2723
艏 756
䑰 752
䑲 752
頟 1677
頖 1937
請 371
諸 372
誣 410
諆 409
諏 378
諎 395
諾 371
諓 388
誹 399
謔 407
課 384
諳 404
諣 407
諈 386
諉 387
諛 395
說 405
誰 415
論 378
諗 384
調 386
諂 403
諒 370
諄 376
誶 413
談 370
誼 387
亶 929
稾 1315
廚 1786
摩 2436
廟 1795
廛 1789
褒 1581
廡 1786
廞 1796
瘛 1421
瘳 2421
瘍 1408
瘟 1415
瘼 1405
瘨 1405
瘞 2781
瘨 1406
瘜 1412
瘢 1417
瘤 1411
瘦 1422
瘚 1410
夐 1990
歔 1667
麃 1896
慶 2030
廢 1794
餈 887
毅 492
暜(替) 2015
敵 509
賚 1139
蝨 2713
旟 1255
蝥 2679
頞 1699
鄭 1202
翹 597
翫 596
翰 595
輦 955
糂 1339
頪 1698
糈 1343
遂 309
遴 304
遵 295
翦 566
導 498
獘 1916
熯 1935
𤏮 1949
熛 1937
熜 1946
覢 1646
瑩 73
禜 38
瞀 553
褮 1361
熠 1952
熮 1936
澆 2263
澒 2278
濆 2221
澍 2241
澌 2249
潸 2275
潓 2135
潭 2133
潦 2242
澐 2207
潛 2236
濈 2265
潰 2217
澂 2212
澴 2130
潿 2213
潕 2139
鋈 2820
潐 2250
滜 2188
澳 2230
潝 2204
潘 2258
潼 2080
滴 2145
墬 70
潧 2152
澇 2105
潯 2215
潤 2252
澗 2229
潣 2213
潏 2205
憤 2060
憭 2025
憯 2061
憪 2048
憬 2073
憒 2056
憚 2069
憮 2036
憧 2052
憐 2072
憎 2058
憕 2023
憰 2053
賨 1142
戭 2537
寫 1373
寊 1395

寱 1398
寙 1392
窯 1387
寫 1367
竅 1379
鞌 450
頞 1677
翩 569
褫 1595
鴂 638
盡 867
蝨 2710
親 1642
慰 2036
遲 301
璧 1742
劈 732
履 1621
屢 1609
鳩 614
層 1615
彈 2577
選 300
隱 1775
醬 3016
險 2939
解 2950
嬈 2511
嫜 2496
嫜 2509
嫽 2481
嫻 2492
嫖 2507
嫵 2483
嫣 2463
嬌 2486
嬈 2465
嬉 2505
嫿 2485
駕 1870
頦 1694
翯 564
翫 563
猴 567
戮 2536
翬 569
蟊 2710
遹 303
螢 2682
犂 593
豬 2890
豫 1850
樂 1071
緒 2657
練 2606
緘 2642
緬 2586
緛 2636
緝 2587
緹 2613
緝 2650
緼 2659
緭 2603
緦 2653
緡 2600
緟 2633
緶 2657
緥 2630
緱 2638
縋 2642
緰 2656
締 2601
縒 2597
緧 2645
縌 2627
緪 2647
緷 2590
編 2643
緯 2590
緼 2596
緣 2630
畿 2796
鼠 2016

十六畫

鄰 1187
穎 748
璥 52
瓛 53
璙 52
璔 79
璑 56
璠 53
璒 80
璩 68
璣 86
曩 1965
髯 1723
髻 1720
髮 1720
駙 1857
駝 1868
駉 1879
駰 1858
駪 1887
駱 1858
駮 1887
駫 1880
駭 1880
駢 1871
鬩 468
敹 518
趨 273
趧 280
趨 272
趙 269
歕 1654
歖 1660
熹 1941
憙 832
擭 2429
據 2400
操 2399
擇 2408
擐 2432
撿 2392
擅 2429
墩 2745
壇 2784
墟 2753
燚 1960
穀 909
穀 2604
磬 1818
鄻 1186
覲 1645
褧 1578
聹 2381
鞹 450
鞅 444
覲 455
鞘 452
鞔 443
墊 77
燕 2340
夢 129
薔 197
蘇 198
黏 2805
薽 137
薉 172
藘 107
鄿 1187
蕘 668
薙 178
薇 107
蕢 141
薈 170
薍 146
薊 117
薢 143
憖 2027
薅 1604
蕎 668
蘼 146
薦 1890
蕢 169
薪 189
蕷 146
薄 175
蕭 152
薛 135
薅 202
翰 564
盥 860
翻 466
檟 988
橈 1014
樹 1005
櫥 1093
橄 1068
散 718
穗 987
橝 1033
橑 1031
樸 1019
橌 1012
橫 983
樿 972
橖 976
橋 1080
椅 982
檇 1085
樵 1001
麭 1116
橎 1000
懋 2028
麩 940
麧 941
燃 989
橦 1042
檝 1064
檣 979
樊 1948
櫝 976
橙 965
樽 1081
橘 965
橼 1007
機 1060
輻 2914
輯 2896
輼 2894
輹 2908
暫 1816
輸 2922
輶 2895
輯 2915
墼 2759
嬰 2501
輮 2908
棘 1096
整 503
賴 1135
橐 1117
融 458
翮 567
豎 2822
頭 1674
瓢 1361
醍 3001
醖 3001
醜 1756
醶 3017
匱 2556
磧 1811
磺 1806
醽 1702
醍 1701
歷 283
曆 1936
赟 1983
櫟 1064
奮 588
頰 1678
豭 1832
尷 1993
殪 663
鴐 1879
殨 664
殫 666
黔 2311
霖 2304
霙 2306
霓 2308
霎 2303
霑 2305
聶 2713
虢 854

臻 2351
頸 1679
冀 1557
⿰山焉 1867
餐 893
叡 656
鬳 458
遽 313
盧 860
虤 857
對 424
⿰豕分 1469
瞞 532
瞟 539
頤 1679
⿰目鳥 543
⿰目祭 539
瞚 554
曉 1223
曀 1233
⿺是見 1644
鴠 611
鴡 630
縣 1706
鴞 613
顯 1684
跨 346
踏 343
踶 341
踼 345
踵 341
踽 337
踰 338
蹁 346
⿰足叚 348
蟆 2699
⿰虫京 2687
螘 2677
螝 2675
螇 2685
螉 2667
螭 2691
螊 2693
⿰虫扇 2690
螟 2670
噱 240
噳 260
⿰目翏 2793
器 358
⿱吅殳 262
戰 2534
噤 238
噦 247
噣 227
噬 233
噭 227
噲 228
噫 234
嘯 244
鴦 620
闍 2363
閾 2364
閹 2372
閶 2360
閽 2373
閻 2362
閼 2370
羿 427
還 300
鼏 2008
麗 1435
⿸厂尉 1436
嶧 1763
⿱皐山 1774
圛 1121
圜 1119
默 1907
黗 1964
黔 1965
黕 1966
骾 676
⿰矢禹 560
毳 2042
⿰垂隹 582
積 1313
穆 1297
穄 1301
穅 1310
黏 1331
勳 2808
敿 508
篝 784
篚 794
篤 1874
⿱竹猜 781
築 1024
篡 1758
篳 805
⿱竹翁 771
篰 774
篘 795
興 433
盥 863
⿱臼畀 433
嵒 1769
儔 1524
傿 1867
儒 1476
嬰 2511
穀 1347
歍 1928
⿰亻尌 1547
䍃 911
儗 1524
雔 602
儕 1500
儐 1498
⿰自自 2959
翺 561
翱 571
駉 620
駊 625
駃 615
⿰馬欠 632
徼 316
衡 755
衛 325
頵 1707
⿰舟見 1647
盤 2682
鋞 2857
錯 2834
錡 2834
錢 2838
錫 2820
錪 2828
錮 2824
錔 2867
錘 2845
錗 2871
錐 2841
錦 1465
錍 2836
錭 2870
錉 2869
懇 2065
錞 2855
錟 2855
錠 2832
鍵 2830
録 2823
鋸 2841
錙 2845
⿰食見 1648
劒 744
歙 1665
覣 1642
畱 2561
貒 1844
貐 1842
敲 512
⿰臣吏 883
盦 863
頷 1685
⿰食夌 901
餞 897
餧 901
⿰食侖 2691
館 898
餟 901
膩 715
膮 713
膹 716
膫 706
膴 709
䑋 717
⿰月雋 716
膳 702
螣 2666
膝 2642
⿰月幾 682
⿱魚犬 1901
魼 2313
鮩 2336
魾 2322
鮁 2338
鮎 2325
鮏 2332
穌 1319
鮒 2321
鮊 2331
⿰魚令 2334
鮑 2334
鮀 2325
鮅 2337
鮍 2321
鮐 2331
⿰魚幼 2321
鴝 632
獲 1916
穎 1306
⿹勹豕 1742
⿰谷炎 1959
颲 2723
⿰犭麃 1905
獧 1912
獨 1914
獫 1906
獪 1911
艆 753
⿰舟思 751
⿰舟耑 755
⿰舟酋 763
⿰舟段 2734
頟 1678
繇 1361
鴛 619
謀 377
諶 381
⿰言革 415
諜 418
諫 384
諴 384
諧 386
謔 406
諟 379
謁 371
謂 370
諰 390
諯 412
諭 376
謚 417
諼 395
諷 373
諳 416
諺 392
諦 380
⿰言差 410
諞 404
諱 418
諝 383
褭 1602
⿰王鳥 617
㮚 1045
韋 929
亶 925
憝 2057
雜 585
褏 1581
⿸广尃 1786
廥 1788
曆 819
瘽 1405
瘕 1420
⿸疒恩 2026
瘒 1414
瘻 1409

瘲 1407
瘵 1405
癃 1420
瘳 1422
廦 1787
麇 1895
麈 1896
親 1649
竱 2011
辦 731
龍 2341
憙 2033
鴗 627
劑 735
嬴 2462
翯 458
覞 1642
羲 828
糒 1342
糗 1342
瞥 548
甑 2565
覍 1942
燒 1934
燂 1951
燎 1948
燀 1940
燋 1938
燠 1955
燔 1933
熾 1954
鼛 1959
燊 1974
營 1382
罃 913
褮 1602
縈 2641
濩 2242
濛 2244
澮 2216
漱 504
濊 2201
澈 1661
潞 2118
澧 2143
濃 2247
澡 2267
澤 2216
濁 2167
澂 2273
澨 2233
澤 2254
激 2209
澮 2116
澹 2215
澥 2189
澶 2163
濱 2242
潚 2198
澱 2259
懜 2054
懆 2060
懁 2044
憿 2053
憸 2042
憺 2040
懈 2050
憲 2023
褰 1584
寬 1394
寫 1394
寱 1391
窨 234
窶 2501
禮 1597
禰 1599
褸 1573
禢 1588
橡 1591
禧 22
禫 47
禪 40
賷 1131
頵 1681
壁 2752
甓 1460
避 304
嬖 2501
彊 2574
彌 459
璽 2351
隰 2941
辥 2979
隟 1068
懟 2037
隱 2950
嬛 2488
嬩 2481
嬐 2495
嬒 2512
嬗 2496
翯 571
醬 3017
雕 582
綿 1837
鴟 635
縉 2612
縛 2601
縟 2620
縓 2614
縪 2602
縜 2634
縭 2650
縫 2635
縐 2652
縗 2656
縞 2606
縭 2638
縊 2660
縑 2605
縐 2619
鱇 2562

十七畫

瑟 72
璣 79
璐 55
璪 70
環 59
璥 64
贅 1137
警 396
匵 2558
鴉 627
麗 1893
覯 1645
鄾 1162
黿 2729
鬐 1727
鬍 1727
駲 1877
駹 1859
騂 1879
騁 1879
騆 1857
駷 1874
騄 1889
騏 1879
騣 1876
騤 1877
駿 1864
壔 2771
壎 2768
壎 2762
壙 2776
擣 2433
擩 2427
擬 2430
擿 2416
擠 2397
擢 2433
趚 279
越 275
趨 271
趩 279
趜 270
趪 276
趨 265
戴 432
豰 29
螫 2690
盩 1997
蟄 2697
褻 1588
摯 597
毅 1978
轂 2910
縠 1831
穀 764
聲 2380
罄 914
聰 2379
聝 1699
聯 2378
艱 2788
鞥 450
鞞 445
鞠 444
鞥 450
鞬 453
鞭 453
鞬 450
鞋 2805
韃 2805
藪 145
藉 181
蓁 128
藥 127
藪 126
藍 112
藍（藍）184
藺 163
藹 167
藋 589
藷 548
薰 114
藕 115
鵜 615
蘗 198
舊 589
蘁 190
藑 129
薿 164
藃 168
薺 139
斳 416
藥 174
薀 868
藻 195
蕢 111
韓 1979
蓋 116
藿 117
隸 483
檉 992
檛 1027
樂 999
檀 990
櫝 979
檪 1077
檈 1055
櫃 1004
櫛 1045
檄 1074
檢 1073
檜 1002
檐 1033
檀 997
檥 1025
櫨 1016
懋 2039
歐 1662
鞞 938
轃 2929
轅 2914
輻 2925
轄 2922
檠 1060
擊 2449
歛 1665
懃 2070
橐 1118
醫 1564
臨 1564
鬴（釜）457
醽 3002
醢 3017
醞 3003
醨 3015

醵	3001	瞯	540	懢	1446	篨	783	頚	2013	頷	1698
醶	3007	瞷	549	覬	1648	篦	788	鴋	610	鴿	618
翳	574	購	1141	斁	509	篺	2137	鍥	2840	龜	1901
繄	2638	嬰	2498	斣	1433	篕	785	鍱	2833	鮚	2336
艥	1268	瞟	1229	罽	957	篘	773	鍊	2823	鮪	2315
賰	1684	壘	1262	斀	515	篸	771	鍼	2835	鮞	2313
壓	2777	曑	1263	歜	1661	輿	2897	鎖	1687	鮦	2318
壓	2484	謈	408	斣	2887	舉	2424	鍇	2821	鮡	2338
鄾	1180	暴	2002	罿	1436	歟	1654	鍡	2866	鮨	2333
磽	1817	嚏	237	罶	1433	懇	2039	鍤	2835	鮥	2316
磻	1822	闉	2363	罼	1432	睿	2950	鍾	2825	鮫	2331
磿	1816	闌	2370	嶰	1154	舉	2231	鍑	2828	魧	2316
斢	2886	闃	530	嶷	1764	顧	1684	鍛	2824	鮮	2329
璽	2763	闊	2370	嶽	1761	儥	1510	鍠	2850	颸	2723
邇	309	闇	2371	嶸	1775	優	1514	鍭	2856	獳	1910
豲	1833	闊	2375	顧	1694	擊	2448	鍰	2844	獷	1909
豯	1831	闈	2360	黚	1964	鳥	615	鍜	2858	觽	752
殬	666	闋	2374	點	1964	鼢	1928	鍒	2870	觲	754
霍	2305	蹎	344	黕	1963	鼢	1925	檠	1345	臒	873
霜	2306	蹋	340	黜	1967	儵	2320	龠	352	鴰	618
霝	2302	蹏	335	黝	1963	償	1510	斂	507	螽	2710
霱	2305	蹖	344	髁	672	儡	1541	鴿	611	講	393
霂	2305	蹈	341	髆	675	顉	1680	鐵	1359	譁	408
霰	2307	蹌	339	髀	671	儲	1497	螢	2689	謨	378
鶇	626	蹐	345	罅	914	儦	1486	蟚	2293	謓	411
饕	889	嶷	231	矯	916	龜	2725	爵	882	謰	397
鵓	619	嚌	232	矰	916	曉	1466	雞	948	謜	375
齔	326	勵	2812	彝	37	鼾	561	貘	1842	謝	391
鶯	628	螓	2666	犧	217	鵁	627	貔	1841	謑	418
鯗	2324	蟥	2679	鴰	627	顊	1695	谿	2292	謫	402
覷	1647	螹	2699	穉	1113	皤	1466	餬	896	謗	399
餳	2781	蟠	2706	稽	1113	魖	1755	餳	886	謙	387
彪	850	螻	2676	黏	1331	魋	587	餲	899	謐	387
戲	2534	蟓	2667	黏	1331	擊	2446	餽	901	謘	376
虞	851	蟅	2683	穜	1295	儀	1485	餱	888	褻	1591
虧	830	螾	2666	穟	1307	徽	2639	餫	898	飆	2722
黻	1469	螺	2697	機	1308	禦	40	臊	713	氈	1608
顆	1685	瞳	2802	簀	779	儔	318	膾	717	襃	1584
嘻	532	瞵	2801	籍	2450	衡	2811	膽	686	靡	2382
瞫	546	覬	1642	簣	799	衙	325	膻	695	麋	1340
瞶	542	雖	2668	簿	783	徯	317	賸	1133	縻	2646
瞴	536	幬	1446	篗	784	盪	860	膳	393	膺	687
瞵	534	幭	1453	篼	793			臃	710	應	2021

蠠 2695
𤺊 1408
癘 1413
癇 1406
癉 1418
𤸷 1408
𤺥 1415
𤻈 1422
癈 1406
頯 1698
麈 1897
麐 1895
麋 1895
鄺 1159
𨗨 2015
齋 26
齌 2490
旚 1256
羵 597
鹺 2355
羹 2333
糟 1341
糞 644
糝 1345
䆃 1318
鳶 628
燥 1956
燭 1946
燬 1932
燮 472
爕 1960
輩 2909
醬 3012
謍 394
鴻 619
濊 2254
濫 2208
濔 2215
濡 2176
璗 88
盪 864
濕 2156
潭 2265
濮 2153
濞 2204
濦 2149
濱 2196
瀞 2254
濟 2174
濘 2225
濯 2269
濢 2219
濰 2168
懱 2049
懝 2049
蹇 270
謇 346
𥨍 1371
窺 1394
竂 1389
竄 1398
寷 1385
邃 1398
寱 1391
𥨲 1403
鴲 638
顅 1694
襋 1571
𧞤 1595
襌 1590
襴 1585
襍 1593
襜 1585
襚 1601
禱 1584
襁 1571
禮 22
禬 39
覭 1645
歔 1659
斂 512
螿 2715
褽 1593
辥 1741
檗 991
甓 2568
壁 283
臂 690
擘 2438
屨 1621
蝨 2713
孺 2983
隫 2946
韔 954
𨙍 292
牆 935
羄 2006
嬯 2509
嬺 2513
嬬 2508
嬪 2495
嬥 2491
隸 482
蠡 2711
鍪 2828
蠁 2667
繕 2652
績 2651
縛 2605
縹 2610
縷 2635
縵 2607
繀 2588
繃 2601
總 2599
縱 2596
縼 2646
縮 2598
繆 2658
縿 2639
繅 2585

十八畫

顒 1696
覰 1648
兢 1634
璹 71
璙 69
璿 58
瓊 54
璩 80
璨 80
韓 2662
鼇 2789
鬄 1719
鬜 1717
鬠 1717
鬈 1715
鬃 1727
騏 1856
騋 1866
騎 1870
騑 1870
騂 1861
騧 1860
騒 1865
騅 1858
騊 1889
翹 567
趫 280
趮 269
𧾅 274
趩 272
䜴 836
臀 552
鼗 833
遺 295
黿 2728
鞏 2926
楚 342
警 397
𣤛 517
毂 489
燾 1956
鞶 2927
謦 370
擸 2402
聶 2383
聵 2381
職 2379
鞢 451
鞴 452
鞮 443
鞭 454
鞥 448
韗 441
鞣 441
鄦 1209
黆 2804
覲 1649
蕡 197
蕼 135
爇 1933
藸 127
蕩 127
藪 175
藟 133
蘢 157
繭 2585
藜 199
藥 180
舊 132
藷 127
藨 141
藩 183
藭 112
薛(薛) 120
雗 578
𨈖 1246
檮 1088
檻 1093
檷 1060
櫧 1050
樸 988
檇 1033
檼 1031
櫎 1059
櫅 987
檹 1014
檵 996
轉 2922
𨍏 2897
磬 1817
轈 2896
橐 1117
鹽 2356
擥 2402
𧡺 1644
覆 1439
醧 3008
醳 3017
醪 3003
醫 3013
顑 1697
顀 1700
檿 999
擪 2404
懕 2039
𧒀 2704
燹 1932
豵 1831
豧 1832
殯 663
霣 2304
賈 2299
霡 2303
霤 2305
霩 2306
霚 2304
霝 2304
鞪 457
豐 844
闘 469
齔 331
齕 332
齟 2877
覷 1644
對 2059
叢 424
虩 855
題 1677
䟭 290
瞿 601
鼂 2731
矆 541
矇 551
瞏 531
瞻 542
矃 538

趬 268
⿺走厥 267
趫 266
⿺走矞 274
⿺走幾 274
攎 2452
擽 2431
攘 2388
⿱艹磬 838
⿱艹謦 837
⿰舌舌 832
鏊 2864
壞 2777
壚 2746
壠 2783
聸 2377
⿰革專 450
鞵 444
鞹 440
⿰革覞 445
⿰革粤 449
蘀 173
蘜 143
⿱艹穃 184
蘧 109
蘆 111
韓（韓） 956
蘭 122
藺 148
蘄 122
酄 1199
勸 2810
蘇 105
蘋 134
警 387
藹 383
蘢 150
藼 112
顛 1676
蘠 106
櫝 1044
麓 1098
櫌 1049
櫺 1056
櫟 997
櫓 1071
蠡 2714
轒 2929
轜 2933
轑 2918
轐 2907
鏨 2836
⿰車童 2896
罄 915
繫 2650
櫜 1118
毉 456
覈 1439
醰 3005
⿰酉朁 3006
醮 3006
醠 861
醹 3017
麗 1897
森 1097
歠 1662
夒 945
礌 1822
礙 1819
願 1683
豶 1832
豷 1833
殯 658
⿱雨害 2301
酃 1189
⿰齒并 500
⿰齒羽 571
⿰齒巨 330
齗 326
齘 327
⿰豈鼠 1929
⿱毄玉 88
黼 1469
蠆 2678
臨 542
矉 540
⿰嬰阝 1210
贎 1130
⿰貝爲 1129
贈 1133
曟 1263
疊 1264
闚 2373
⿵門熒 2372
闞 2374
關 2370
闟 2371
嚨 228
疇 2792
蹶 343
蹻 338
蹴 340
蹸 350
蹲 345
蠖 2675
蠓 2686
⿰虫鬲 2680
蠅 2730
蠉 2689
蠏 2700
蟺 2697
蟰 2687
顚 1681
嚴 262
獸 2970
覵 1651
顗 1694
幨 1456
罼 1438
翾 568
⿱罒舞 1437
⿱罒漁 2260
羆 1931
羅 1436
⿱宀辟 1766
髆 670
黿 2731
⿱毄食 883
⿰習見 1648
犢 215
贊 1131
犥 217
蠚 2709
穖 1297
犛 220
⿱黎心 2057
積 1640
穬 1304
穧 1312
籀 772
簸 808
籆 777
籧 792
簬 768
⿱竹微 769
籑 805
簾 778
簺 804
簫 800
⿱竹殿 797
⿵鬥爾 436
盥 867
貉 1925
牘 1285
蠡 2662
儳 1531
鶡 627
⿰馬坴 620
⿰馬兒 625
騅 609
⿰目壽 559
繫 2648
懲 2073
犨 221
德 2056
額 1708
鞶 442
鐯 2830
鏉 2868
鏢 2853
鏜 2851
鏤 2821
鏝 2842
鏓 2850
鏦 2855
鏞 2849
鏡 2825
鏟 2833
鏑 2857
鏃 2868
鏇 2833
鏥 2839
鐊 2862
鐩 2827
鏐 2856
貚 1841
覶 1642
辭 2979
雝 586
餴 884
饉 900
⿰食象 892
臘 700
⿰臼鳥 617
爟 1358
劚 738
鄭 1191
鯕 2338
鯫 2327
鯙 2337
⿰魚果 2322
鯢 2323
鯛 2337
⿰魚臽 2326
鯦 2335
⿰魚匋 2329
鯜 2328
獺 1923
觼 754
觶 759
⿰角發 763
邍 312
譊 394
譆 402
⿰言萬 406
譖 412
讀 406
譙 413
譒 391
譌 408
識 380
譄 405
譔 375
證 413
譎 409
譏 399
鄦 1181
⿰韋卂 466
廢 1356
靡 2343
廬 1784
癡 1423
龐 1791
麒 1893
麑 1897
麐 1895
辨 540
瓣 1361
龔 429
鼃 858
蠃 2681
羸 1595
鸁 597
齋 1300
旟 1250
旝 1253
顡 1682
類 1917
⿰米睪 1339
⿰束頁 1681
鐅 2838
爆 1943
⿰氵藏 2201
瀳 2215
瀨 2221
瀝 2257

瀕 2282
瀾 2272
瀼 2180
瀙 2140
瀧 2243
盪 861
懷 2032
窾 1378
竈 1150
寴 1370
寵 1373
襤 1579
襦 1589
襞 1593
糪 1340
繴 2648
鶌 608
韝 952
韛 955
韠 949
韎 1280
韜 952
騖 1853
孽 2984
嬿 2480
嬾 2509
嬛 2485
嬹 2484
雗 581
顚(顛) 1679
騫 1879
顙 1677
歠 1668
鶉 620
繐 2615
繺 2663
繮 2644
繩 2640
繰 2617
繹 2585
繯 2600
繪 2609
䜌 401
繸 2595
繡 2608

二十畫

鶪 622
瓏 61
龏 2341
鬘 1721
鬍 1724
鬆 1721
鬐 1727
鬤 1719
顢 1864
騬 1882
騮 1874
騱 1889
騶 1884
騯 1869
騵 1888
騅 1886
驏 1882
趮 267
趯 272
趨 269
趬 271
䟹 268
攕 2387
攘 2391
壤 2744
鶒 1890
翽 573
馨 1333
蘜 153
蘚 162
櫱 1228
藷 155
驀 1870
蘐 127
藹 155
蘭 112
蘥 144
蘘 110
蘪 114
蘠 153
鞿 444
黼 2805
鶾 1863
欂 1028
櫟 989
斅 586
櫰 1040
櫪 1092
櫇 988
櫨 1029
檈 999
櫬 1094
櫳 1093
䴭 939
轖 2903
轘 2932
轙 2916
轚 2927
鷗 617
燹 1934
飄 2722
醵 3011
醴 3002
醲 3004
醶 3015
礐 905
礫 1811
霬 2309
孁 2481
霂 2303
酆 1157
蠢 1609
齛 333
齞 327
齣 331
齝 332
鹹 2356
獻 1916
甗 2565
醫 857
辮 1469
黨 1966
鶪 611
矍 602
矆 532
罌 911
贓 1646
闠 2363
闡 2366
闞 2365
鶡 634
躅 342
蠗 2703
鬄 843
嚶 258
嚵 233
䠙 1216
巍 1760
鄺 1203
幟 1451
黬 1968
黤 1963
黔 1964
黥 1969
體 670
鶻 610
髍 676
犧 223
穮 1311
稗 1331
籍 773
籌 804
籃 784
籋 793
纂 2627
譽 391
䢅 435
酄 1213
覺 1648
嚳 226
斆 519
趆 1499
犨 218
鼯 1926
鶚 616
蠱 2712
魌 1756
魖 1752
鶩 762
警 394
齙 2959
巇 870
豶 1356
顧 1708
鐃 2847
鐀 2822
鐔 2852
鐐 2820
鐕 2841
鐧 2858
鐙 2829
鐈 2827
鏶 2833
鐫 2836
鐎 2830
鐗 2834
鐘 2849
鐏 2856
鐉 2867
鐙 2832
鏺 2839
䶬 1356
龕 2341
釋 212
懇 2022
饒 897
饎 889
饐 899
饋 894
饑 900
䪫 421
臚 681
騰 1885
鰂 2330
鰅 2329
鰒 2331
鰋 2320
鯸 2337
鰌 2324
鰏 2315
鰕 2334
鰖 2315
獮 1914
觸 754
飂 2723
獠 1977
獖 1976
護 390
譀 407
譔 398
譴 412
譟 407
譯 418
譞 390
謎 403
譣 382
議 379
鼖 926
鏨 2870
廮 1792
麙 1897
麚 1893
麛 1892
麝 1893
瘵 1421
辮 2600
䝁 943
櫱 1035
競 420
顥 1697
贏 1135
齋 2673
齎 1598
譱 419
糯 1344
糴 1344
鶿 624
爓 1953
灌 2135
瀚 2269
瀘 2229